# LA PROFANACIÓN DEL OLIMPO

# LA PROFANACIÓN DEL OLIMPO

Articulaciones de la tradición clásica en Latinoamérica y España (siglos XIX-XXI)

Luis Marcelo Martino y Ana María Risco
(compiladores)

La profanación del Olimpo: articulaciones de la tradición clásica en Latinoamérica y España: siglos XIX-XXI / Luis Marcelo Martino… [et al.]; compilado por Ana María Risco; Luis Marcelo Martino. – 1a ed. – Ciudad Autónoma de Buenos Aires: Teseo, 2018. 366 p.; 20 x 13 cm.
ISBN 978-987-723-162-5
1. Literatura Argentina. 2. Literatura Hispanoamericana. 3. Lenguas Clásicas. I. Martino, Luis Marcelo II. Risco, Ana María, comp. III. Martino, Luis Marcelo, comp.
CDD 807

La presente edición fue posible gracias al financiamiento otorgado por la Agencia Nacional de Promoción Científica y Tecnológica de la República Argentina, a través del proyecto PICT 2015 – N° 3748. Los artículos incluidos en este libro fueron evaluados y aceptados para su publicación.

© Editorial Teseo, 2018
Buenos Aires, Argentina
Editorial Teseo
Hecho el depósito que previene la ley 11.723
Para sugerencias o comentarios acerca del contenido de esta obra, escríbanos a: **info@editorialteseo.com**
**www.editorialteseo.com**
ISBN: 9789877231625

Las opiniones y los contenidos incluidos en esta publicación son responsabilidad exclusiva del/los autor/es.

Compaginado desde TeseoPress (www.teseopress.com)

*Para Alma, que siempre estuvo.*

# Índice

Agradecimientos .................................................................... 11

Presentación .......................................................................... 13

1. La tradición clásica en la obra de Rafael Altamira .......... 17
   *Rocío Charques Gámez*

2. Traditio et innovatio .......................................................... 49
   *Los repertorios filológicos de Matías Calandrelli
   y la enseñanza de la lengua y la literatura
   clásicas en la Argentina de fines del siglo XIX*
   
   M. *Carolina Domínguez y Marisa Elizalde*

3. La reelaboración de la tradición clásica en los
periódicos de Francisco de Paula Castañeda y *El Argos
de Buenos Aires* ...................................................................... 75
   *Virginia P. Forace*

4. Matronas ejemplares ....................................................... 101
   *Representaciones de lo femenino y tradición
   clásica en el Tucumán del Centenario*
   
   *María Agustina Ganami*

5. Los mitos griegos en los microrrelatos de Marco
Denevi .................................................................................. 137
   *Ramiro González Delgado*

6. El Grupo de Teatro FyL y las preguntas existenciales. 195
   *Mónica Maffía*

7. ¿Un héroe sin tacha? ¿Una reina sin honra? ................... 211
   *La polémica en torno a* Dido *de Juan Cruz
   Varela*
   
   *Luis Marcelo Martino*

8. La tradición clásica en la *Revista de Derecho, Historia y
Letras* en sus primeros años (1898-1900) ............................ 267

*Tensiones entre alta cultura y cultura popular*
*Ana María Risco*

9. Románticos y neoclásicos ...................................................... 319
*Proyecciones y límites de dos conceptos europeos en México y Centroamérica*
*Friedhelm Schmidt-Welle*

10. Una fábula con porvenir ...................................................... 335
*Reflexiones sobre el origen de los términos clásico y clasicismo*
*Irene Vallejo Moreu*

Sobre los autores ...................................................... 357

# Agradecimientos

A la Agencia Nacional de Promoción Científica y Tecnológica de la República Argentina, por financiar el proyecto PICT que sirve de marco a este libro.

Al Consejo Nacional de Investigaciones Científicas y Técnicas de la República Argentina (CONICET) y a la Universidad Nacional de Tucumán (Argentina).

A las Dras. Susana Maidana y María Mercedes Risco, directora y codirectora del Centro de Estudios Modernos de la Facultad de Filosofía y Letras de la Universidad Nacional de Tucumán, por el apoyo incondicional.

A las/os investigadoras/es que aceptaron con entusiasmo participar en este libro con sus valiosas contribuciones.

# Presentación

*haec vestis priscis hominum variata figuris*

En 1928, por encargo del gobernador de Tucumán, Miguel Mario Campero, Juan B. Terán —fundador y rector de la universidad local— hizo traer de Francia una serie de réplicas de esculturas clásicas destinadas a adornar el principal paseo público de San Miguel, el parque 9 de Julio. Entre dichas obras se encontraba la imitación del célebre grupo escultórico —que ilustra la tapa del presente libro— que representa al sacerdote Laocoonte y sus hijos, víctima de las serpientes marinas por atreverse a advertir a su pueblo de la trampa que encerraba el célebre caballo de madera. Además de esta narración plástica, el mito de Laocoonte —enmarcado en la guerra de Troya— es relatado también por Virgilio en la *Eneida*. Ambos relatos o representaciones son tomados por Gothold Ephraim Lessing en el siglo XVIII como un emblema y un pretexto para reflexionar sobre las relaciones entre la pintura (y las artes plásticas en general) y la literatura.

La réplica instalada en el parque tucumano despierta una serie de cuestiones e interrogantes iluminadores. En realidad, el primer planteo surge de la propia obra "original", alojada en los Museos del Vaticano, cuya datación y carácter genuino han sido motivos de controversia. Atribuida a Agesandro de Rodas y sus hijos Polidoro y Atenodoro, fechada en el siglo IV a. C. o bien en el I a. C. o I d. C., se sospecha, sin embargo, que la escultura sería en realidad una réplica de un original perdido. La imitación tucumana, entonces, vendría a ser la copia de una copia. Este proceso de mediatización y reproducción múltiple de las obras de arte —propio de la modernidad y analizado lúcidamente por Walter Benjamin— remite directamente a las operaciones de reapropiación y reelaboración de la tradición clásica y sus motivos, con fines y matices diversos. La pretendida pérdida del "aura" constituiría una suerte de precio que la tradición clásica debería pagar, a cambio de la trascendencia lograda gracias a la creatividad de individuos y culturas que supieron apropiarse de ella continuamente y proponer productivas lecturas de sus contenidos.

La presencia de Laocoonte en un parque, es decir, fuera del ámbito del museo, por otra parte, implica una significativa maniobra de orientación del sentido de la obra. ¿Se pretende con dicha colocación alentar la apreciación "popular" por parte de un público inexperto, no ilustrado, de un arte al que se le han adjudicado —o en el que se han detectado— rasgos inmanentes de belleza, que responderían a patrones universales? La instalación en un paseo público de una ciudad argentina durante las primeras décadas del siglo XX, ¿se legitimaría en función de la posesión de dichos rasgos por parte de la escultura? ¿Cómo percibirían e interpretarían la obra los tucumanos de esa época y de los tiempos subsiguientes? ¿Se interesarían por el sufrimiento de Laocoonte y sus hijos? ¿Recuperarían la historia narrada en relación con su contexto —la guerra de Troya— o la captarían como un fragmento aislado, que no pide ni necesita articulación con un marco o imaginario que le confiera sentido? ¿Les interesaría, en definitiva, enterarse de que detrás de la escultura hay una historia, o simplemente la verían como un objeto decorativo, a la manera de un rosedal o una pérgola? De hecho, la pieza fue adquirida y traída a Tucumán con la finalidad expresa de decorar un paseo público. ¿Es eso la tradición clásica: un simple ornato?

En uno de sus *carmina*, Catulo describe las escenas del mito de Ariadna y Teseo bordadas en una manta, ofrecida como regalo en ocasión de las bodas de Tetis y Peleo. El verso en latín que sirve de epígrafe a estas palabras preliminares pertenece a este poema (LXIV, v. 50), y refiere precisamente a las figuras antiguas que adornan el cobertor. Esta inserción de un relato en un contexto más amplio —una manta, un poema— con la finalidad de embellecer remite —al igual que el gesto de trasladar a Tucumán una réplica de Laocoonte— a esa operación de apropiación de relatos, tópicos, motivos, y a su inserción en contextos culturales más o menos ajenos, más o menos remotos. Esta inserción produce —deliberadamente o no— infinitas variaciones de sentido, que generan al mismo tiempo estrategias de búsqueda y explicación del significado de dichas variaciones.

En ese empeño por encontrar y asignar sentido(s) a las reelaboraciones e incorporaciones de la tradición clásica y por desentrañar los criterios que guían las suturas se inscribe precisamente el proyecto PICT de Reciente Formación, financiado por el Fondo para la Investigación Científica y Tecnológica, de la Agencia Nacional de Promoción Científica y Tecnológica, dependiente del Ministerio de Ciencia, Tecnología e Innovación Productiva, titulado "(Des)articulación de la tradición clásica en la cultura argentina, siglos XIX y XX", en el marco del cual se publica el presente volumen. Algunos de los trabajos aquí reunidos constituyen avances y resultados parciales de investigación de sus integrantes, mientras que otros son contribuciones de destacadas/os investigadoras/es de Argentina, Alemania y España, que indagaron sobre la problemática desde sus respectivas áreas de especialidad. Las cuestiones abordadas en estas páginas intersectan el eje central del proyecto y desarrollan aspectos que se vinculan con él de una manera directa o indirecta: el origen y matices del término *clásico* en la cultura occidental y las apropiaciones de su contenido por parte de distintos movimientos estéticos (Irene Vallejo); el alcance de las categorías europeas de *neoclasicismo* y *romanticismo* en México y Centroamérica (Friedhelm-Schmidt-Welle); la presencia de la tradición clásica en publicaciones periódicas decimonónicas y de entresiglos —*El Argos de Buenos Aires*, los periódicos del padre Francisco de Paula Castañeda, *El Centinela*, la *Revista de Derecho, Historia y Letras*—, a través de polémicas, enfrentamientos y tensiones culturales (Viginia P. Forace, Luis Marcelo Martino, Ana María Risco); la construcción de modelos ejemplares en textos biográficos de la época del Centenario argentino, que apelan a la cultura grecolatina como sustrato (María Agustina Ganami); la enseñanza de las lenguas y literaturas clásicas y sus instrumentos didácticos, como los repertorios filológicos de Matías Calandrelli, en la Argentina de fines del siglo XIX (María Carolina Domínguez y Marisa Elizalde); la reactualización de la tradición clásica en textos de géneros diversos —cuentos, ensayos, novelas, microrrelatos— de autores españoles como Rafael Altamira (Rocío Charques Gámez) y argentinos como Marco Denevi (Ramiro González Delgado); las cuestiones inherentes a la adaptación escénica de textos clásicos para un público contemporáneo, expuestas desde la propia experiencia (Mónica Maffía).

A través de sus distintos puntos de abordaje, el presente libro se propone, por una parte, explorar y dejar al descubierto algunas de las infinitas imbricaciones de la tradición clásica con la cultura occidental en general y argentina en particular, y, por otra parte, indagar en los sentidos e implícitos de las sucesivas (des)articulaciones de dicha tradición. En otras palabras, pretende brindar al menos un atisbo de lo que encierran esas figuras antiguas que, nacidas para embellecer, habitan en cobertores griegos y en lejanos paseos públicos.

Ana María Risco<br>
Luis Marcelo Martino

# 1

# La tradición clásica en la obra de Rafael Altamira

Rocío Charques Gámez

Rafael Altamira ha pasado a los anaqueles de la historia como el padre del americanismo, amén de como insigne jurista, historiador y pedagogo. Su nombre llega incluso a proponerse como candidato al Nobel de la Paz. No por ello deja de interesar su aporte a la historia de la literatura, pues el polígrafo alicantino también dedica estudios a la crítica literaria y cultiva, en sus años de juventud, el género narrativo. Son varios los motivos que nos llevan a fijarnos en esta excelsa figura. Dejando de lado la indiscutible relevancia de Altamira, se advierte su conexión con Argentina, país que le acoge como segunda patria en su viaje por tierras americanas. Pero no podemos perder de vista el hilo conductor del presente volumen, esto es, el análisis de la tradición clásica. Por esta razón, nos interesa esbozar sus huellas en la obra del intelectual. Conviene puntualizar que dejamos aparte los textos históricos y de historia del derecho porque salen de los límites de nuestra especialidad. A lo largo de esta exposición, iremos desgranando los puntos biográficos que nos parezcan relevantes para clarificar los textos a los que hagamos mención. Hemos preferido comenzar por los textos no literarios para apreciar los comentarios directos sobre la tradición clásica realizados por Rafael Altamira. Por último, terminamos con su obra literaria, donde podremos dilucidar hasta qué punto Altamira se nutre de ella y la recrea en sus escritos de ficción.

Tras la lectura del prólogo de Leopoldo Alas Clarín que abre la recopilación de críticas literarias de Rafael Altamira en *Mi primera campaña* (1893), se deduce que las referencias a la cultura clásica en este libro son escasas. En este volumen Altamira reúne varios trabajos críticos y relatos que han aparecido antes en prensa, con la excepción de *Dos amores*. Una figura señera en el arte de la crítica literaria como Clarín, maestro y amigo de Altamira, elogia el trabajo emprendido por el intelectual, a quien incluye en la nómina de los críticos científicos. Sin embargo, el único aspecto que desea que el joven corrija es cierto olvido de los clásicos, cuyo conocimiento no pone jamás en duda. Aparte de esta puntualización, nos interesa advertir cómo Clarín considera el papel del crítico como educador del pueblo por el hecho de que este interés pedagógico es fundamental para entender el trayecto intelectual y vital del profesor alicantino. Por tanto, no parece ilógico colegir que los consejos del autor de *La Regenta* no cayeron en el olvido. Al contrario, podemos apreciar que a partir de estas fechas encontramos las referencias clásicas que presentamos en este trabajo. Citamos las palabras del maestro para ilustrar mejor esta advertencia al joven intelectual. Clarín le empuja a hacer gala de sus conocimientos de la cultura griega y latina con el fin último de cultivar a la sociedad, en particular a la juventud:

> A la literatura lleva Altamira su filosofía y su método, y es en este concepto un crítico de lo más moderno que cabe. Solo quisiera yo verle un poco más aficionado a los clásicos. Sus teorías, sus ejemplos, sus alusiones, sus imágenes, nos hablan pocas veces de griegos y romanos y de españoles de los siglos de gloria. Si mi consejo valiera, y pediría a Altamira, que puesto que él ha de ser, con otros de su índole, quien trabaje para formar el gusto de las generaciones que ahora empiezan a leer y escribir, dejara ver en sus críticas más a menudo la sagrada huella del arte griego y latino, pues no en broma profesamos aquello de que hay algo en la antigüedad clásica que fue una sola vez en el mundo y no debe olvidarse (XII).

Este camino pedagógico emprendido por Rafael Altamira no puede entenderse sin trazar, aunque sea brevemente, su biografía (Palacio, 1986: 57-73; Ayala, 2006: 21-34). Nacido en una familia burguesa alicantina, Altamira realiza sus estudios de Derecho en la Universidad de Valencia, ciudad donde conoce a Blasco Ibáñez. Su profesor Eduardo Soler le aconseja seguir su formación en Madrid. En la capital española lleva a cabo sus cursos de doctorado y entra en contacto con la Institución Libre de Enseñanza, en 1886. Su proyección académica también debuta en esta época. Por ejemplo, es nombrado secretario del Museo de Instrucción Primera (posteriormente Museo Pedagógico). En 1897 se traslada a Oviedo tras ganar la cátedra de Historia del Derecho Español en la universidad. Enseguida percibe que las ideas progresistas del claustro de profesores de esta institución casan con las suyas y se ponen en marcha proyectos con los que satisfacer sus inquietudes. Así se conforma el que se conoce como "grupo de Oviedo", en el que, aparte de Altamira, se encuentran Adolfo Álvarez Buylla, González Posada y Aniceto Sela. Pronto se despunta el interés del profesor alicantino en el papel del intelectual en la formación del pueblo. Así puede comprobarse, por ejemplo, en su discurso de 1898 "El patriotismo y la Universidad", donde expone sus ideas sobre el papel del profesor universitario en la sociedad. Además, tras su lectura surge el proyecto de creación de la Extensión Universitaria, que sigue el modelo de las de Inglaterra y Francia. Su viaje a América (1909-1910) impulsado por la universidad no hace más que aumentar su prestigio. Consigue en este viaje que España reanude sus relaciones con América y, a partir de entonces, Altamira será reconocido por este motivo y se erigirá como el padre del hispanismo, así como el padre de los estudios indianos. Otros logros relevantes en su carrera son su nombramiento como director general de Enseñanza Primaria, así como miembro de la Comisión de Juristas en 1920 y encargado de la redacción del anteproyecto del Tribunal de Justicia Internacional, a partir de 1921. Como dijimos, también se le propone como candidato al Nobel de la Paz. Tras la guerra civil española se exilia primero en La Haya, luego en Bayona y Lisboa, hasta acabar finalmente en México, donde fallece en 1951.

La labor pedagógica de Rafael Altamira aporta uno de sus más altos frutos en su trabajo en la Extensión Universitaria, que tiene lugar en el período en el que enseña Historia del Derecho Español en la Universidad de Oviedo. Entre las lecturas realizadas por el profesor en este contexto, citamos la *Odisea*, pero antes de detenernos en el artículo en que nos habla de esta lectura, dedicamos unas líneas al proyecto de la Extensión Universitaria en España. En el citado discurso "El patriotismo y la Universidad", Altamira menciona los orígenes del proyecto, cuya cuna se sitúa en Inglaterra y cuya idea copian otros países desarrollados, como Francia. El terreno estaba entonces preparado para acoger esta actividad, pues el profesorado de la universidad había realizado anteriormente diversos acercamientos al mundo obrero con la finalidad de mejorar su formación. Mainer detalla al respecto que

> [...] la creación de la Extensión Universitaria, propuesta por Rafael Altamira y por Leopoldo Alas en 1898, canalizó hacia el reformismo social buena parte de los esfuerzos regeneracionistas y encontró en los líderes del socialismo asturiano –Manuel Vigil y Manuel Llaneza- unos eficaces colaboradores (1999: 82).

El programa propuesto para la educación del obrero se conforma de conferencias, cursos breves y, también, de excursiones de tipo arqueológico y artístico (David Ruiz, 1988: 163-174). Entre 1898 y 1910 hay que situar la participación activa de Rafael Altamira en este proyecto. Entonces organiza cursos de gran diversidad temática, como la historia de España, la crítica literaria, el teatro y la música. Como complemento a estos cursos propone visitas artísticas o conciertos durante sus clases. En 1903 y 1904 publica una guía de lecturas tras su demanda por los alumnos obreros de la Extensión. Puntualiza en este texto que lo más productivo para el profesor es realizar cursos cortos y cercanos al alumno, y remarca el buen resultado del fomento de la lectura: "las dos formas de enseñanza que conviene más a la masa obrera y que ésta recibe con mayor interés, son el curso breve, familiar e intensivo y las lecturas de obras maestras, científicas y literarias" (Altamira, 1914: 77-78).

En cuanto a los manuales para estas clases propone un libro elemental de carácter realista y comprensible para el obrero, pero si no existen manuales, propone recurrir a resúmenes impresos o *syllabus*. Aparte de esto recomienda las lecturas comunes, siguiendo así el modelo de las lecturas para obreros de Inglaterra. Conviene, según Altamira, abaratar los libros y crear más bibliotecas con el objetivo de fomentar la lectura. Otra forma de conseguirlo es, según el profesor, la publicación de revistas modernas, como las inglesas, italianas y alemanas, que son a su vez económicas, de fácil lectura y atractivas. El polígrafo alicantino, en *Cuestiones obreras* (1910), establece un listado de obras que pueden interesar a esta población, aunque aclara que se trata de una nómina incompleta. En estas páginas se puede observar que la reivindicación social de Altamira respecto a las mejoras en la calidad de vida del obrero no pasa únicamente por la transformación de la situación laboral, sino que también es necesario el cultivo espiritual e intelectual. En cuanto a los libros que aconseja al obrero podemos resaltar los siguientes comentarios. Por ejemplo, cuando se refiere a la poesía épica señala que son muy adecuadas para los obreros siempre y cuando se haga una apropiada selección y una lectura en voz alta. Asimismo, el resumen de todo el poema será necesario para contextualizar el pasaje. La discreción es la cualidad resaltada por el profesor referida al lector que haya elegido los textos. Cómo no, las lecturas clásicas nombradas son la *Ilíada*, la *Odisea* y la *Eneida* (71). En cuanto al teatro, reconoce la dificultad de la lectura de obras que el público conoce únicamente por su representación. Según sus palabras, los clásicos griegos, ingleses, alemanes y españoles solo podrán apreciarse si la persona que ha elegido los pasajes y que los lee conoce perfectamente los gustos del pueblo. Al respecto advierte el éxito de ciertas versiones de clásicos adaptadas, como la del editor Araluce en España (72).

Así pues, las lecturas en público de obras conocidas es un medio empleado por el profesor alicantino para instruir a los obreros. Entre ellas, nos interesa la que realiza de la *Odisea* durante una de sus conferencias. En el *Boletín de la Institución Libre de Enseñanza* del 31 de julio de 1904, se recoge el texto "Lecturas de Homero", extracto de su conferencia en la Extensión Universitaria. En ella comenta la lectura pública de algunos pasajes de la *Odisea* seleccionados por él. Explica Altamira la importancia de la lectura de los clásicos. Informa del poco atractivo que despierta en los jóvenes de su tiempo el aprendizaje del griego y el latín, algo que no deja de ser "injusto y peligroso" (218). Para él es necesario hacer más atractiva esta enseñanza no reduciéndola al estudio de la gramática. En este punto, recomienda el acercamiento a los grandes clásicos a través de las traducciones. Según él, estas obras son dignas de conocerse

> por todos los que sienten el arte y piden a la literatura horas de alto placer espiritual y elementos de cultura; por todos los que buscan en ella, como dice Menéndez y Pelayo refiriéndose a los autores clásicos, recreo del espíritu y satisfacción de una necesidad estética y moral (218).

Cultura, placer estético y moral son, pues, los beneficios de la aproximación a las obras clásicas. A quienes aducen que dichas lecturas resultan indiferentes al hombre moderno, Altamira responde que el alma moderna y la antigua no son realmente diferentes y que, además, la perfección a la que se arriba entonces no ha logrado superarse en su época. Al respecto, el intelectual alicantino alude a la modernidad de la literatura clásica cuando recuerda a críticos como Goldwin Smith, que han comparado la profundidad en el análisis de los personajes de Homero con los de Shakespeare. Asimismo opina que "en la *Ilíada* y en la *Odisea* hay pasajes que bien pudieran pasar por obra de los románticos, o de los escritores de tipo más moderno" (218). La preferencia por la *Odisea* en lugar de la *Ilíada* en esta conferencia se debe a que, para Altamira, la primera aventaja a la segunda en perfección y además, la considera más atractiva para el hombre contemporáneo. Debido al contexto en el que tiene lugar la lectura de la *Odisea*, se persigue favorecer el acceso al sentido de los mejores pasajes, "ilustrar y vivificar su sentido por la descripción del medio social en que se produjeron y de los hechos históricos a que aluden o en que se fundan a través de la leyenda" (219). Por supuesto, la labor pedagógica no se abandona durante la lectura, durante la cual Altamira se acompaña, además, de un mapa mural en colores. Al objetivo estético (apreciar la belleza literaria) se suma el objetivo académico (enseñar una cultura). Podemos señalar, entonces, dos de los ámbitos que interesan a Altamira, esto es, el literario y el pedagógico. Sobre este punto no hay que olvidar que el profesor alicantino decide abandonar el primero, cultivado en sus años de juventud, para dedicarse exclusivamente a su trabajo académico.[1] Aunque resulta una decisión difícil, le parece la más adecuada para poder focalizar sus energías en un solo campo (véase su prólogo-epílogo a *Fantasías y recuerdos*, 1910). En estas páginas del *BILE* ensaya una definición de la *Odisea*, a la que traduce como un "poema de la vida doméstica y, a la vez, un curioso y ameno libro de viajes y aventuras. Es, además, el poema del Mediterráneo y de la civilización de su cuenca y, como ya veremos, se refiere, en parte, a España" (219-220).

---

[1] *Cartas de Hombres. 1927-1941* constituye una excepción, donde "reflexiona sobre los problemas intelectuales y sentimentales que acechan irremediablemente al hombre de cualquier época a través de unas cartas ficticias que no guardan relación alguna entre sí. Memorias basadas en su propia experiencia que descubren los sentimientos íntimos y personales del autor" (Ayala Aracil, 1998: 17).

En su conferencia, Rafael Altamira selecciona para su lectura pasajes de los cantos I, II y III, a saber: la aparición de Atenea disfrazada en el palacio de Ítaca; el banquete del pretendiente; la presentación de Penélope; el pasaje sobre la nodriza Euriclea y Telémaco (acerca de la vida doméstica griega); la tela de Penélope; la preparación del viaje de Telémaco para buscar al padre y la navegación; la hospitalidad a Telémaco en Pilos; el ruego de Néstor a Atenea; el consejo por la mañana y, por último, el sacrificio a los dioses. Por otra parte, Altamira realiza el resumen de cada canto y, a veces, agrega comentarios personales. Por ejemplo, consigna la influencia del poema en la historia de la literatura universal, como cuando se detiene en el canto XI. El episodio de la visita a la mansión de los muertos es preludio, apunta, del Infierno y del Purgatorio de la *Divina Comedia* de Dante.

También hace hincapié en la expresión del sentimiento patriótico. La salutación de Ulises a su patria, por ejemplo, es uno de los pasajes que más le atraen. Tampoco es extraña la selección de este fragmento debido al ideario de Altamira. Fundamental para él es, como para todos los regeneracionistas, el cultivo del sentimiento patriótico y buen modelo de ello es el texto elegido para leer a los obreros. Del mismo modo que hace al principio del artículo, Altamira vuelve a resaltar la fineza del análisis psicológico del texto. Sobre todo, observa estas notas que sobresalen en el canto XVI: el amor conyugal, la venganza, el afecto y respeto entre los miembros de una comunidad doméstica. En los cantos XIX y XX, sobre la entrevista de Ulises (vestido de mendigo) y Penélope, y las consecuencias que provoca en los personajes, Altamira establece paralelismos con los *Episodios Nacionales* de Galdós "en cuanto a la situación psicológica, y, más bien, al modo de expresarla el escritor" (224). Se constata, una vez más, el método comparatista que el intelectual emplea.

En resumen, este artículo transparenta las preferencias del intelectual y el interés de transmitir un saber a su auditorio, además de cultivar su gusto artístico. La lectura de los clásicos, en este punto, le parece primordial por sumar al placer estético, el moral. Ofrece, pues, una suerte de tríada de reminiscencias platónicas: esa búsqueda de la Belleza, Verdad y Bondad. En la selección de fragmentos y en sus comentarios se adivina, a su vez, una problemática en la que participa activamente: el patriotismo. Otra cualidad destacada por Altamira es la fineza psicológica de la obra en pasajes que compara con textos actuales. Por tanto, el comparatismo, nacido de su conocimiento profundo de la literatura, asoma en sus trabajos. Este "poema del Mediterráneo" hará su aparición en las páginas literarias de nuestro escritor, como veremos más adelante, pues el retrato nostálgico de su tierra no puede sustraerse a la influencia de la tradición clásica en su exposición.

Como apreció Clarín, las referencias clásicas en Altamira no son numerosas. No obstante, se pueden rastrear algunas en fechas posteriores a la publicación de *Mi primera campaña*. Citaremos un par de ellas recogidas en el volumen *Estudios de crítica literaria y artística* (1929). En "Psicología literaria III. Cartas de amor" se concentra en el tema de la manifestación del sentimiento amoroso en la literatura. El artículo surge tras la aparición de *Cartas de amor de una inglesa* y *Cartas de amor de una mujer de mundo*. Como hace en otros estudios literarios, se lleva a cabo la comparación con la literatura clásica y, particularmente, con la *Odisea*. El episodio que rememora de la epopeya sirve para ilustrar la experimentación del sentimiento amoroso. Desde luego, la maestría del texto lo empuja a recordarlo y consignarlo en estas páginas. Aduce, además, que en la obra griega este sentimiento será reconocido por quienes hayan experimentado la pasión amorosa, hecho que solo sucede, a su ver, con las obras de calidad, donde no hace falta explicitar para comprender la emoción que se desea presentar:

El terror sagrado, unido al estremecimiento de inenarrable y misteriosa alegría que el Telémaco de Homero sintió al divisar la sombra del divino cuerpo de la diosa, deslizándose gigantesca y callada sobre el azul de las aguas inmensas, puede ser para ellos un símbolo de lo que no acertarían a explicarnos (81).

El poema épico es el preferido por el intelectual para ejemplificar el modo en que puede expresarse literariamente este sentimiento indescriptible. Para él, el "[...] interés y la excelencia de la literatura amorosa estriba, precisamente, en que refleje o retrate con todo vigor algo de esa pasión avasalladora [...]" (81-82).

"Verdad y Belleza" también cita el famoso poema de Homero. En este trabajo explora los constantes estudios sobre dicha cuestión estética. Para Rafael Altamira esta disyuntiva se resuelve dejando de lado las abstracciones y centrándose en la literatura, en las obras concretas. Altamira se concentra en "la verdad de los conceptos y de las representaciones del mundo y de sus accidentes, que reflejan, según los tiempos, las obras de arte" (1929: 109). Para ello elige como modelos cuatro obras: "la *Odisea*, las leyendas cristianas medioevales, la Tetralogía wagneriana (el drama, no la música) y el *Peer Gynt* de Ibsen" (109). Sobre la *Odisea* comenta:

> Sabemos que todo aquello que ocurre en el gran poema helénico del Mediterráneo, es falso; que ni hay Minerva, ni se puede transformar en viejo, ni Proteo existió, etc., etc. Aun descontando la parte imaginativa lícita que todo poeta pone en su obra, muy poco de lo que Homero cuenta es ni pudo ser nunca verdad o, a lo menos, así nos lo parece (109).

Lo que viene a probar es la separación entre el valor literario de un texto y su contenido de verdad empírica. Desde luego, la emoción estética no va de la mano de la realidad del mundo que presenta una obra. La conclusión es transparente: "[...] la indiferencia completa, en muchos casos, del factor *verdad* en la obra de arte" (111). Seguidamente apunta que en las obras modernas puede apreciarse la repetición de imágenes referidas a conceptos que hoy se sabe que son falsos, pero que, en ningún caso, restan valor a las nuevas obras artísticas. La huella de nuestros antepasados es imborrable y pasa a nuestra época aunque pierda su significado primigenio y su referente no sea transparente en el presente. Lo importante, para él, es que sigan produciendo el mismo goce estético:

> Pero existen, mezcladas a nuestra literatura actual, una porción de frases, de alegorías, de comparaciones, de imágenes, comunicadas por tradición de literaturas pasadas y que se refieren a conceptos e hipótesis de cosmología, de psicología, de organización social y de historia, que hoy no merecen ningún crédito, ni al mismo que los usa; pero que siguen teniendo valor literario y produciendo los mismos efectos que si creyéramos en ellos [...] Y sin embargo, aquello sigue siendo hermoso (112).

Lo que se deduce de estos estudios es la admiración de Altamira ante las obras literarias que consiguen provocar un placer artístico. Es imposible crear *ex nihilo*. Eso no es lo fundamental para él, sino saber comunicar un sentimiento, una verdad, a través de imágenes y fórmulas ya inventadas. Altamira censura la estrechez de miras de quienes por defender una ideología niegan la belleza de obras literarias:

> [...] *cosmopolitas* para quienes los versos patrióticos no tienen poesía alguna; socialistas para quienes la literatura *burguesa* no ofrece ninguna condición de arte y no debe leerse; librepensadores que rechazan, por aburridas, esas leyendas cristianas a que antes he aludido; y reconozco que, a veces, estas declaraciones son sinceras. Pero nunca dejarán de ser excepciones y de significar una estrechez de criterio y de sentido de la poesía y de la belleza [...] (112-113).

Esto lo considera todavía más absurdo cuando "esos mismos que tal dicen caen, al extasiarse, v. gr., con el *Ramayana* o con la *Odisea*, tan solo porque estas obras no se rozan con creencias de las que todavía dividen y apasionan a los hombres" (113). Desearía Altamira que se superasen estos prejuicios para admirar y regocijarse con las verdaderas bellezas en el arte.

En 1919, Rafael Altamira reúne un ramillete de reflexiones, cincuenta y tres en total, que ha ido anotando en diferentes fechas. Del volumen titulado *Libro de máximas y reflexiones* (utilizamos la edición de 1948) nos interesa la máxima 104. En las páginas preliminares, el profesor se desmarca rápidamente de los libros de reflexiones al uso. De hecho, subraya el grado de experiencia personal que generan sus máximas. No pretende bajo ningún concepto erigirse en innovador, pues no es el primero ni será el último en meditar sobre cuestiones universales. Reconoce indirectamente que cuanto mayor es el tiempo cronológico transcurrido, mayor es el bagaje cultural acumulado del que es imposible sustraerse. Así lo expone en estas primeras páginas:

> [...] son fruto directo de la experiencia de mi vida y de las meditaciones a que me inclino; y con esto poseen aquel sabor de realidad y convicción que falta a menudo en lo que procede de simples recuerdos o comentarios de lecturas. Que a pesar de esto coincidan muchas veces con las que hicieron otros antes, no prueba, frente a mi honradez de escritor, sino que existe un fondo eterno de verdad del que llenamos nuestro vaso todos los que ingenuamente nos acercamos a su orilla (VII).

La máxima 104 trata sobre la emoción trágica y, por lo tanto, la mención de la tragedia griega va a ser ineludible. Se aprecia en esta reflexión la idea de Altamira del interés de la literatura por su belleza estética más que por su verdad (lo que conecta este escrito con el que acabamos de comentar). Después de la lectura del texto, nos acordamos de los consejos de Clarín al joven Altamira en 1893. Dada la brevedad de la misma, pasamos a reproducirla en su totalidad a continuación:

> El teatro griego responde en tan alto grado a las creencias, supersticiones y leyendas de aquella gente, que el efecto emotivo apenas si se produce en los lectores modernos. Es raro el caso de la Antígona de Sófocles y del Prometeo de Esquilo, en que el asunto y las situaciones trágicas nos interesan y nos hacen sentir el horror que experimentaron sus contemporáneos. Así los dramas griegos se nos ofrecen hoy, y en toda su pureza artística principalmente, como obras literarias en que lo admirable y lo bello está en la forma y, a veces, en los caracteres creados a fuerza de palabras bellas y elocuentes, más que de actos. El efecto estético no es por eso menos grande; y aun diré que, artísticamente, es uno de los más puros y desinteresados de todos los sentimientos humanos que hoy pueden emocionarnos (67-68).

Por otra parte, Altamira no puede dejar de consignar esta temática que le afecta directamente. Conviene recordar que el profesor padece los estragos de varias crisis nerviosas. Su estado de abatimiento es tal en algunas épocas de su vida que sus médicos le recomiendan retirarse de sus quehaceres diarios y descansar en un lugar adecuado para ello. Será esta tierra, evidentemente, la de su infancia: Alicante (Ríos Carratalá, 2004).[2] Ya en el *Álbum Salón* trata el tópico de la vida retirada cultivado por la literatura y en él no olvida dedicar unas páginas a la herencia clásica.

---

2 Resume Juan Antonio Ríos (2004) estos períodos: "En 1888, en Madrid, sufrió una crisis que le llevó a dejar temporalmente el periodismo y, por prescripción médica, a trasladarse a su finca de El Campello en busca de reposo. Las crisis nerviosas, no obstante, continuaron mientras se preparaba para opositar a una cátedra, período repleto de tensiones intelectuales y penurias económicas. En 1891 soportó frecuentes padecimientos por trastornos psíquicos y físicos. Su maestro Giner de los Ríos le aconsejó volver a «la serenidad del campo» y, en 1892, se traslada de nuevo a El Campello para recuperarse a base de «reposo el más completo posible. Paseos y ejercicios físicos y muy escasa lectura»".

En su artículo titulado "La literatura del reposo" menciona, evidentemente, el magisterio ejercido por Horacio. En estas páginas Altamira anota cómo la exposición constante al cambio, el desasosiego que sufre el hombre de su época debido a la veloz carrera de su vida, provoca un deseo de la vuelta a la calma por parte de los intelectuales. Observa que con Carlyle se vuelve a la búsqueda de ese silencio, aunque advierte que esta mirada hacia el reposo es un asunto que se remonta a la literatura clásica. Al respecto, Altamira apunta el interés en concretar las diferencias que presenta este retorno en su época: "Desde los tiempos más remotos, todo espíritu superior contemplativo, conturbado por la lucha social, ha buscado el reposo, la paz del alma. Pero no es menos cierto que el movimiento moderno ofrece caracteres propios de novedad evidente" (1929: 46). Le sorprende que la crítica que analiza la psicología en la literatura no se haya detenido en este punto y concluye que, cuando se haga un balance comparativo del tratamiento de esta temática, se presentará a los autores clásicos "como *hombres* de espíritu siempre vivo, y no como *modelos* de retórica más o menos académica, o como ejemplares de arqueología intelectual" (47). Esto supone que el estudio y lectura de los clásicos está siempre de actualidad, como lo demuestra, por ejemplo, en sus lecturas para obreros, como vemos en otro apartado de nuestro estudio. A su vez, afirma que cuando esto se realice se apreciará el puesto principal que el tema ocupa en todas las épocas, por detrás de la temática amorosa.

La causa del deseo de apartamiento por parte del intelectual, según Altamira, se debe al alejamiento que este considera necesario para evitar cualquier herida provocada por su exacerbada sensibilidad. También se resalta la superioridad de esta élite minoritaria que experimenta este dolor y que, por ello, considera necesario apartarse de la masa. En cierto modo las palabras que leemos al respecto pueden hacernos pensar en un orgullo de clase, pues el mismo Altamira integra este grupo privilegiado aunque no se incluya en él explícitamente: "[...] la superioridad que en sí mismos reconocen respecto de la masa —cuyos cuidados y apetitos repugnan por groseros y vulgares, o por conturbadores del reposo que exige la producción artística apártanlos igualmente, creando en ellos cierto misantropismo, más o menos acentuado [...]" (48). No obstante, reconoce que el apartamiento de la sociedad es inviable por la atracción que esta ejerce sobre ellos "[...] ya con necesidades ineludibles, ya con problemas de extraordinario interés intelectual [...]" (48). Por estas razones, el intelectual agota sus energías y busca el reposo por distintas vías (no explicitadas en el discurso de Altamira) o, en otros casos, se lo considera directamente inalcanzable. En este trabajo, el profesor alicantino realiza un estudio diacrónico remontándose a los poetas de la Antigüedad para apreciar los cambios que el tema ha sufrido. Así constata que en todos estos escritores se advierte un alejamiento físico, una huida. Es el clásico abandono de la ciudad por el campo, el tópico del *"Beatus ille"*. Para apreciar la evolución literaria, el célebre polígrafo se remonta a la obra de Horacio. En las líneas dedicadas al escritor, Altamira cita pasajes de sus obras. La primera es la más extensa y está traducida. Lo importante para él, según nuestro punto de vista, no es mostrar un prurito de erudición citando el texto en latín, sino recoger su traducción para facilitar la lectura de su trabajo a un mayor número de lectores. En Horacio se aprecia el alejamiento de las vanidades ciudadanas para volver a la vida sencilla, que el poeta logra en su retiro. Este alejamiento viene provocado por los cuidados de quienes procuran mantener la fama, los bienes, en fin, las tentaciones de la ciudad. Altamira ilustra el momento en que Horacio aconseja distanciarse físicamente de estas vanidades con la cita de una parte de la Oda XVI, Libro III, a partir de la traducción de Fray Luis de León:

> Cuanto más va creciendo
> La riqueza, el cuidado de juntalla
> Tanto más va subiendo,
> Y la sed insaciable de aumentalla.

> Por eso huyo medroso,
> Mecenas, el ser rico y poderoso.
> ............................
> No entiende el poderoso
> Señor que manda el África marina,
> Que estado más dichoso
> Que el suyo me da el agua cristalina
> De mi limpio arroyuelo,
> Mi fértil monte y campo pequeñuelo (49-50).

En otras tres ocasiones cita a Horacio, con menos versos, pero sorprende que a partir de este momento lo haga en latín. Primero, recoge dos versos al puntualizar que Horacio no huye de todos los bienes, sino que prefiere aquellos que le procura su finca en el Tíber: "*Cur valle permutem Sabina / Divitias operosiores*" (50) ["¿Para qué trocaré mi valle Sabino / Por las riquezas más molestas?", traducido por Urbano Campos en 1783, Oda I, Libro III, p. 166]. Pero no por ello se aventura a llevar una vida difícil: "*Importuna tamen pauperis abest*" (50) ["Sin embargo está lejos de mí la enfadosa pobreza", traducido por Urbano Campos, Oda XVI, Libro III, p. 222]. El "*aurea mediocritas*", el contentarse con poco, es la solución para él: "*Auream quisquis mediocritatem / Diligit [...]*" (50) ["Quien ama la preciosa medianía [...]", traducido por Urbano Campos, Oda X, Libro II, p. 124]. La solución propuesta ofrece una vida en total paz, como resume el famoso verso de Fray Luis que cita Altamira: "ni envidioso ni envidiado" (50). Toda esta reflexión le hace recordar la fábula del ratón campesino y el ciudadano. Antes de trazar la evolución del cultivo de esta temática a partir de la interpretación cristiana de los escritos horacianos, nuestro autor hace un duro balance de esta manera de entender el apartamiento que muestra, claramente, su opinión contraria a la misma:

> La paz que él busca no es la que anhelan las almas grandes, atormentadas por los altos cuidados del espíritu, sino la paz regalona del indiferente a todo lo que no sea su individual

bienestar, la paz de esos solterones que renuncian a la familia, no por insensibles al amor, sino por huir de las molestias que producen los hijos, deseando estar a "las maduras" solamente en la lucha de la vida (51).

Así, indica cómo a través de la lectura cristiana el retiro se realiza desde una perspectiva espiritual y, como consecuencia, el interés del espíritu quedará por encima del sibaritismo. Para él, la "superioridad ideal" (51) de esta interpretación salta a la vista inmediatamente. En cambio, no deja de evidenciar que algunos intérpretes de Horacio realizan este camino por los mismos motivos que él y emplean sus mismos medios. Entre los intérpretes cristianos destaca Fray Luis de León, cúspide para él de los autores que versan sobre el retiro. Fray Luis es para Altamira el mejor intérprete cristiano de Horacio y "quizá el más *íntimo* de todos los poetas castellanos" (52). Huye como el poeta latino de las vanidades terrenales, mas sin seguir la senda del placer, la "paz que él busca es más pura" (296). Y cita, en este punto, algunos de sus versos de la *Vida retirada*:

> Un no rompido sueño,
> Un día puro, alegre, libre quiero...
> [...]
> Vivir quiero conmigo,
> Gozar quiero del bien que debo al cielo,
> A solas, sin testigo,
> Libre de amor, de celo,
> De odio, de esperanzas, de recelo (52).

A continuación, se detiene en Francisco de Rioja y en su silva *A la tranquilidad*, que aunque posee algo del egoísmo del latino, se aleja de su modelo al final del poema. También nombra a Nicolás Fernández de Moratín en la recreación del tópico, citando como en los casos anteriores, los versos que ilustran sus comentarios. Pero después de esta retrospectiva, donde no nombra a ningún autor contemporáneo,

Altamira sentencia que hasta la fecha ninguno de los poetas "han visto en toda su plenitud el tema del reposo" (53). Esto es así porque la razón de su apartamiento es superficial:

> Si se hace recuento de los motivos que en el mundo los intranquilizan, se verá que están reducidos a muy pocos, y éstos pertenecen exclusivamente a las pasiones y apetitos humorales: la codicia, la envidia, la vanidad… o simplemente los riesgos que trae consigo toda actividad de cierto empuje y nervio y de motivos venales (53).

Superiores le parecen, en cambio, los prosistas en esta cuestión, pues advierte que desde el romanticismo, se evidencia que la causa de este apartamiento no proviene del mundo exterior sino del interior. Además, considera que la superioridad de los prosistas se produce porque sus escritos son más íntimos. A esta intimidad apareja también mayor sencillez estilística. Opina que las mejores muestras del desasosiego del escritor pueden rastrearse en los diarios y memorias. El *Diario* del pintor Delacroix es para él el ejemplo más característico de este tipo de escritura. Por tanto, juzga la literatura moderna como mucho más profunda en el estudio de este tema. La moral no es la protagonista de estos textos, sino que en ellos:

> el choque con el mundo y sus imperfecciones, la preocupación de los grandes problemas insolubles, el engaño perpetuo de todo placer y de toda alegría, la desconfianza de sí propio, el íntimo descontento que de su obra tienen los hombres superiores no endiosados, ya porque comparan lo enorme del esfuerzo a la pequeñez de lo producido, ya porque consideran cuán inferior es la pobreza de lo que dicen, a la riqueza de lo que piensan y sienten, a esa "poesía interna" de que habla Vischer y que es siempre la más hermosa, quizá porque conserva la vaguedad ideal, la complejidad vivificante de lo que no pasa por el molde discreto de la palabra que divide, acota, plasma y cristaliza (55).

Cree que la literatura anterior a su siglo es inferior respecto a la resolución y expresión de esta temática. Desde su punto de vista, el alejamiento no resuelve la problemática. La causa y, por tanto, la solución se encuentran, para Altamira, en el interior de uno mismo. La literatura moderna parece haber encontrado el origen de este malestar, pero todavía debe encaminarse a buscar una resolución. Para terminar, Rafael Altamira esboza su propia respuesta a través de una serie de preguntas retóricas. Plantea una superación del problema individual, para abrir el espíritu del individuo a la colectividad:

> Esta desconsoladora conclusión a que se inclina la literatura moderna, resolviendo de un modo pesimista el problema psicológico tantos siglos ha planteado, ¿quién sabe si llevará a más alto concepto de él, a más desinteresada y humana apreciación de la paz del individuo en relación con los intereses superiores de la humanidad? ¿Quién sabe si los poetas de mañana no hallarán que el reposo -simple aspiración del espíritu en momentos de fatiga, medicina temporal que restituye las fuerzas para nueva lucha- es, si se mira como estado perpetuo, normal, apetito de egoístas y gusto solo logrado por los indiferentes, para quienes nada importa en el mundo sino es su propia vida; o por los ciegos de alma, reducidos a los más elementales cuidados de la existencia vegetativa? ¿Quién sabe, en fin, si dirán que para los espíritus nobles que se interesan por todo, se conduelen de todas las miserias, sienten como suyos todos los dolores, tienen conciencia de la misión altruista del individuo y se levantan a las más puras esferas del ideal, el reposo, el sosiego, la calma, son vanas quimeras, hijas de un desfallecimiento momentáneo, y que la inquietud, la intranquilidad, la fiebre, son los signos de la acción que fecunda la vida y la lleva adelante, entre quejas y desilusiones? (59-60).

Si hemos reproducido el párrafo que cierra este trabajo del polígrafo alicantino es por brindarnos pistas para la interpretación de su pensamiento. Desde luego, a través de la lectura de textos como el presente se delinea la figura de Rafael Altamira. El objetivo y motor de sus esfuerzos intelectuales se encaminan a una mejora del conjunto de la sociedad. En efecto, planea una línea de acción que permita transformarla gracias al papel activo del intelectual. Reconoce los períodos de desasosiego por los que él mismo ha pasado, pero advierte la necesidad de superarlos y recuperar fuerzas en momentos de retiro para proseguir la tarea regeneradora. Altamira propone un salto de la dolorosa experiencia individual del ser superior a la conciencia de la labor social que debe a la colectividad. La acción se opone a la pasividad, el altruismo al egoísmo, en los espíritus nobles que entienden que los propios pesares han de superarse por el bien común.

El estudio precedente nos permite pasar de la obra teórica a la de ficción. Esto es así porque Rafael Altamira recrea esta temática del reposo en una de sus novelas. De hecho, su obra cumbre es la que lleva el significativo título *Reposo* (1903). El protagonista de la misma, Juan Uceda, representa una figura

> prototípica del panorama intelectual de la época [...] un retrato generacional, [...] donde el novelista encuentra la oportunidad de proyectar un cúmulo de experiencias personales, observaciones relacionadas con una realidad que conocía directamente y, sobre todo, un ejemplo que le permite reflexionar sobre su actitud vital y la de quienes le rodearon en sus empresas intelectuales. [...] en *Reposo*, a partir de una base donde es fácil detectar lo autobiográfico, elabora una reflexión en la que el yo es compartido, tanto en su origen como en su voluntad aleccionadora; una reflexión propia de una concepción literaria más vinculada con el realismo galdosiano que con la ruptura de los noventayochistas (Ríos Carratalá, 2005).

Como venimos observando, la concepción de la literatura por parte de Altamira lleva de la mano un objetivo estético y moral. La plasmación literaria de un sentimiento va más allá de la mera individualidad para reflejar un sentir colectivo. Como bien explica Ríos, su interés de formar al hombre a partir de las lecturas proviene de "su krausismo y, más en concreto, su institucionismo [...] se trata, [...] de aportar una reflexión vivida personalmente, [...] que se transmite al lector para que la comparta y provoque un similar proceso de reflexión". Esto se ha ido advirtiendo en los escritos que hemos analizado en los párrafos anteriores. Para el especialista ambos textos, el estudio sobre la literatura del reposo y la novela, contienen una misma tesis: la renovación interior (que no exterior) del individuo para recobrar fuerzas con las que enfrentarse al mundo y mejorarlo. Sostiene el crítico que para Rafael Altamira, "la solución no radica en una idílica naturaleza al estilo de la presentada por los clásicos en el tradicional maniqueísmo corte *versus* aldea, sino en el interior del individuo". Pero no por ello se olvida Altamira de los orígenes del tópico.

En este último tramo de nuestro trabajo, recogemos los relatos breves en los que se asoma la tradición clásica. Estos han aparecido publicados por primera vez en la prensa. Constituye esta uno de los medios de los que dispone el intelectual para poder llevar a término su labor educadora. La importancia de la misma es recordada por Altamira en algunos de sus trabajos, como en su conferencia inaugural leída en el Ateneo de Madrid en 1913, o en otros como "La medida del valor intelectual" y "Del periodismo", publicados ambos en *Caras y Caretas* de Buenos Aires en 1909 (Charques Gámez, 2012). La voz del pensador alicantino se escucha en la Argentina, donde arriba por primera vez en 1909. Pero el intelectual es bien conocido en los círculos intelectuales antes de su llegada física al país (Pelosi, 2005: 23). En efecto, su firma aparece en los principales rotativos del país, como en *Caras y Caretas*. En la revista bonaerense, en la que también colaboran otras personalidades españolas como Emilia Pardo Bazán, Valle Inclán o Unamuno, se anuncia su llegada el 10 de julio de 1909. En la portada descubrimos la caricatura efectuada por José Mª Cao acompañada de un texto donde se lo compara al historiador y geógrafo griego Herodoto: "Dice quien le conoce que es un historiador con voz y voto, que en la Historia encontró su mayor goce y que es más erudito que Herodoto".

Entre otros textos, citaremos sus cuentos porque de ellos versaremos a continuación. Se trata de relatos no inéditos, recopilados posteriormente: "Melones" (25 de agosto de 1923), "En la sierra" (7 de mayo de 1938), "El terruño" (16 de julio de 1938) y "Marina" (13 de agosto de 1938). Vienen acompañados de ilustraciones, añadidas por la revista, y en estos cuentos de levante las referencias al paisaje alicantino poseen una gran carga poética. No sorprende, desde luego, su temática, puesto que reflejan el sentimiento compartido por el lectorado inmigrante, en general, y español, en particular: la morriña que experimenta el que ha dejado su lugar de origen y el deseo de regresar a él. Como Altamira explica en sus prólogos, la meta de sus obras no se reduce a impactar estéticamente al lector sino a hablarle directamente a su espíritu (Charques Gámez, 2012).

En el prólogo a *Cuentos de Levante*, "El sabor de… 'la terreta'. (A guisa de prólogo para los alicantinos)", se trasluce lo que hemos indicado anteriormente: Rafael Altamira es hijo del krausismo. Su ideario no puede entenderse sin él. En efecto, su formación krausista se revela en su propósito educador, aquel que le guiará en toda su carrera. Asimismo se demuestra en su interés por alimentar el amor a la patria de su lectorado, como se adivina en el prólogo citado: "Hay que amar a *la terreta*; hay que hacer que el pueblo la ame y adquiera conciencia de ese amor […]" (65). Pero este amor no ha de basarse en vagas imaginaciones, en disertaciones improductivas, sino que requiere la total entrega del amante, un papel activo y productivo:

> Así como no ama la tierra sino quien la trabaja, quien sufre por ella y por ella siente bañado su cuerpo en sudor y por ella se ahoga en zozobras y en miedos, y tiene al terruño ligada su vida entera, en todos sus actos, así no ama, no puede amar propiamente a su patria quien vive en ella a modo de

cosmopolita, como pudiera vivir en otro lugar, sin nada propio, genuino, plenamente característico, que enlace y trabe para siempre su imaginación y su actividad al rinconcito del mundo en que nació y a la vida que le rodea (65-66).

Es, desde luego, el nacimiento del sentimiento patriótico el que se busca en estos relatos situados en tierras alicantinas. El papel emocional de la literatura, su carácter social, su misión patriótica se evidencian en este texto que abre la colección. Solo a través del sentimiento sincero de amor a la patria se logran las energías necesarias para llevar a cabo el trabajo que regenere a la sociedad. La educación de la sociedad puede conseguirse a través de la literatura:

> Y como al fin y al cabo la educación social es un hecho posible, lo mismo en la actividad espontánea de la vida que en el propósito reflexivo de los que pretenden dirigir a los pueblos; ya que lo más importante para cada cual es amar a su tierra, porque del amor vivamente sentido nacen las energías poderosas del trabajo que trae la regeneración, eduquémonos, de una vez, para esta obra, resucitando las modalidades locales preñadas de recuerdos, pintando la originalidad de sus paisajes y escenas, devolviendo a la *terreta* su sabor propio, y aprovechando para esto (en lo que quepa) todas las ocasiones verdaderamente populares, en que se agita y como que se abre al sol de las emociones el alma de la patria (66-67).

En la delineación de esta tierra levantina, las huellas clásicas no son visibles en algunos relatos, mas en otros se percibe como una ola que arrastra con fuerza el mar. La tradición grecolatina se abre paso y regresa entremezclada con otras en el inmenso azul literario. En las cuencas mediterráneas compone sus bases, constituye la piedra angular de nuestra cultura. Esta ola posa su manto en costas levantinas, donde su sedimento conforma su rostro actual. La naturaleza, en general, y el mar, en particular, sirven a los griegos de la Antigüedad clásica como fundamento para definirse (Rodríguez López, 2002: 1). Su identidad cultural no se entiende sin este elemento omnipresente en sus vidas y en su historia. Define, pues, su forma de vida y, en consecuencia, los autodefine. Sus costumbres, historia, vivencias pasan todas por estas aguas que también encierran misterios y peligros. Por esta razón se forjan historias que datan de tiempos ancestrales con el fin de explicar estas incógnitas: "Los griegos forjaron leyendas maravillosas en relación con el mar; muchas de ellas son, probablemente, pervivencias de tradiciones ancestrales del Mediterráneo, [...] y llegadas a nosotros en forma de bellos mitos" (Rodríguez López, 2002: 3). Regresamos a nuestra Ítaca, al *Lucentum* (Alicante) de finales de siglo, a través de las lecturas de los relatos de Rafael Altamira. Y en esta marejada de memorias de vivencias se entrelazan las memorias de lecturas en las que se rastrean las huellas de la tradición clásica. Si bien estas no cobran proporciones desmesuradas en las obras literarias del artista, su aparición demuestra la marca que la misma deja en el espíritu del autor. La pintura del *Mare Nostrum* no puede hacerse sin estas referencias que constituyen la base definitoria de una cultura, la del Mediterráneo.

El título del relato "Marina" aporta, sin más ambages, la temática que va a descubrir el lector. El mar, por tanto, estará omnipresente en esta narración. Su protagonista, Vicenta, posee el conocimiento del medio marítimo y su destreza en este medio la adquiere gracias a sus capacidades innatas y a las enseñanzas de su padre desde su más tierna infancia. La primera aproximación del narrador a la historia de la joven se produce de boca de las gentes del lugar. Cabe destacar, a propósito de nuestro tema, que aunque se nos muestran personajes contemporáneos, no se abandona el sabor de un relato mítico. De hecho, la narración adquiere proporciones legendarias y se advierte la influencia de la tradición clásica en el pasaje que pasamos a consignar:

Pregunté, pues, como quien sabe de corrido todos los pormenores y se interesa en ellos y en el éxito bueno de la empresa; y así fue brotando, verso a verso, aquella epopeya digna del brío y la gracia que juntamente concedió Apolo a los cantores populares de la Grecia antigua (73).

Por tanto, el cuento adquiere, indirectamente, la calidad de epopeya mítica, pues acopia las palabras de aquellos vecinos que heredan las cualidades de los versos de sus antecesores clásicos. Como ellos, parecen henchidos del poder de la palabra animados por Apolo, dios de las artes. La contextualización en la contemporaneidad bascula hacia una Antigüedad que deja su rastro en la misma. Además subraya una cualidad del hombre mediterráneo, esto es, su virtuosismo en la palabra. No cabe duda de la recreación literaria que el autor realiza en estas páginas, pues hacia el final el narrador confiesa la apabullante visión de episodios clásicos en el momento de contemplar a la protagonista navegando. Un aroma legendario impregna estas tierras y sus habitantes, el tamiz de la literatura se sobrepone a la visión de un hecho situado en el presente. Cuando el narrador describe cómo dobla un cabo el barco navegado por Vicenta, este reconoce:

> Mal de mi grado, mezcláronse a la visión recuerdos de lecturas. Pensé en el mar clásico, en la raza de los griegos aventureros, en la mitología costera y acuática de aquel pueblo en quien se fundieron todos los mitos de Oriente.
> Rebasó el barco la punta de tierra y, cabeceando, se ocultó. Todavía soñé un poco en la leyenda, y otra vez me sacó Juan a la realidad (78).

Entre los relatos reunidos en *Cuentos de Levante* se encuentra un título que remite directamente a la mitología clásica: "Himeneo y Pomona". Sobre Himeneo, dios del matrimonio, apenas hay mitología divina. Es hijo de Baco y Venus, o de Apolo y Calíope, o de otra Musa (Ruiz de Elvira, 1995: 100). En su edición de los cuentos de Altamira,

Mª Ángeles Ayala señala cómo la unión de los sexos se relaciona en ocasiones, en la religión griega y romana, con "las faenas del campo, y los dioses que presiden la vegetación son los que la piedad indica como factores de la procreación" (149). En lo que respecta a Pomona, la misma especialista explica:

> Pomona, diosa romana de los jardines y los frutos, esposa de Vortummo, que, al igual que este, poseyó la facultad de un perpetuo rejuvenecimiento: imagen de los ciclos de la vegetación. Pomona fue representada habitualmente con una cesta repleta de suculentas frutas. Tiziano retrató a su hija Lavinia como representación de Pomona, identificable como tal por la bandeja de frutas que levanta (149).

La historia de este cuento de amor se desarrolla en tierras alicantinas, en un contexto también contemporáneo al autor. Como en el caso anterior, un episodio contemporáneo se vincula con un bagaje clásico. Pero, contrariamente a "Marina", en este cuento no se presentan otras referencias directas a la cultura clásica aparte del nombre con que se intitula. En cambio, la relación es clara por la temática y ambientación de la historia: una boda en un espacio campestre. La imaginería grecolatina se traspone, una vez más, al contexto contemporáneo de Altamira en tierras alicantinas.

En su volumen *Fantasías y recuerdos*, leemos un texto contextualizado en la fiesta de San Juan en Alicante, fiestas, por otro lado, que se celebran en otros lugares y cuyos orígenes se pierden en la noche de los tiempos, como se anota en el mismo relato (256). "Noche de San Juan" ofrece el colorido y algarabía de esta festividad a través del seguimiento de su celebración por el personaje popular del tío Ruso. Se destacan de su vida las sonoras reyertas que vive con su esposa cigarrera, cuyo carácter explosivo se prende fácilmente. La única alusión clásica en el relato se localiza hacia el final del mismo, cuando la Rusa advierte que su marido es el responsable del lanzamiento de cohetes hacia el grupo de amigos con el que ella se encuentra. Desde luego, la referencia se ha convertido en lugar común. La guerra de Troya es ya un tópico que se cita para visualizar las proporciones descomunales de una reyerta. Así, se lee en el texto: "¿Quién sería capaz, ¡oh musa del cantor de Troya!, de pintar la terrible escena que allí ocurrió a los pocos momentos? El Ruso, envalentonado en parte, y en parte temeroso de que el enemigo avanzara demasiado [...]" (262).

En este mismo volumen podemos descubrir otras referencias clásicas. En "El tío Prim", por ejemplo, la mención de un personaje griego mítico, el Cíclope, sirve para describir un efecto sonoro. En este cuento, el protagonista transporta a los viajeros en su tartana de un pueblo alicantino a la ciudad. Cuando se arriba a la capital, se describen los sonidos capitalinos (el ajetreo del puerto, las locomotoras). Entre ellos, se destaca el ruido del herrero. De hecho, es el ruido más insoportable de todos ellos. El sonido, tal como cuenta el narrador, es constante, casi eterno, repetido incesantemente como si se tratara del ruido provocado por un ser sobrehumano. No es casual, como se sabe, que esta comparación se realice pues en la mitología los cíclopes trabajan el metal con una fuerza y una habilidad extraordinarias. Los cíclopes Brontes, Estéropes y Argos forjaron el trueno, el relámpago y el rayo para Zeus (Ruiz de Elvira, 1995: 38). En el cuento al que nos referimos, podemos leer:

> [...] pero ninguno de estos ruidos era tan constante y agudo como el inaguantable de un herrero que [...] no daba paz a la mano ni descanso al yunque. Era un estruendo horrísono, un golpear incesante que en los días de verano hacía pensar en los cíclopes y en las ardientes entrañas del Vesubio (285).

Llegados a este punto podemos realizar un balance a partir de las fuentes analizadas en este trabajo. Para Altamira resulta fundamental expandir el espíritu patriótico tal como se trasluce de comentarios como, por ejemplo, los de su selección de fragmentos de la *Odisea* para leer en voz alta a los obreros de la Extensión Universitaria. El deseo de comunicar el patriotismo es uno de los pilares del pensamiento de Altamira, hijo de la Institución Libre de Enseñanza. El presupuesto fundamental del proyecto de la Extensión es el de educar al pueblo y, para ello, los textos clásicos resultan indispensables. Si la *Odisea* es la obra clásica más citada por Altamira se debe a su calidad indiscutible. La lectura de esta obra cumbre de la literatura no solo se aprecia por su perfección literaria, sino por sus enseñanzas espirituales y morales. Además Altamira no contempla la literatura clásica como un modelo arcaico y desgastado, sino que para él el espíritu antiguo sigue vivo. Su lectura proporciona experiencias y vivencias de espíritus vivos que el hombre contemporáneo puede comprender perfectamente. La actualidad y modernidad de los clásicos le parece indiscutible, excepto en el tópico del *Beatus ille*. Altamira, en este punto, advierte un gran salto entre la concepción horaciana y la interpretación cristiana. Aun es más, anuncia una evolución posterior a su época, un hombre nuevo, de calidades superiores, que se sobreponga a los desasosiegos individuales para avanzar y volcar todas sus capacidades en el progreso de la colectividad. En cierto modo es la misión pedagógica a la que se encaminaba el mismo Rafael Altamira. En su obra literaria, las referencias clásicas son menos numerosas, pero no por ello se ocultan ni se olvidan. De hecho esto es imposible puesto que las escenas retratadas por Altamira en sus relatos se corresponden, en su mayoría, a las tierras de Levante, y el sedimento clásico de estas tierras mediterráneas asoma por momentos. La misión pedagógica se cumple también a través de su obra literaria, tal como él mismo explicita en su prólogo a los *Cuentos de Levante*. Allí refiere que educar al pueblo es necesario para regenerarlo. Y, evidentemente, esto solo puede conseguirse partiendo de los pilares básicos que conforman nuestra cultura. La advertencia de Clarín al joven Rafael Altamira, como educador de la nueva juventud, no cae en saco roto. Las referencias a la cultura clásica formarán parte del bagaje indispensable que hay que transmitir a todo el pueblo.

## Referencias bibliográficas

Altamira, R. (1893). *Mi primera campaña. (Crítica y cuentos)*. Con un prólogo de Leopoldo Alas (Clarín). Madrid: Biblioteca Andaluza.
—— (1904). "Lecturas de Homero". *Boletín de la Institución Libre de Enseñanza*. 31 de julio de 1904.
—— (1914). *Cuestiones obreras*. Valencia: Prometeo.
—— (1929). *Estudios de crítica literaria y artística*. Madrid: Compañía Ibero-Americana de Publicaciones.
—— (1948). *Libro de máximas y reflexiones*. México: Casa Unida de Publicaciones.
—— (1998). *Cuentos de Levante y otros relatos breves*. Edición, introducción y notas de Mª de los Ángeles Ayala. Alicante: Fundación Rafael Altamira.
Ayala, M. de los Á. (1998). "Introducción". En Altamira, Rafael (1998). *Cuentos de Levante y otros relatos breves*. Alicante: Fundación Rafael Altamira, pp. 11-56.
—— (2006). *Cartas inéditas de Rafael Altamira a Domingo Amunátegui Solar*. Alicante: Universidad de Alicante. Cuadernos de América sin nombre, nº 14.
Ayala, M. de los Á.; Charques Gámez, R.; Rubio Cremades, E. y Valero Juan, E. M. (2008). *La labor periodística de Rafael Altamira (I). Catálogo descriptivo y antología de las colaboraciones en La España Moderna, Boletín de la Institución Libre de Enseñanza y Nuestro Tiempo*. Alicante: Universidad de Alicante.

—– (2011). *La labor periodística de Rafael Altamira (II). Catálogo descriptivo y antología de las colaboraciones en La Ilustración Ibérica, Revista La España Regional, La Ilustración Artística y Álbum Salón*. Alicante: Universidad de Alicante.

Campos, U. (1783). *Horacio español, o poesías lyricas de Q. Horacio Flacco*. Madrid.

Charques Gámez, R. (2012). "Aproximación a las colaboraciones de Rafael Altamira en *Caras y caretas* de Buenos Aires". En M. de los Á. Ayala Aracil, J. M. Ferri Coll y E. M. Valero Juan (eds.). *El modo de mirar. Estudios sobre Rafael Altamira*. Vigo: Academia del Hispanismo, pp. 63-74.

—– (2013). "Rafael Altamira, un intelectual para el pueblo". En A. P. Alarcón Núñez, J. M. del V. Vélez y F. Estévez (eds.). *De élites y masas. Textualizaciones*. Madrid: Devenir el otro, pp. 169-187.

Mainer, J.-C. (1999). *La edad de Plata (1902-1939). Ensayo de interpretación de un proceso cultural*. Madrid: Cátedra.

Palacio, I. (1986). *Rafael Altamira: Un modelo de regeneracionismo educativo*. Alicante: Caja de Ahorros Provincial de Alicante.

Pelosi, H. C. (2005). *Rafael Altamira y la Argentina*. Alicante: Universidad de Alicante. Cuadernos de América sin nombre, n° 11.

Ríos Carratalá, J. A. (2004). "El imposible reposo de Rafael Altamira". En E. Rubio Cremades y E. M. Valero Juan (eds.). *Rafael Altamira: historia, literatura y derecho: actas del Congreso Internacional celebrado en la Universidad de Alicante, del 10 al 13 de diciembre de 2002*, Alicante, Universidad, pp. 121-127. Biblioteca Cervantes Virtual. Recuperado el 15 de septiembre de 2017 de <https://goo.gl/MHf8b7>.

Rodríguez López, I. (2002). "Los mitos del mar en la Grecia clásica. Proyección antropológica y cultural". *Revista de Arqueología*, año XXIII, n° 260. Recuperado el 20 de agosto de 2017 de <https://goo.gl/i2NXv7>.

Ruiz, D. (1988). "Rafael Altamira y la Extensión Universitaria de Oviedo". En A. Alberola (ed.). *Estudios sobre Altamira*. Alicante: Instituto de Estudios "Juan Gil-Albert". Caja de Ahorros Provincial de Alicante, pp. 163-174.

Ruiz de Elvira, A. (1995). *Mitología clásica*. Madrid: Gredos.

Socas, F. (1995). "Introducción". Publio Ovidio Nasón. *Obra amatoria II. El arte de amar*. Madrid: Consejo Superior de Investigaciones Científicas.

# 2

## *Traditio et innovatio*

Los repertorios filológicos de Matías Calandrelli y
la enseñanza de la lengua y la literatura clásicas
en la Argentina de fines del siglo XIX

M. CAROLINA DOMÍNGUEZ Y MARISA ELIZALDE

> Ahora bien: el lenguaje tiene una *ciencia*, que lleva el nombre de *filología* y es la ciencia que más ha adelantado en estos últimos tiempos, y que ha tomado vastísimas proporciones en pocos años, hasta haber alcanzado la perfección por Bopp. Esta ciencia fue la llave de todo descubrimiento en materia de *leyes, costumbres, instituciones políticas y religiosas de la antigüedad* y particularmente de las civilizaciones occidentales: esta ciencia fue la que hizo la luz sobre el origen de nuestras razas europeas...
> Calandrelli, 1873: XIV-XV; destacado en el original.

La enseñanza de las lenguas y las literaturas clásicas grecolatinas en las instituciones educativas argentinas durante la segunda mitad del siglo XIX comporta, en su propia historización y en las controversias acerca de la conveniencia o no de su enseñanza, una discusión más amplia que remite a políticas educativas y a posicionamientos ideológicos. Frente a la amenaza que, para los grupos dominantes, representaban la inmigración masiva, el mercantilismo y la pérdida de los valores morales, un grupo de letrados defendió la permanencia del latín en el currículum de la escuela media como un modo de preservar el humanismo clásico, al que veían como una suerte de reducto espiritual. La disputa, si bien no llegó a tener el tono elevado que adquirió en otros países del Cono Sur (como, por ejemplo, Chile),[1] se situó en torno a la preeminencia de las humanidades grecolatinas o a la de las humanidades modernas, de orientación utilitarista y técnica. La enseñanza media, organizada como tal en 1863 a partir de la creación de los colegios nacionales, es objeto, en 1870, de la primera reforma del plan humanista clásico (Dussel, 1997: 25), en el que el latín había sido incorporado sin cuestionamientos. Entre 1870 y fines de siglo, las humanidades tradicionales verían reducido su espacio curricular, desplazadas por las llamadas humanidades modernas (Dussel, 1997: 25-29). En un intento por adecuar la enseñanza de las lenguas y las culturas grecorromanas a las novedades introducidas en los ámbitos lingüístico y literario a través de la filología y el positivismo, los esfuerzos se concentran en apelar a ese pasado separándolo de la tradición colonial española y en reformular el vínculo a través de la modernización científica de las teorías, los métodos y los materiales.

En ese contexto de debates y redefiniciones, la indagación de las transformaciones de teorías y métodos pedagógicos, así como de los dispositivos lingüísticos, literarios y retóricos destinados a la enseñanza de las disciplinas clásicas -que expresaran, además, los valores del Estado-nación en ciernes- permite comprender que tales materiales constituyen productos históricos determinados por condiciones sociopolíticas específicas, entre las que se distinguen aquellas vinculadas con la formación de ciudadanos y con los procesos de construcción de una identidad homogénea.

---

[1] Para un panorama acabado acerca de los encendidos debates que se suscitaron sobre la centralidad del latín en el sistema educativo y los embates a los estudios humanísticos en general en aras de la modernización de la sociedad, véanse los estudios de Juan Poblete (2003; 1999-2000) en torno de la interacción lingüística y educativa en Chile durante el siglo XIX.

En ese marco, las instituciones —y, en particular, las educativas— ocupan un lugar primordial en tanto factor de integración y de cohesión sociocultural frente a los fenómenos concomitantes del ingreso a la modernidad y de la inmigración masiva. Así, la función relevante de la escuela secundaria consiste en formar a los sujetos para el ingreso a la universidad, a los cargos administrativo-burocráticos o a la actuación política y, de este modo, mantener el *statu quo* de los grupos hegemónicos. En 1863, Bartolomé Mitre funda el Colegio Nacional de Buenos Aires, que se afianza como establecimiento modelo de las demás instituciones de nivel medio del país y pilar del sistema educativo secundario estatal. Como parte de las políticas educativas y del afán científico de la época, en 1870, bajo la gestión de Domingo Faustino Sarmiento, comienzan a contratarse profesores extranjeros para la enseñanza de las ciencias en los colegios nacionales y en la Universidad de Córdoba. Al año siguiente, entre el grupo de los educadores europeos convocados, llega el filólogo italiano Matías Calandrelli.[2] Incorporado de forma inmediata a la Universidad de Buenos Aires y, más tarde, al Colegio

---

2 Matías Calandrelli (Salerno, Italia, 1845; Buenos Aires, Argentina, 1919). Realizó sus estudios en Ciencias Sociales y en Letras en la Universidad de Nápoles y se especializó en filología clásica y en sánscrito con los lingüistas piamonteses Giácomo Lignana (1827-1891) y su discípulo, Michelle Kerbaker (1835-1914). En esa misma universidad, se inició en la docencia. Luego de su llegada a Argentina, en 1871, dictó una serie de conferencias sobre literatura comparada, crítica literaria y filosofía de la historia en el Colegio Nacional de Buenos Aires, donde, en 1872, fue nombrado profesor de Historia Antigua por Juan María Gutiérrez, rector de la Universidad de Buenos Aires. Al año siguiente lo designarían profesor de Latín y, desde 1874 y hasta la nacionalización de la universidad en 1881, ocupará la cátedra de Filología Clásica comparada, creada a instancias del nuevo rector, Vicente Fidel López, y de Juan María Gutiérrez, ex rector (Calandrelli, 1875a: II). En 1882, Calandrelli asumió como rector del Colegio Nacional de La Plata, cargo que ejerció hasta 1888. Se retiró de la docencia en 1897. Gran parte de su producción consiste en textos destinados a la enseñanza, aunque su obra de mayor aliento fue el *Diccionario Filológico-Comparado de la*

Nacional de Buenos Aires y al de La Plata, Calandrelli desarrolló una prolífica obra pedagógica y científica a través de la elaboración de libros de textos para sus cátedras –en particular gramáticas latinas y comparadas y estudios filológicos–, de la participación en la prensa y en revistas especializadas y de la publicación de uno de los primeros diccionarios monolingües del país (Kornfeld y Kuguel, 2000: s/n), *Diccionario Filológico-Comparado de la Lengua Castellana* (1880-1916),[3] cuya aparición tuvo amplia resonancia y fue celebrada por los miembros más conspicuos de la élite letrada y política.[4] Específicamente, su actividad docente estuvo vinculada con la enseñanza de la filología y las lenguas clásicas, disciplinas acerca de las que publicó una serie de textos y manuales destinados a su estudio desde la perspectiva teórica del comparatismo de línea germanística y orientación positivista. Esta afiliación se corresponde con un enfoque pedagógico que, en líneas generales, se encuentra dominado por el paradigma del positivismo; asimismo, en el ámbito de la enseñanza de la filología clásica, la línea germanística comportaba la supremacía

---

*Lengua Castellana*, proyectado en dieciséis volúmenes que nunca logró concluir (se publicaron doce tomos, el último en 1916) y dedicado, precisamente, a Juan María Gutiérrez y a Vicente Fidel López.

[3] Acerca del *Diccionario filológico*, véase el estudio de Campos Souto y Pérez Pascual (2008). Otros trabajos que abordan el tema son el de Kornfeld y Kuguel (2000) y el de Alfón (2008).

[4] La aparición del primer volumen del *Diccionario*, anunciada por *La Nación* en enero de 1880, recibe halagos de Vicente Fidel López, quien lo prologa, y, de este modo, "la Universidad de Buenos Aires se jacta de estar a la vanguardia en temas lingüísticos" (Alfón, 2008: 416). La ingente tarea se recibía con mayor entusiasmo a medida que los ejemplares salían a la luz. El mismo año que el primer tomo se lanza también el II; en 1881 el III; en 1882 se imprimieron los tomos IV y V. Al dar a conocer el tomo sexto –veinticinco años después del quinto–, tres diarios de la Capital Federal, *La Prensa*, *La Patria Degli Italiani* y *Sarmiento* publican en sus páginas elogiosos comentarios acerca de la obra, que Calandrelli reproduce completos en el volumen octavo, dado a conocer en 1910 (III-VIII).

de los estudios de corte cientificista y, por ende, inscriptos en el proceso de renovación de contenidos y metodologías.⁵

Cabe señalar que el libro de texto no se concibe únicamente como un soporte para divulgar conocimientos escolares sino también como un vector ideológico y cultural (Tiana Ferrer, 1999: 102), imbuido de un sentido histórico que permite acceder a las representaciones sociales, culturales e ideológicas y a las polémicas suscitadas en su contexto de producción y circulación. Para entender la función simbólica de los textos escolares, en tanto expresión de un saber legitimado y oficial durante el proceso de configuración de una identidad nacional (Puelles Benítez, 2000: 6), resulta necesario indagar en su materialidad, en su condición de objetos con características específicas (formato, organización y disposición de los contenidos lingüísticos y gráficos) y, asimismo, examinar las concepciones pedagógicas y políticas a las que responden.

Entre los instrumentos didácticos elaborados por Calandrelli, inscriptos en la línea histórico-comparatista de raigambre germánica, se encuentra la antología *Apuntes para una historia de las literaturas clásicas griega y latina: extractados de la "Historia Universal" del Dr. Gregorio Weber traducida por D. J. Sanz del Río, ordenados e ilustrados con una prefación por M. Calandrelli*, publicada en Buenos Aires en 1876. El extenso título del libro presenta ya algunas claves para profundizar en las operaciones, las instancias de mediación y las apropiaciones puestas

---

5 Se siguen aquí las nociones de "filiación" y "afiliación" propuestas por el crítico Edward Said (2004 [1983]) para caracterizar la naturaleza de los vínculos entre el texto y el crítico. El intelectual palestino distingue ambas nociones a partir de los modos en que pueden establecerse las relaciones entre textos; así, la noción de "filiación" pertenece al orden de lo natural y biológico, en tanto que "afiliación" se corresponde con la esfera de la cultura y definiría las relaciones de adscripción a modelos, esquemas y sistemas de creencias no basadas en lazos sociales, étnicos o sexuales (2004 [1983]: 30 y ss.).

en juego. Entre ellas, la mención explícita de los tres actores involucrados: autor (Gregorio Weber), traductor (J. Sanz del Río) y responsable de la confección de los *Apuntes* (M. Calandrelli), visibiliza, desde el título mismo, la circulación lingüística, geográfica y cultural de los saberes académicos y las redes trasnacionales que surgen a partir de la traducción, de los vínculos interpersonales y de ciertas afiliaciones intelectuales. En este escenario, el estatuto de "cientificidad" y racionalidad del conocimiento y del método, provistos desde centros de producción intelectual y por pensadores legitimados, validaría como "científicos" a Matías Calandrelli y al español Julián Sanz del Río, que buscaban incorporarse al campo letrado de la Argentina y España respectivamente. Así, la autoría de libros de texto –imbuidos de la doctrina del evolucionismo y del krausismo[6] y producidos para instituciones educativas estatales de prestigio– funciona como cualidad certificadora de la portación de determinados saberes adecuados a criterios "universales" de cientificidad.

---

[6] Aunque excede ampliamente los objetivos de este trabajo, es posible ofrecer algunos lineamientos respecto del krausismo como movimiento intelectual. Gestado en España en la década de 1860, fue introducido en el campo intelectual a través de las traducciones de la obra del filósofo alemán Karl Krause, realizadas por Julián Sanz del Río. Esta doctrina filosófica proponía una nueva forma de humanismo, alejada de todo dogmatismo, y revalorizaba la renovación del pensamiento desde una perspectiva laica. Sus ideas repercutieron en el ámbito educativo, donde se propugnó una reforma que incorporara estos principios y, al mismo tiempo, modernizara las instituciones de enseñanza, diera un nuevo impulso al desarrollo de las ciencias y sacara a España de su aislamiento intelectual. Este ideario también tuvo sus expresiones en Hispanoamérica, en particular en ciertas propuestas pedagógicas.

## Trayectorias paralelas entre dos orillas: Matías Calandrelli y Julián Sanz del Río

La referencia al español Julián Sanz del Río,[7] en tanto traductor de la obra del alemán Weber, permite desandar ciertos itinerarios que confluyen en la génesis del texto de Calandrelli. Es lícito detenernos en este punto para observar sucintamente la figura y la trayectoria de quien fuera el responsable de la traducción al castellano de la *Historia Universal* y reparar, además, en ciertas correspondencias y similitudes con la trayectoria del propio Calandrelli.

El pensador hispano ocupa un lugar relevante en el campo cultural de la España de mediados del siglo XIX, fundamentalmente por ser considerado iniciador de una línea de pensamiento que resultará determinante para la modernización de la cultura ibérica: el krausismo. Bajo esta denominación se engloba un conjunto de procesos que darán como resultado una renovación de la ciencia y la educación

---

7 Julián Sanz del Río (Torrearévalo, Soria, España, 1814; Madrid, España, 1869). Desde 1824 realizó su instrucción elemental en el Seminario Conciliar de San Pelagio Córdoba, bajo la tutela de su tío eclesiástico Fermín del Río. Entre 1830 y 1833 siguió cursos de Derecho en la Universidad de Granada, estudios que continuó en 1834 en la Real Universidad de Toledo, donde obtuvo el grado de Bachiller en Cánones. Regresó a Granada y en esa universidad se graduó como licenciado y doctor. Luego se trasladó a Madrid y allí finalizó sus estudios de Derecho. En 1843 fue enviado por la Gobernación a Alemania y allí estableció contacto con pensadores germánicos del círculo krausista, entre ellos George Weber, en cuya casa estuvo hospedado y de quien, años después y ya de vuelta en España, traduciría el *Compendio de Historia Universal*. En 1844, se vio obligado a regresar a su país debido a la muerte de su tío. Se reintegró a la Universidad en Madrid en 1845 como profesor de la cátedra de Ampliación de la Filosofía, a la que renunció ese mismo año para recluirse en un ostracismo voluntario en Illescas, si bien alentó desde su retiro la creación del primer "Círculo Filosófico". En 1854 se reincorporó a la docencia en la universidad madrileña, pero, a causa de sus ideas educativas reformistas, sufrió la persecución de los sectores conservadores, católicos y moderados. El Ministerio de Fomento lo expulsó de la docencia en 1867, aunque fue repuesto en su cargo en 1868 y también asumió como Decano en la Facultad de Filosofía de la Universidad Central. Su magisterio sentó las bases para la fundación de la Institución Libre de Enseñanza en 1876, acaecida siete años después de su fallecimiento.

españolas, a partir de la incorporación de las ideas filosóficas de raigambre germánica, en particular del filósofo y pensador alemán Karl Krause (1781-1832) y sus discípulos. En este contexto, resulta medular la tarea de Sanz del Río como traductor de las obras del filósofo alemán y difusor de su pensamiento en los círculos intelectuales madrileños a partir de la década de 1860. De este modo, se produce una apertura hacia nuevas ideas y corrientes ideológicas que conducirán a un *aggiornamento* de los saberes y de los enfoques de estudio y, por ende, a una modernización del sistema de enseñanza, que propenderá al desarrollo científico y a la actualización pedagógica. La creación de la Institución Libre de Enseñanza (ILE), en 1876, constituye el hito más significativo de este viraje de la educación española, originado a partir del contacto con las experiencias más avanzadas de la pedagogía europea de la época.[8]

En el mismo año que se fundaba la ILE en Madrid, el filólogo italiano Matías Calandrelli publicaba en Buenos Aires sus *Apuntes...*, versión adaptada de una de las obras fundamentales de Sanz del Río: el *Compendio de la Historia Universal hasta 1852, escrito en alemán por el Dr. Gregorio Weber, traducido de la quinta edición en correspondencia con el autor y aumentado con varias consideraciones y notas* (ampliado en general y con relación a España), dado a conocer en Madrid en 1855. Nuevamente, la extensión del título del texto de Sanz del Río pone de manifiesto los procesos de producción y de circulación de los materiales en la Europa decimonónica y de los vínculos intelectuales entre los autores; no se trata tan solo de la traducción de una obra de cuño histórico,

---

[8] La creación de la Institución Libre de Enseñanza en 1876 se inscribe en el proceso "regeneracionista" iniciado por un grupo de intelectuales españoles a finales del siglo XIX, cuyo proyecto pedagógico, de raigambre krausista, fue pionero en el proceso de modernización de la educación en España. Fundada por un grupo de catedráticos, entre los que se encontraban Francisco Giner de los Ríos –quien fue su primer director–, Gumersindo de Azcárate y Nicolás Salmerón, su impronta marcaría la vida cultural española en las primeras décadas del siglo XX.

sino de su adecuación al contexto hispánico. Esta operación le permitirá a la traducción de Sanz del Río convertirse en material para la enseñanza de la historia en las cátedras universitarias de ese país. De manera análoga, Calandrelli reitera el gesto en el Río de la Plata: recupera el texto traducido y adaptado por el español y lo reconfigura para elaborar unos "apuntes históricos", como él los denomina, destinados a la formación de los estudiantes que ingresan a la universidad argentina. Las motivaciones que subyacen a ambas obras son semejantes: contribuir a la actualización de la formación académica de las nuevas generaciones, en consonancia con los procesos de modernización, y a la conformación de nuevos grupos letrados en el campo intelectual de cada país, que se encontraban atravesados por tensiones entre tendencias conservadoras y renovadoras. En tal sentido, tanto el *Compendio* de Sanz del Río como los *Apuntes* de Calandrelli ubican a estos autores entre los impulsores de los nuevos enfoques en la enseñanza.

Otro rasgo que comparten ambas obras es el afán innovador al incorporar nuevas líneas de pensamiento de corte cientificista y positivista, pero que, a la vez, recuperan el vínculo con la cultura clásica. Es decir, la novedad radica más bien en los métodos y las técnicas de presentación y organización de los saberes, lo que no implica, bajo ningún término, el rechazo a una tradición que se supone compartida y que otorga cohesión al conocimiento humanístico. Lo que se propone es un giro hacia la laicización de la enseñanza, un abandono progresivo de la escolástica que impregnaba los estudios desde siglos anteriores y una inclusión en las nuevas corrientes de pensamiento y de desarrollo científico e intelectual que fortaleciera la formación de la juventud.

Desde esta perspectiva, tanto Sanz del Río como Calandrelli asumen su condición de mediadores entre un conjunto de saberes y metodologías, que consideran necesario incorporar a la educación de los países en que ejercen la docencia, a partir de ciertas actividades fundamentales: la traducción y la enseñanza. Ambas actividades pueden ser concebidas como formas de mediación, en tanto vinculan saberes y sujetos provenientes de contextos lingüísticos, sociales y culturales diferentes.

También en las matrices organizativas de ambos textos se aprecia la índole de estas tareas de intervención discursiva: Sanz del Río titula a su traducción "Compendio", lo que comporta una serie de operaciones de síntesis, compilación y selección de materiales preexistentes, a las que el español agrega las de ampliación y anotación, es decir, deja las huellas de su participación en el proceso de traslado. No se trata, entonces, de una simple traducción de una obra; es un aporte pedagógico destinado a la formación universitaria, de cuño más cientificista y orgánico, y adecuado al contexto de la España de la época.

La estancia de Sanz del Río en Alemania le permite tomar contacto con la lengua y con las ideas filosóficas en auge en ese momento y, al regreso a su país, se incorpora activamente al campo intelectual español, en el cual comienza a difundir esas líneas de pensamiento. La traducción de la obra de Weber le otorga un cierto prestigio entre el grupo letrado, que junto con otras traducciones como la de la obra de Krause *El ideal de humanidad* (1860) y otros textos de cuño krausista, le posibilita el acceso a la cátedra de Historia de la Filosofía en la universidad. Así, el ejercicio de la traducción y la docencia convergen en el perfil de Sanz del Río y actúan como legitimadoras de su labor en el ámbito intelectual.

Respecto de la inserción de Calandrelli, tanto en el ámbito científico como en el pedagógico del Río de la Plata, el propio autor se posiciona en la esfera letrada haciendo prevalecer su formación científica, anclada en el paradigma filológico comparatista indoeuropeo, y su condición primigenia de "erudito" europeo requerido por el Estado argentino para diseminar los últimos cánones de la ciencia. La solidez "científica" de la disciplina y el método proveían a Calandrelli de una elevada autoconsideración de su papel como renovador de la enseñanza de las lenguas y las literaturas clásicas realizadas, hasta entonces, en el marco del humanismo tradicional por "rutineros literarios y científicos" (1904: 45). De acuerdo con su testimonio, dicho conocimiento "revolucionario" se introdujo en la Argentina a partir de la creación de la cátedra de Filología en la Universidad de Buenos Aires, bajo el rectorado de Vicente Fidel López[9] y el impulso de Juan María Gutiérrez; interesa señalar que dicho espacio institucional había sido instaurado con el objeto de que Calandrelli ocupara el cargo:

> Por las mismas razones no habría penetrado tal vez en esta República la enseñanza de la Filología, si no hubieran tomado todo el interés, que á hombres sea posible, dos personajes de fama y reputación bien conocida: el Dr. D. Vicente Fidel López y el Dr. D. Juan María Gutiérrez. Ambos han rivalizado á cual más, en proporcionar los elementos, en preparar los ánimos para la creación de las Cátedras de Filología en la Universidad de Buenos Aires, y en hacer duradera esta enseñanza; cuya materia ha sido desde algunos años, ya aplicada a las lenguas americanas por el Dr. López (1875a: II).

Apoyado en el prestigio intelectual y social de López y Gutiérrez, Calandrelli publica una serie de estudios y manuales escolares para la enseñanza media y universitaria con el objeto de innovar tanto el método como la dirección de los estudios clásicos, y proporcionarles un carácter científico. En la mayoría de esos textos, consigna ya desde los títulos la corriente lingüística a la que adscribe o la fuente que legitima su saber: en el caso de los *Apuntes*, cita en forma explícita a Weber y a Sanz del Río, especificando las mediaciones lingüísticas y las instancias de circulación

---

[9] Después de Caseros, la Universidad de Buenos Aires se restablece, en 1860, bajo la rectoría de Juan María Gutiérrez. Si bien la enseñanza de las letras tiene un lugar importante, se encuentra subordinada a la Facultad de Derecho y Ciencias Sociales. En 1874, Vicente Fidel López, que ocupa el cargo de rector, intenta crear una "Facultad de Humanidades y Filosofía", con base en los estudios clásicos. Luego de varios intentos fallidos, el proyecto se concreta en 1896.

transnacionales. La misma noción de "apuntes", como notas breves de lo que debe ser tenido en cuenta, comporta una concepción diferente de la orientación humanística precedente, que extrapolaba libros europeos sin "adaptarlos" al público rioplatense (1876a: III). En tal sentido, Calandrelli ofrece en sus anotaciones una sistematización de conocimientos necesarios y acreditados acerca de la historia del mundo clásico, en tanto autoridad legitimada por sus saberes científicos replicables, por sus vínculos políticos y sociales con las clases dominantes y por su autoconfiguración como un "erudito" portador de prestigio académico e institucional.

## Canon y pedagogía: los *Apuntes* de Matías Calandrelli

Si bien Calandrelli toma como punto de partida la traducción al español de Sanz del Río, ya desde los inicios de su texto invisibiliza al catedrático español y dedica las páginas de su "Prefación" a justificar su obra y a posicionarla en el campo de los estudios literarios destinados a la enseñanza. Una de las primeras estrategias que sigue es la de la diferenciación entre "lo viejo" y "lo nuevo", plano este en el que ubica su propuesta:

> La enseñanza pedagógica de las lenguas clásicas de Grecia y Roma y el estudio del mundo griego y latino […] necesitan libros de textos adaptados a su carácter especial. El método particular seguido en las escuelas del *viejo* continente y la índole característica de la *juventud* de este país hacen inútiles los libros europeos en las clases preparatorias de la Universidad de Buenos Aires. […] me limitaré a indicar la necesidad de un texto de historia de estas literaturas clásicas, elaborado bajo un plan que, saliendo de la *vieja* escuela, entre en el *verdadero* terreno de la crítica literaria y armonice con los estudios gramaticales, hechos bajo el método filológico-comparado, con los estudios literarios de ambas culturas clásicas (1876a: III-IV. El destacado es nuestro).

Los postulados y los criterios que sustentan la empresa de Calandrelli aparecen ya expresados en este párrafo introductorio y destacan su carácter innovador, situados en la Argentina finisecular en pleno proceso de modernización cultural.

El paratexto inaugural le ofrece a Calandrelli un espacio adecuado para exponer sus propias ideas respecto de los enfoques para el estudio de la cultura clásica. La "Prefación" está organizada en diez apartados en los que desarrolla sus ideas y justifica la perspectiva elegida y el plan trazado para el libro. Así, luego de explicitar su propuesta en el primer apartado, dedicará las páginas siguientes a polemizar con otras formas de historizar la literatura: el segundo apartado se destina a cuestionar los métodos centrados en la confección de listas o catálogos de autores y de libros que "presentan un aspecto tan vago e indeterminado que es difícil reconocer en ellos la fisonomía de las épocas y el carácter de las obras" (1876a: IV). En el tercer apartado, sus críticas se dirigen a los que solo se detienen en los aspectos formales, "en el terreno limitado de la forma", que no resulta suficiente para sostener una historia de la literatura, ya que dejan de lado las particularidades de "las costumbres y las épocas" (V). También son objeto de reproche, en el cuarto apartado, los que se atienen solamente a las ideas y desprecian la retórica para dedicarse a "generalizaciones metafísicas, disertaciones sofísticas [...], que ninguna relación muestran con la época en cuestión, con el autor de quien se habla y con la obra que se critica" (VII) y, finalmente, denosta en el apartado cinco a aquellos que se centran en el biografismo y no abordan las obras.

En un cuidado equilibrio retórico, luego de dedicar la mitad de la "Prefación" a criticar ciertas posturas acerca de las formas de organizar una historia de la literatura clásica, Calandrelli consagra los cinco apartados restantes a afianzar su propuesta. El apartado seis, uno de los más extensos, es asimismo el más programático. Comienza por señalar que los modos de historiar la literatura clásica hasta ese momento adolecen de un elemento esencial para su postura: "Estos diferentes métodos de escribir la historia de la literatura clásica carecen todos del verdadero fundamento histórico-literario, que consiste en el *desarrollo progresivo del pensamiento*" (VIII; en cursiva en el original). Este recorrido por las diversas formas de estudiar la literatura clásica desemboca en la exposición de la perspectiva elegida para esta obra, superadora de las falencias de los estudios anteriores:

> Hay que hallar, pues, en toda época, el verdadero espíritu literario, y las fuentes de que emana, estudiándolo en los iniciadores y perfeccionadores del movimiento literario, en las circunstancias que los rodearon y en las razones que los determinaron [...] La razón de ello es que las épocas se resumen en un grupo privilejiado [sic] de hombres que son los verdaderos representantes el progreso de un país [...] Estos son animados por la misma idea, son ramas del mismo tronco, vástagos de la misma planta, satélites del mismo planeta (1876a: IX-X).[10]

Se trata, en definitiva, de un enfoque situado en un contexto determinado, lejos de abstracciones e idealizaciones y fuertemente vinculado con la idea de "progreso" que tiñe la afirmación: esa última frase bien puede aplicarse al ámbito argentino de las últimas décadas del siglo XIX y al papel que se le adjudicaba a la clase letrada en el desarrollo del país.

Las dificultades de aplicar un método inadecuado a la historia de las literaturas son señaladas en el apartado siete:

---

[10] Nótense las referencias a términos y a analogías con las ciencias naturales, en particular, con los modos de organizar el saber de la lingüística histórica y la neogramática a comienzos del siglo XIX. Estas disciplinas propusieron esquemas para expresar las relaciones entre las lenguas indoeuropeas, del tipo "familias de lenguas" o "tronco y ramas", tipologías asociadas con la cientificidad pretendida para estos estudios.

> El falso método de tratar la historia de la literatura nos condena á estudiar el estilo independientemente del autor y la lengua fuera de las ideas; á conocer al autor separadamente de sus obras; á analizar las obras fuera de la época en que se produjeron; á estudiar las épocas fuera de la historia; y finalmente á considerar la historia fuera de la humanidad (1876a: X).

Como se observa, el riesgo, según Calandrelli, es alto: se conduce así a *deshumanizar* los estudios literarios e históricos y alejarlos de los contextos en que fueron producidos.

En esa misma tesitura pueden leerse las declaraciones siguientes, expresadas en el apartado ocho y con las que el autor refuerza sus conclusiones al final de la "Prefación":

> Una historia de las literaturas clásicas elaborada bajo el plan que manifiesto, supone, a no dudarlo, una preparación suficiente en los alumnos, quienes deben entender los clásicos en su lengua genuina, para que expliquen la literatura por sí misma, y deben tener una educación científica, fundada en cimientos sólidos (1876a: XI).

Tal como se expresa, los alumnos -futuros ciudadanos y dirigentes- deben poseer una "preparación suficiente" y "una educación científica, fundada en cimientos sólidos". Estas bases se constituyen, sin dudas, a partir de los conocimientos provenientes de la tradición clásica, ya canónica y consagrada, que les otorgarán a los jóvenes argentinos un fundamento cultural a partir del cual construir su formación intelectual y religarla con la idea de "progreso" implícita en estas ideas. Así, Calandrelli vincula dos saberes: la cultura clásica, con su impronta humanística, y el enfoque de corte científico propio de las nuevas disciplinas que se están conformando bajo el paradigma positivista, entre ellas, la filología, que adquirirá un nuevo estatuto a partir de estudios señeros en el ámbito europeo. Esta nueva concepción de la filología, como ámbito interdisciplinario que conjuga la lengua, la literatura, la historia y la cultura, subyace ya en el proyecto pedagógico de Calandrelli.

El objetivo didáctico de esta empresa se manifiesta con claridad en los últimos párrafos de la "Prefación", en el apartado nueve; allí el autor se detiene, por un lado, en mencionar el "móvil" que lo llevó a "extractar de la *Historia Universal* del Dr. Gregorio Weber la parte referente a la literatura griega y latina" (1876a: XI), donde se explicita la operación de extracción de partes del libro del pensador alemán, es decir, un recorte deliberado y funcional a su propuesta pedagógica. Y, por el otro, en señalar su pretendida eficacia, en relación con la formación de los jóvenes universitarios: "preparar el espíritu de la juventud del modo más conforme con las necesidades siempre mayores, creadas por el desarrollo progresivo de los estudios" (VIII). Y más adelante afirma:

> Estos *apuntes históricos* (en cursiva en el original) no tienen pretensión de historia de ambas literaturas, pero pueden servir de norte para estudios más severos. En ellos se explica la marcha *progresiva* del mundo griego y latino (el destacado es nuestro) con una penetración digna de Weber (XI-XII).

Resulta evidente aquí la idea de "progreso" implicada en este enfoque: así como los estudios disciplinares "progresan", ese mismo efecto se produce en las comunidades permeables a los cambios, tal como Calandrelli concibe a la sociedad argentina de la época. También hay una referencia al papel del profesor en ese proceso: ser una "guía" para que los alumnos mismos "juzguen, reflexionen, comparen y ordenen sus conocimientos de un modo claro y metódico": otra vez aparece la alusión al método propio de la ciencia como construcción de conocimientos. Este afán expresado por Calandrelli tiene su correlato en los supuestos fines de la Facultad de Humanidades y Filosofía: "levantar el nivel intelectual de la juventud que se instruye en el departamento preparatorio de la Universidad" (XI). Desde este enfoque, la propuesta del italiano se inscribe en la misma línea de los estudios superiores y se postula como un instrumento idóneo para alcanzar esos objetivos y así "llenar el vacío" que, según su perspectiva, se advierte en la formación de la futura clase dirigente. La coincidencia de fines planteada por Calandrelli al cierre de su "Prefación" actúa como mecanismo legitimador de su proyecto, que es más abarcador, como se ha visto, e incluye la confección de otros dispositivos destinados a la enseñanza y validar, de este modo, su lugar en el campo académico argentino:

> Si el porvenir fuera más halagüeño y las circunstancias se presentaran más favorables para la producción de una obra de esta naturaleza, no omitiría esfuerzo alguno á fin de proporcionar a la juventud una historia de las literaturas griega y latina, como complemento de los estudios clásicos de nuestra juventud [...] Empero, si por el contrario, si después de haber agotado todos los recursos, resultára de todo punto imposible conseguirlo, me quedaría sin embargo la satisfacción de haber cumplido con el deber de indicar los medios para llenar este vacío en la enseñanza preparatoria de la Universidad (1876a: XII-XIII).

Con un doble gesto Calandrelli clausura la "Prefación" a sus *Apuntes*...: por un lado, manifiesta el compromiso de continuar aportando desde sus saberes -legitimados por las afiliaciones con pensadores y estudiosos europeos- a la educación de la juventud argentina destinada a constituir la clase dirigente y, al mismo tiempo, ratifica el lugar de los estudios clásicos en dicha formación académica.

### El índice: un principio de *ordo cognoscendi*

Tal como ha sido señalado con anterioridad, el filólogo italiano manifiesta su propósito de contribuir a la renovación de los estudios clásicos y atribuirles el carácter científico del que adolecían hasta entonces. En pos de esta empresa, Calandrelli aborda la confección de materiales didácticos en los que convergen enfoques teóricos pedagógicos y filológicos de cuño cientificista y cuya producción y circulación se encuentra regulada por políticas lingüísticas dispuestas desde el aparato estatal.

La preeminencia del positivismo en el campo epistemológico transnacional comporta la introducción de una concepción historicista acerca de las lenguas y de la filología, acorde con los presupuestos del evolucionismo en boga. En consecuencia, este principio va a regir la organización de la producción pedagógica de Calandrelli. La ruptura con la "vieja escuela" (1876a: IV) y la enseñanza humanística tradicional, instrumentalizada en gramáticas y retóricas renacentistas y escolásticas, se traduce en el diseño de un dispositivo textual que, al mismo tiempo que constituye un gesto de quiebre, establece una continuidad con un pasado prestigioso.

En *Apuntes para una historia de las literaturas clásicas griega y latina*, esta matriz historicista se pone de relieve ya en el título mismo, pero además se observa en la secuenciación de los contenidos, condensada en el índice: el criterio privilegiado en la relación es el *ordo* histórico, al que queda subsumido el canon de autores y géneros literarios. En otras palabras, el *ordo temporum* constituye el principio estructural que rige la selección de las acciones y su distribución para crear un efecto de *ordo naturalis* o cronológico; este artificio narrativo procura reproducir los hechos tal como ocurrieron en su devenir histórico asociando por analogía la causalidad con el desarrollo de un organismo biológico. El índice permite examinar el modo en el que la historia de las literaturas clásicas griega y latina se organiza en un *continuum* temporal destacado tipográficamente con mayúsculas. La nómina da cuenta de la sucesión progresiva de las etapas a través del curso de los siglos: se comienza por el "Helenismo", como si constituyera un estado primigenio y cuyo tratamiento se aísla, y luego se demarcan cuatro épocas que implicarían un desarrollo gradual hacia estadios superadores (1876a: 167-168).

En la "PRIMERA ÉPOCA", se parte del "Nacimiento de la poesía épica" para luego mencionar a los autores emblemáticos del género: "Homero" y "Hesiodo" (sic); el apartado se completa con información referida a la organización sociopolítica: "Legislación de Licurgo", "Constitución política" y "Vida civil y doméstica".

La "SEGUNDA ÉPOCA" es la más extensa: se inicia con el poeta y legislador "Solón", considerado uno de los siete sabios de Grecia; a esta sección le sigue cronológicamente "La tiranía y su origen". A continuación, se destinan cuatro bloques a la poesía (lírica, elegíaca, gnómica, género yámbico), tres a la filosofía, dos a la física, para desembocar en la "Época de Pericles" y, a partir de allí, se desarrollan los géneros de la "Poesía dramática", la "Comedia" y la "Prosa". Los apartados siguientes, si bien siguen el devenir temporal, corresponden a dos pensadores canónicos: "Platón", "Aristóteles". Las divisiones siguientes se estructuran en "Historiografía", "Retiradas de los *diez mil*", "Guerras sagradas", "Los oradores", "Fin de la libertad de Grecia" y "Bellas artes en Grecia".

La "TERCERA ÉPOCA" combina la "Cultura y literatura alejandrina" con la "CULTURA Y LITERATURA LATINA" (en mayúsculas en el original), el imperio romano y su constitución política.

La "CUARTA ÉPOCA", y última, caracteriza el "Siglo de oro en la literatura y el arte" –que supone uno de los niveles más altos en la jerarquía evolutiva– y luego enumera a los autores más destacados de este período: se establece una distinción entre "Cicerón" y "Virgilio, Horacio, Ovidio, los retóricos" que realza el lugar predilecto que ocupa la retórica ciceroniana en esa clasificación. Se avanza por los temas de "Prosa, historiografía, artes" para llegar al célebre

"Tácito". El tema de "La cultura y la literatura de los últimos tiempos del gentilismo" conduce al fin del paganismo en Roma y llega al "Nuevo platonismo".

En otro de sus libros de texto, *La enseñanza de las lenguas clásicas* (1904), Calandrelli subordina el estudio de los textos literarios al de la lingüística, y sistematiza un *corpus linguae latinae* que abarca once siglos, desde la fundación de la literatura latina a mediados del siglo III a. de C. (Livio Andrónico, Nevio y Ennio) hasta el siglo VIII (Isidoro de Sevilla, Beda, Pablo Diácono). Además de la evolución histórica de las ideas, las costumbres y la religión, este período comprende "la historia de la palabra que adquiere mayor amplitud, á medida que va expresando el pensamiento de cada época" (47). Este breve *excursus* contribuye a demostrar la adhesión del autor italiano a los fundamentos organicistas de la perspectiva filológica, pues las lenguas, al igual que los organismos vivientes, cumplen un ciclo evolutivo: nacimiento, desarrollo y declinación.

Estas consideraciones permiten demostrar la concepción modernista de historia lineal, como índice de *progreso*, que, tal como se ha señalado, subyace en la sistematización de los diversos materiales que componen el texto de Calandrelli. Al mismo tiempo, la denominación de *Apuntes* con que los engloba subraya el carácter de "recorte" que les imprime el autor, a tono con otros rótulos de manuales "modernos", tales como "trozos selectos" o "escogidos", "florilegio", "miscelánea", por mencionar algunos. La fragmentación y la heterogeneidad de los componentes, enhebrados en forma sucesiva sobre un eje temporal sintagmático, constituyen un registro de la índole aprehensible que adquieren los contenidos a través de una operación de reducción, frente al extendido y vasto currículum enciclopedista. Como el propio Calandrelli sostiene, su texto "explica la marcha *progresiva* del mundo griego y latino" a la manera de "un *cuadro* claro, exacto y completo de su desenvolvimiento" (1876a: XII. El destacado es nuestro). Su protocolo historicista de la literatura clásica contiene una "crítica parcial", "apuntes necesarios"; corresponde al profesor unir los fragmentos, llenar los huecos de información y, a los alumnos, desarrollar su propia *ratio* "de un modo claro y metódico" (1876a: XII).

El análisis del *ordo* o principio histórico que regula la organización del dispositivo textual elaborado por Calandrelli sustenta la afirmación de que los manuales escolares conllevan, por una parte, una ostensible dimensión nacional, pero despliegan, asimismo, un innegable carácter transnacional y transcultural debido a su circulación en los sistemas públicos de educación y a su afiliación con tradiciones pedagógicas, científicas y epistemológicas. En tanto artefactos didácticos, histórico-literarios y culturales, vehiculizan una idea determinada de identidad nacional y contribuyen a la construcción y al sostenimiento del Estado nacional.

## Consideraciones finales

El examen de los criterios y de los modos de organización de los *Apuntes históricos*, expresados en la "Prefación" y en el "Índice", resulta productivo para la reconstrucción de las relaciones entre canon y *paideia* en el contexto argentino de finales del siglo XIX. Este entramado particular otorga al texto de Calandrelli una cierta densidad como dispositivo formador de una comunidad de lectores determinada: la de los futuros ciudadanos, dotados de una configuración identitaria inserta en tradiciones consideradas prestigiosas. En tal sentido, el libro se presenta como un diseño estratégico que constituye un gesto de ruptura y, al mismo tiempo, apela a un pasado consagrado.

En ese contexto, la figura de Calandrelli, con su impronta "cientificista" y sus propuestas modernizadoras, se erige en una voz legitimada para difundir aportes provenientes de diversas tradiciones disciplinares –tales como la filosofía, la historia, la filología, la literatura, la pedagogía, la traducción– e insertar a la incipiente educación argentina en el *continuum* más amplio de los presupuestos de la lingüística histórico-comparativa y, por ende, en el proceso de modernización cultural finisecular. De este modo, su proyecto pedagógico apunta a resignificar la enseñanza de las lenguas y la cultura grecolatinas a partir de una revisión de métodos y de enfoques que permita, en un mismo gesto, aunar modernidad y tradición, permanencia e innovación. A su vez, esta dialéctica contribuye a la configuración de un canon literario escolar y al diseño de una educación lingüística y literaria de impronta filológica y clásica que persistiría hasta entrado el siglo XX.

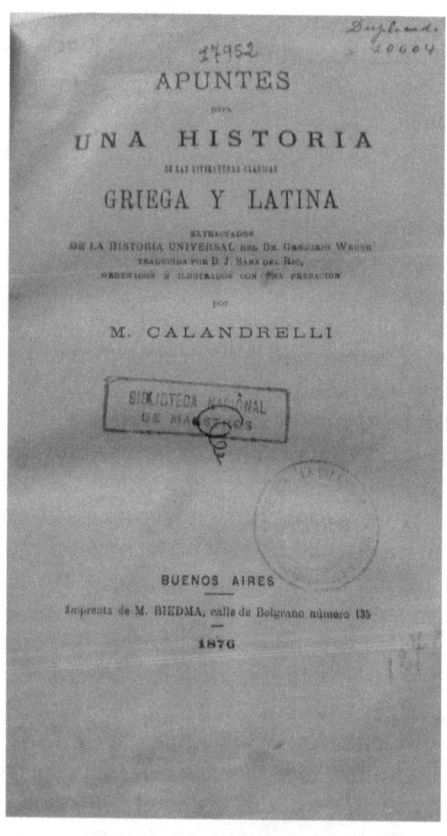

## Referencias bibliográficas

Alfón, F. (2008). "La nación y los combates por la lengua". Revista *La Biblioteca*, n° 7, pp. 402-430. Recuperado el 14 de agosto de 2017 de <https://goo.gl/go4Xww>.

Bentivegna, D. (2003). "Retórica, poética e historia en manuales en uso en la escuela media argentina (1863-1910): el caso de los trozos selectos". *V° Congreso Internacional Orbis Tertius de Teoría y Crítica Literaria*, 13 al 16 de agosto de 2003. La Plata: Polémicas literarias, críticas y culturales. Recuperado el 2 de octubre de 2017 de <https://goo.gl/dpK1oE>.

Calandrelli, M. (1919). *Informaciones gramaticales y filológicas de La Prensa. Segunda edición aumentada y corregida*. Buenos Aires: Rosso y Cía.

— — (1905a). "Segunda enseñanza. El nuevo plan de estudios". *Revista de Derecho, Historia y Letras*, Tomo XXI, pp. 295-315.

— — (1905b). "Segunda enseñanza. El nuevo plan de estudios" (segunda entrega). *Revista de Derecho, Historia y Letras*, Tomo XXI, pp. 348-366.

— — (1904). "La enseñanza de las lenguas clásicas". *Revista de Derecho, Historia y Letras*, Tomo XIX, pp. 45-53.

— — (1901a). "Segunda enseñanza y oratoria sui generis". *Revista de Derecho, Historia y Letras*, Tomo X, pp. 433-442.

— — (1901b). "El nuevo plan de estudios de segunda enseñanza". *Revista de Derecho, Historia y Letras*, Tomo IX, pp. 373- 398.

— — (1901c). "El nuevo plan de estudios de segunda enseñanza" (segunda entrega). *Revista de Derecho, Historia y Letras*, Tomo X, pp. 5-21.

— — (1897). *Crestomatía que contiene el texto de los tres años de latinidad, fijado en los programas oficiales para los establecimientos de segunda enseñanza y numerosas notas gramaticales, filológicas, geográficas, históricas*. Buenos Aires: Imprenta de Martín Biedma e Hijo.

—— (1880-1916). *Diccionario filológico comparado de la lengua castellana*. Buenos Aires: Obras Clásicas, Talleres Gráficos Optimus y otros.

—— (1877). *Libro de texto para la clase de segundo año de Filología*. Buenos Aires: Imprenta de "Obras Clásicas".

—— (1876a). *Apuntes para una historia de las literaturas clásicas griega y latina: extractados de la "Historia Universal" del Dr. Gregorio Weber traducida por D. J. Sanz del Río, ordenados e ilustrados con una prefación por M. Calandrelli*. Buenos Aires: Imprenta de Biedma.

—— (1876b). *Gramática comparada de las lenguas latina y griega con arreglo al método filológico. Para servir de libro de texto á las clases elementales de "Filología" de la Universidad de Buenos Aires. Segunda y Tercera Parte*. Buenos Aires: Imprenta de Obras Clásicas.

—— (1875a). *Gramática comparada de las lenguas latina y griega con arreglo al método filológico. Para servir de libro de texto á las clases elementales de "Filología" de la Universidad de Buenos Aires. Primera parte*. Buenos Aires: Imprenta y Librería de Mayo.

—— (1875b). *La enseñanza de la filología*. Buenos Aires: Imprenta y Librería de Mayo.

—— (1873). *Gramática filológica de la lengua latina según el método de Bopp, para servir de preparación al estudio de la filología*. Buenos Aires: Imprenta y Librería de Mayo.

Campos Souto, M. y Pérez Pascual, J. I. (2008). "El diccionario filológico comparado de la lengua castellana de Matías Calandrelli". *Revista de investigación lingüística*, n° 11, pp. 45-64.

Domínguez, M. C. (2017). *Usos del latín en los procesos de configuración cultural y educativa del Cono Sur en el siglo XIX*. Santa Rosa: EdUNLPam (e-book). Recuperado el 20 de junio de 2017 de <https://goo.gl/F7kChr>.

Dussel, I. (1997). *Curriculum, humanismo y democracia en la enseñanza media (1863-1920)*. Buenos Aires: FLACSO-Universidad de Buenos Aires.

Elizalde, M. E. (2016). *Avatares del hispanismo: canon y estudios literarios en la Argentina (1949-1973)*. Tesis doctoral. Universidad Nacional de La Plata, Argentina (inédita).
Gutiérrez, J. M. (1915 [1868]). *Origen y desarrollo de la enseñanza pública superior en Buenos Aires*. Buenos Aires: "La Cultura Argentina".
Kornfeld, L. y Kuguel, I. (2000). "Indigenismos en la lexicografía monolingüe argentina". *Unidad en la diversidad. Portal informativo sobre la lengua castellana*. Recuperado el 15 de octubre de 2011 de <https://goo.gl/qU5Yht>.
Martínez Domínguez, L. M y Esparza Torres, M. A. (2014). "Materiales para el estudio de los programas de enseñanza de lenguas en España y América en el siglo XIX". BSEHL 9, pp. 47-90.
Orden Jiménez, R. V. (2005). "La aproximación ideológica de Sanz del Río al liberalismo progresista y su primera polémica con la prensa tradicionalista". *Anales del Seminario de Historia de la Filosofía*, vol. 22, pp. 177-245.
Poblete, J. (2003). "El Castellano: La nueva disciplina nacional". En *Literatura chilena del siglo XIX: entre públicos lectores y figuras autoriales*. Santiago de Chile: Cuarto propio, pp. 209-266.
—— (1999-2000). "Literatura, discurso y legitimidad: la polémica de José Joaquín Mora y Andrés Bello". *Estudios. Revista de Investigaciones Literarias y Culturales*, n° 14/15, pp. 145-171.
Puelles Benítez, M. (2000). "Los manuales escolares: un nuevo campo de conocimiento". *Historia de la educación*, 19, pp. 5-11.
Said, E. (2004 [1983]). *El mundo, el texto, el crítico*. Buenos Aires: Debate.
Tiana Ferrer, A. (1999). "La investigación histórica sobre los manuales escolares en España: el proyecto MANES". *Clio & Asociados. La Historia enseñada*, n° 4, pp. 101-119. Recuperado el 17 de agosto de 2017 de <https://goo.gl/xmBzh9>.

Vega, M. A. (2001). "El krausismo traductor y traducido". En L. Pegenaute (comp.). *La traducción en la Edad de Plata* (pp. 313-331). Barcelona: PPU. Recuperado el 13 de agosto de 2017 de <https://goo.gl/mxFmjD>.

# 3

# La reelaboración de la tradición clásica en los periódicos de Francisco de Paula Castañeda y *El Argos de Buenos Aires*[1]

Virginia P. Forace

## Castañeda, "el nuevo Fraile Cirilo de Buenos Aires"

> aqui es cuando empiezo yo á maldecir como una marinera al Lobera ministerial, y á todos las canallas, que la revolución ha exaltado para llenar de confusion, y de ignominia á este pueblo sufridor que jamas ha sido herege, ni filósofo, ni tinterillo, ni francés, ni ingles sino hispano-americano, hibero-colombiano, católico, apostólico romano por mar, y por tierra para que se avergüence, y se confunda, y se pierda la casta de...[2]
>
> *Doña María Retazos*, 10 de octubre de 1822

Las exaltadas palabras que inician este artículo pertenecen al combativo padre Francisco de Paula Castañeda (1776-1832), un activo publicista que ha trascendido en la historia de los letrados del XIX como un férreo enemigo de los federales, la montonera y los tinterillos anticlericales,

---

[1] Una versión preliminar de este artículo fue presentada en el VI Congreso Internacional Celehis de Literatura (Mar del Plata, 6 a 8 de noviembre de 2017) con el título "Polémicas porteñas a principios del XIX: *El Argos de Buenos Aires* y los periódicos de Francisco de Paula Castañeda".

[2] En todas las citas se respetará la escritura del original, no se aclarará "sic" en cada caso.

y un defensor acérrimo de la Iglesia y del orden público.[3] La cita corresponde a uno de los últimos números publicados de su periódico *Doña María Retazos*, cuando la reforma eclesiástica impulsada por el ministro Rivadavia se encontraba a las puertas y las armas verbales con las cuales había luchado por varios años el franciscano parecían haber perdido completamente la mesura. Tal es así que solo algunas semanas después de estas afirmaciones el padre sería desterrado a Patagones por sus publicaciones, siendo obligado a huir de Buenos Aires antes de que pudieran efectivizar la sentencia.[4] No significó por cierto el

---

[3] Hijo de un comerciante destacado, Castañeda nació en Buenos Aires en 1776. Terminó sus estudios secundarios en el Colegio de San Carlos, e ingresó en 1793 en la Orden Franciscana. Dictó la cátedra de Filosofía en la Universidad de Córdoba entre 1794 y 1796, donde estudió también Teología. Se ordenó sacerdote en 1800 en el Convento de la Recoleta de Buenos Aires. Orador destacado en los panegíricos por la Defensa y Reconquista de Buenos Aires, en 1811 fue catedrático primario de Sagrada Escritura y en 1815 fue elegido guardián de su Orden. Por su participación política luego de 1810 fue desterrado en varias oportunidades, en especial a partir de la década de 1820 cuando se dedicó a su producción periodística casi a tiempo completo. Su intervención más conocida tiene que ver con el ataque a la reforma eclesiástica impulsada por Bernardino Rivadavia (Auza, 2001; Capdevila, 1933; Furlong, 1994).

[4] Había sufrido ya un destierro en 1821, cuando la relativa estabilidad lograda con Martín Rodríguez como gobernador de Buenos Aires favoreció ese año la celebración de elecciones para integrar la Sala de Representantes y Castañeda fue presentado como candidato; no obstante, los miembros del grupo rivadaviano intentaron evitar su asunción por medio de una argucia legal, ya que no deseaban representantes del clero regular en la Legislatura. Para evitar ser avergonzado de esta forma, el padre renunció por carta al mandato otorgado por el pueblo, pero agregó una fuerte denuncia sobre el accionar de sus opositores que le valió su destierro en septiembre de ese año a Kaquel Huincul y la prohibición de escribir, solo levantada nueve meses después. Su destierro definitivo vendría en 1822: una nota publicada en *Doña María Retazos* referente a la actuación del gobierno y de la reforma eclesiástica ya había caldeado los ánimos oficiales (Auza, 2001), pero fueron *La verdad Desnuda* (n° 4 y 5°) y *La Guardia Vendida por el Centinela* (n° 4), otros de sus periódicos, los verdaderos culpables de su exilio: acusados por juri de imprenta, fueron considerados agraviantes, ofensivos y calumniosos contra la Junta de Representantes y el Gobierno de la Provincia, subversivos del orden e incitadores a la anarquía, y le valieron a Castañeda su condena a cuatro años de destierro en Patagones y una nueva prohibición para escribir (Di Stefano, 2004; Furlong, 1994; Herrero, 2002).

capítulo final de su trayectoria periodística –ya que siguió publicando desde otras provincias[5]–, pero sí, para alivio de muchos, la despedida definitiva del protagonismo indiscutido que había tenido en el día a día del espacio público porteño desde que iniciara sus conocidas *Amonestaciones a El Americano* en 1819.[6]

En 1822, cuando escribe esas encendidas líneas, el padre era ya un veterano de las lides periodísticas, habiendo combatido sin más armas que su agudo ingenio y destructora sátira a los editores de *El imparcial*,[7] *La Estrella del Sud*,[8] *La Ilustración Pública. Con la Flor y Nata de la Filosofía*,[9] *Las Cuatro Cosas o el Antifanático*,[10] *El Centinela*,[11] *El Lobera del*

---

5   No pudieron apresar al padre, quien huyó a Montevideo, desde donde publicó algunos números más de sus periódicos, para luego trasladarse a Santa Fe, Entre Ríos y finalmente a Paraná, residencia final donde encontró la muerte en 1832.

6   La polémica con los redactores de *El Americano* se produjo a partir de 1819, cuando una nota anónima en su número 9 del 28 de mayo denunciaba que un maestro de la escuela conventual de San Francisco "flagelaba" a sus estudiantes. El autor, Juan Cruz Varela, reiteró las acusaciones y, junto a Cavia y otros, inició una serie de artículos atacando al clero, en los cuales se sugería convertir el convento de Recoleta en asilo para desamparados. Castañeda decidió intervenir y escribió sus *Amonestaciones a El Americano*, folleto contestatario que elevó el nivel de la polémica a un escándalo sin precedentes. A estas publicaciones, respondidas, por supuesto, desde las páginas del periódico, se sumaron una serie de poemas satíricos producidos desde los dos frentes, que involucraron también a Juan Crisóstomo Lafinur, hasta que finalmente *El Americano* dejó de aparecer a principios de 1820 (Capdevila, 1933; Furlong, 1994).

7   Escrito por Pedro Feliciano Sáenz de Cavia, 11 números del 14 de diciembre de 1820 al 1° de marzo de 1821, suspendido por el gobierno a raíz del tono agresivo y denuncias de asuntos privados que había tomado la polémica con Castañeda.

8   Redactado por Juan Francisco Mota, Ramón y Avelino Díaz y Salvador María del Carril, el prospecto y 9 números del 5 de septiembre de 1820 al 16 de octubre de 1820.

9   Editado por Pedro José Agrelo, contó con un único número del 2 de septiembre de 1820. Estaba dedicado exclusivamente a combatir "las nefandas tareas del nuevo Fraile Cirilo de Buenos Aires", es decir, Castañeda.

10  También de Cavia, iniciado en febrero de 1821, prospecto y cinco números.

11  Juan Cruz y Florencio Varela, e Ignacio Núñez; del 28 de julio de 1822 al 30 de noviembre de 1823.

*Año Veinte, ó el Verdadero Anti-Cristo*,[12] entre otros. Inauguró un modo de lucha desconocido hasta el momento, ya que de sus manos nacieron más de media docena de periódicos que se publicaron muchas veces de forma simultánea: desde 1820, *El Despertador Teofilantrópico Místico Político, dedicado a las matronas argentinas y por medio de ellas á todas las personas de su sexo que pueblan hoy la faz de la tierra y la poblarán en la sucesión de los siglos* (setenta y cinco números, hasta el 12 de octubre de 1822), el *Suplemento al Despertador Teofilantrópico Místico Político* (veintiún números, hasta el 18 de septiembre de 1822); el *Paralipómenon al Suplemento del Teofilantrópico* (quince números, hasta el 7 de septiembre de 1822) y el *Desengañador Gauchi-Político, Federi-Montonero, Chacuaco-Oriental, Choti-Protector y Puti-Republicador de todos los hombres de bien que viven y mueren descuidados en el siglo diez y nueve de nuestra era cristiana* (veintisiete números, hasta 3 de octubre de 1822); en 1821 sumó *La Matrona Comentadora de los Cuatro Periodistas* (nueve números, hasta el 24 de octubre de 1822), *Doña María Retazos* (dieciséis números, del 27 de marzo de 1821 hasta el 1 de agosto de 1823) y *Eu não me meto con ninguen* (seis ediciones, 24 de julio hasta el 15 de septiembre), y, por último, en 1822, *La Guardia Vendida por el Centinela y la Traición descubierta por el Oficial del Día* (once números del 9 de septiembre al 7 de noviembre) y *La Verdad Desnuda* (cinco números desde el 24 de septiembre hasta el 16 de octubre, y un sexto el 9 de agosto de 1823 desde Montevideo).

Enunciados cada uno por un editor ficticio, establecieron una verdadera "comedia en forma de periódicos" (Castañeda, 1820b, n° 14: 160) que consistió en un complejo intercambio de cartas entre los heterónimos y corresponsales apócrifos, quienes, entre citas, referencias y peleas, desarrollaron funciones diferenciadas y relaciones jerárquicas entre sí (Román, 2014c, 2014b; Forace, 2016); una "prensa

---

[12] Tuvo solo tres números en 1822 y fue condenado por juri de imprenta; se cree que su redactor fue José María Calderón.

en red", la ha llamado Claudia Román (2014b), ya que este sistema de periódicos propone una "capacidad de lectura no secuencial (bloque a bloque) sino hipertextual" (2014a: 52). Una articulación compleja entre las publicaciones que se refuerza porque, además de la citación de notas y el intercambio de cartas entre los editores, Castañeda solía dividir la narración de ciertos episodios ficcionales en números alternativos de diferentes periódicos, lo cual exigía que el receptor reconstruyera el encadenamiento de los artículos y correlacionase la lectura de las publicaciones para completar la trama del relato.[13]

Este juego de espejos, que multiplicó una palabra por cientos y que sofocó con su exceso y aparente pluralidad a muchos de sus contrincantes, es el punto al que quiero referirme brevemente, en particular ocupándome de dos ejemplos de la dinámica desarrollada por Castañeda para atacar los primeros números de *El Argos de Buenos Aires*.

## Entre la tradición clásica y la herencia española

> El estilo será natural, sencillo, fluido, y castizo; quiero decir que no me he de violentar para parecer hombre culto, pues esa es una ridiculez, y choca á los lectores,
> y hace ridiculos á los hombres...
> á mi me ha sucedido el no poder repetir sin fastidio la leyenda de algunas piezas que han solido imprimirse llenas de mitología para ponderarnos obscuramente lo que se ponderaría mejor con solo explicarse claro...
> *El Despertador Teofilantrópico*, 1820

El conflicto entre los periódicos de Castañeda y *El Argos* se produjo en un complejo contexto político que debemos recuperar para dimensionar cabalmente sus

---

13  Para un desarrollo completo, véase V. Forace (2016).

implicaciones: en 1821, luego de la crisis conocida como la "anarquía del año Veinte", que trajo aparejada la disolución del Estado central y la organización del territorio en trece provincias autónomas, el orden público fue recuperado; en Buenos Aires se instaló un régimen republicano y se crearon nuevas instituciones, como la Sala de Representantes, que intentaron conseguir cierta estabilidad y legitimidad política (Ternavasio, 1998). Es así que, a fines de 1820, con una elección provisoria, se nombró al general Martín Rodríguez como gobernador, estabilizado en su cargo por su posterior victoria contra los grupos remanentes del Cabildo.

Si bien la nueva situación política parecía favorecer un clima de desarrollo e intercambio racional de ideas, aspiración última del grupo reformista ilustrado que apoyaba el nuevo gobierno, la realidad demostraba que los ánimos no se habían apaciguado luego de los desmanes de ese año. Por ejemplo, el proceso de "reconciliación" entre los bandos políticos involucrados en la crisis que impulsó el flamante gobernador no obtuvo el apoyo de todos los actores, ya que muchos reclamaron medidas más extremas contra los vencidos (Herrero, 2008; Myers, 2004). El debate generado entre los moderados y los más radicales multiplicó la actividad periodística y movilizó una lucha verbal casi sin precedentes, tendencia que se reforzó en julio de 1821 por la designación de Bernardino Rivadavia –uno de los más destacados representantes del grupo porteño que abogaba una serie de cambios políticos, sociales y culturales– como ministro de una nueva cartera de gobierno, y, por supuesto, por el posterior debate respecto de la reforma eclesiástica impulsada por él.

Si bien este intenso debate político se desarrolló en diversos frentes, como la prensa, la Sala de Representantes y la universidad (Gallo, 2008), la primera ocupó un incuestionable lugar de privilegio. En este sentido, la aparición de *El*

*Argos de Buenos Aires* el 12 de mayo de 1821[14] constituyó un acontecimiento notable, ya que el periódico respondió, en palabras de Klaus Gallo (2008), al proyecto de renovación cultural y política del grupo rivadaviano que buscó ampliar el marco de participación política y de la opinión pública, acotar las funciones de la Iglesia y del Ejército, y extender la dimensión de las actividades culturales en la ciudad.[15] Sus objetivos y su estilo de periodismo noticioso e ilustrado representaban, por tanto, una alternativa clara a la tendencia agresiva y vehemente que se había generalizado el año anterior en las páginas de la prensa, y modificaban considerablemente el mapa de las publicaciones porteñas.[16]

---

14 Se dejó de publicar el 3 de septiembre de 1825. Impulsado por Julián Segundo Agüero, quien en 1820 había fundado la Sociedad Literaria, fue redactado inicialmente por Santiago Wilde, Ignacio Núñez, Manuel Moreno y Esteban de Luca; en 1822, por Manuel Moreno, Santiago Wilde, y Vicente López y Planes; en 1823, por Gregorio Funes, aunque varios miembros del grupo rivadaviano colaboraron (Myers, 2004). Su numeración fue reiniciada en varias oportunidades: desde mayo hasta noviembre de 1821 consta de 33 números y se suspende hasta el 11 de enero de 1822, en que empieza el tomo 1 con nueva numeración y concluye dicho tomo con el n° 99 el 28 de diciembre de 1822; el tomo 2 empieza con el n° 1 el 1 de enero y concluye con el n° 105 el 31 de diciembre de 1823; el tomo 3 toma el título de *Argos de Buenos Aires y Avisador Universal* y empieza, con nueva numeración, el 3 de enero, concluyendo con el n° 107 el 29 de diciembre de 1824; el año 1825 continúa la numeración y concluye el 3 de diciembre con el n° 212.

15 Esa tendencia puede observarse en los contenidos y las secciones de sus números: incluía, además de la nota editorial, una sección fija de "noticias" europeas y americanas; luego seguían las noticias de las "Provincias de Sud América" y al final las de la provincia de Buenos Aires. También presentaba un extracto de los debates de la Sala de Representantes y del Congreso General Constituyente (luego de inauguradas sus sesiones en diciembre de 1824). Esporádicamente aparecían notas de contenido teórico (sobre política y economía, por ejemplo), así como una selección con la correspondencia recibida y una reproducción de notas de otros periódicos o documentos de variada índole (Myers, 2004). Son particularmente interesantes sus críticas sobre los espectáculos artísticos que se volvieron frecuentes en la ciudad, como la sección "Coliseo" sobre teatro.

16 Para un esbozo más completo sobre el panorama de publicaciones de esos años, véase Myers (2003, 2004), Gallo (2005, 2008), Calvo (2008), Goldgel (2013), entre otros.

Esta nueva incorporación a la prensa oficialista no pasó desapercibida para Castañeda, quien presumía su posicionamiento y filiación ideológica a pesar de que no estuviera declarada la identidad de los nóveles editores. En el n° 14 del *Paralipónemon* (sábado 19 de mayo de 1821), dedica una extensa nota a comentar el n° 1 de aquel: "Tenemos un nuevo periódico intitulado el *Argos de Buenos Aires*: el editor asegura que *hasta á hora ningun periódico ha podido sostenerse*; mal agüero sin duda para el que comienza la carrera de periodista [...]" (Castañeda, 1820b, n° 14: 157). El primer ataque, sutil, retomaba una acotada advertencia con la que los escritores habían elegido introducir su periódico al público:

> La publicación de un periódico en Buenos-Ayres ha sido durante la revolución obra sumamente facil; mas su consistencia ó estabilidad no ha sido posible conciliarse ni aun en las épocas en que mas ha florecido. Entregarnos á investigar las causas, además de exigir otro tiempo muy distinto del que vivimos, sería echarnos á nadar en un mar lato y profundo, que ahogaría acaso nuestro principal fin al presente: -tener este periódico de un modo que guarde consonancia con su mismo título -EL ARGOS DE BUENOS-AYRES, y ademas que procuremos, en cuanto penda de nuestros propios arbitrios, escaparlo del naufragio de costumbre [...] (*El Argos de Buenos Aires (1821-1825)*, 1931, n° 1: 1).

Esta declaración, que funcionaba a la vez como reducido prospecto y como advertencia indirecta acerca del estilo mesurado que tendría el periódico –ya que su brevedad y distanciamiento respecto de cualquier expresión partidaria o ataque a posibles contrincantes marcaba un alejamiento notable del resto de las publicaciones vigentes–, es el único elemento de todo el número que le sirve de excusa a Castañeda para darle la "bienvenida" a la palestra de la opinión pública porteña.[17] Para ello, retoma la tarea que aquellos editores habían elegido desechar, por miedo a ser "ahogados" por sus exigencias, y postula una teoría acerca de los motivos de la breve vida de los periódicos porteños: "las administraciones son las que hasta ahora han sostenido los periódicos, y el haber sido efimeras las administraciones ha sido la causa de que los periódicos hayan sido también tan efímeros. Pero los periódicos sostenidos por el pueblo han sido subsistentes […]" (Castañeda, 1820b, n° 14: 158). Castañeda no deja lugar a dudas sobre a cuáles se refiere, e inmediatamente incorpora un "Pasage al caso" que presenta al *Despertador Teofilantrópico*, al *Desengañador Gauchipolítico* y al resto de sus publicaciones como modelo a seguir, ya que su empresa se sostenía sin financiamiento oficial. Acusación encubierta acerca de la relación de *El Argos* con el gobierno de Rodríguez y, en particular, con su ministro Rivadavia, el texto parece advertir el destino que le espera a su nuevo contrincante.

Frente a este *cordial* recibimiento, el *Argos*, sin embargo, decide callar: no hay defensas aireadas ni insultos al estilo de los otros periódicos que habían recibido la atención del padre, e incluso agradecen "la buena acogida" (n° 2: 1) que la provincia le había dado a su primer número.

Este gesto no puede ser emulado por el padre, quien, frente al silencio y gracias a su extensa experiencia como polemista, emprende una arremetida redoblada y múltiple contra el siguiente número de su adversario. La excusa esta vez es una nota aparecida en el n° 2 de *El Argos* (del 19 de mayo) enviada por "Uno de estos, El Argentino"; en ella este corresponsal interrogaba a los editores acerca de su posible origen ilustre –que sospechaba a partir del nombre del periódico– y narraba en su carta el mito homónimo:

---

[17] El primer número de *El Argos* incluía las siguientes notas: una evaluación del estado de las provincias argentinas a 15 meses de la disolución del gobierno central, un exhorto a la necesidad de constituir un congreso general, un examen de conducta del Brasil, una reflexión sobre el crédito público y varias noticias internacionales.

Juno había ordenado a Argos, una criatura fabulosa de cien ojos que podía mantener siempre cincuenta de ellos abiertos y vigilantes, que custodiara a Ío, la amante de Júpiter que había sido convertida en ternera blanca para evitar que su esposa descubriera la relación; Mercurio, por orden del dios, le indujo un sueño con su flauta y lo asesinó, permitiendo así que la joven regresase a los brazos de su amante.[18] A continuación, en una reinterpretación asombrosa del relato, El Argentino equiparaba a Ío con la provincia de Buenos Aires, la "vaca lechera", a Júpiter y Juno con "supremos ó semejantes, que quieran arrancarsela para ordeñarla" (*El Argos de Buenos Aires*, n° 2: 6) y a Mercurio con los delincuentes que la acechaban. Para terminar, le solicitaba a *El Argos* (el periódico) que vigilase "todo cuanto sucede y pasa" (6) y evitara que se malgastase la riqueza del territorio.

Esta aparición del contenido mitológico en el periódico no era extraordinaria si consideramos la recuperación de la tradición clásica y grecolatina que habían impulsado los grupos letrados rioplatenses para legitimar y fortalecer el imaginario republicano: su ejemplo era evocado porque se pensaba que era útil para los momentos que se vivían (Taboada, 2014); la resignificación y resemantización de esos materiales para adaptarlos al contexto sociohistórico y político propio también había sido una práctica habitual, que usualmente alteraba el sentido y contenido para dar

---

[18] Esta es una versión parcial de la historia de Ío narrada por Ovidio en su *Metamorfosis*, que, si bien recupera el tono de comedia conyugal que contiene –ambos hacen hincapié en la persecución y el celo de Juno–, desecha completamente el patetismo que adopta la historia por los sufrimientos padecidos por la joven: su violación por Júpiter, su transformación en ternera para ocultarla de Juno (que le impide comunicar a su padre quién es y qué le ha ocurrido), su prisión y posterior castigo por parte de la diosa por ocasionar la muerte de Argos (Ovidio, 2008, libro I, vv. 566-745). Esto se debe al recorte de la historia, pero especialmente al cambio de perspectiva en el punto de vista y en el foco del relato, ya que El Argentino desdibuja el papel de Ío para concentrarse en el monstruo de cien ojos al que remite el nombre del periódico.

cuenta de un acontecimiento local.[19] En este caso, el mito y sus personajes, desacralizados por el tono coloquial con el que se lo narra y por la acentuación de las imperfecciones de carácter de los dioses,[20] sirve para construir una insólita alegoría acerca del destino de la provincia y de sus recientes invasiones por parte de las montoneras del interior; es evidente, en este sentido, la referencia al gobernador de Entre Ríos, Francisco Ramírez, quien invadiera Buenos Aires en 1820 y fuera conocido como "el supremo entrerriano".

Castañeda retoma esta nota de *El Argos* a través de diversas mediaciones de voces en tres de sus periódicos, publicados con pocos días de diferencia, y se burla tanto de la equiparación entre la situación de Buenos Aires y la de Ío, como de la referencia mitológica utilizada: el *Suplementista*, luego de una furibunda carta de "Da. Señorita que no es vaca blanca por mas que el Argos diga Señoritas" (una corresponsal apócrifa), acusa a *El Argos* de ofender a las matronas porteñas por su equiparación de mujeres con animales y lo manda a comprarse anteojos para sus cien ojos (Castañeda, 1820c, n° 20). El tiro es recogido a su vez en *Doña María Retazos*, donde otra ofendida corresponsal, "Doña mejor veo con mis dos ojos que con ciento", imputaba a *El Argos* de ser "un estaferno mitológico que por exceso de vista es ciego de nacimiento" (Castañeda, 2001, n° 3: 98) y pedía la intervención de Doña María en el asunto.

---

[19] Además de la conocida refundación simbólica que se llevó adelante con la Asamblea del Año Trece –véase, por ejemplo, Burucúa y Campagne (2003)–, esta recuperación se encuentra claramente expresada en las producciones escritas que conmemoraron los eventos de 1806 y 1807, y luego la Revolución de Mayo. Composiciones apologéticas que en gran medida recuperaron la retórica, las imágenes, metáforas y personajes de esa tradición para dotar de sentidos heroicos a los hechos y consolidar una identidad colectiva propia (Shumway, 1997; Forace, 2012; Posh, 2014).

[20] Dice, por ejemplo, "un día en que el sumo-dios Jupiter se enamoró de una ninfa llamada Iö, con tanta rapidez como se enamoran los jovenes del dia. La ninfa Iö escuchó humanamente los suspiros de su amante; mas cataquí que Juno hermana y esposa (según el uso de aquellos tiempos) de mismo Jupiter, *tira la manta y descubre el pastel*" (*El Argos de Buenos Aires (1821-1825)*, 1931, n° 2: 1. Las cursivas me pertenecen).

La respuesta de la polémica editora no se hizo esperar: en su réplica equiparaba a los editores del periódico contrario con topos –"yo soy de parecer que un hombre con cien ojos [...] es un topo; y en cualquiera de los dos casos no necesita de anteojos", 99)– y ampliaba aun más la burla iniciada al inicio de esa semana en el *Suplemento al Despertador*: primero, transcribía de forma literal una fábula tradicional, "El topo con anteojos", la cual advertía acerca de la imposibilidad de corregir la ceguera de los topos por medio de anteojos (cfr. 99-100);[21] luego modificaba la moraleja que cerraba la fábula original ("Entre los hombres/ Se hallan por cierto/ Topos iguales/ Al de este cuento") para fustigar directamente a sus enemigos locales:

> Topo es Ramírez
> Topo es Agrelo,
> Topo es Servando
> Y Carrera el bueno.
> Topos son todos
> Los montoneros
> Y los carafas
> Y Caraferos;
> Topos son todos
> Los tinterillos
> Que por dos reales
> Hacen ovillos;
> Topos son todos
> Los que en el juego

---

[21] Rosalía Baltar (2014a) se ha referido a la aparición de esta fábula en la conocida antología de 1830, *El fabulista español*, de Juan Primeria y Vidal, para analizar el proceso intertextual. Es evidente que su circulación es muy anterior a esta fecha; por ejemplo, hemos podido encontrar una reproducción en un periódico de Madrid de 1820, *Miscelánea de comercio, política y literatura*, el cual transcribe exactamente la misma versión (cfr. p. 4 del nº 33). Entre las tres versiones se observan diferencias menores en los versos que pueden deberse a la transmisión oral: por ejemplo, donde el fabulista español dice "Llega su madre,/ Le halla perplexo:/ ¿Qué tienes hijo,/ Dice riendo?" (Primeria y Vidal, 1830: 63), Castañeda escribe: "Llega la madre/ Con paso lento;/ Le halla afanado/ Mustio y perplejo./ ¿Qué tienes hijo?/ Le dice riendo" (2001: 99-100).

Pierden, ó ganan
Todo lo ageno;
Son los que viven
Del desconcierto,
Y huyen del orden
Como de un muerto.
Y en fin son topos
Los que aparecen
Para ver nada
Con sus cien ojos (2001: 100).

Los diferentes ciegos que "no pueden ver la luz" (99) son todos los enemigos declarados de Castañeda, caudillos de las provincias –los "montoneros" y "carafas" Francisco Ramírez, y los chilenos José Miguel Carrera y Servando Jordan–, periodistas opositores –el "tinterillo" Pedro José Agrelo–, filósofos ateístas, y, ahora también, *El Argos* –"los que ahora aparecen"–, todos unificados en este "no ver" y homologados como desobedientes del orden, ladrones o insensatos que "se juegan lo ajeno". El motivo de la ceguera del enemigo será retomado en términos similares en el n° 55 del *Teofilantrópico* (martes 29 de mayo de 1821) y le sirve de excusa para atacar el proyecto de renovación cultural del grupo rivadaviano:[22]

> Dice el Argos, que nuestro sistema es destruir la ignorancia y barbaridad española; esas expresiones serian tolerables en el primer año de nuestra revolución, pues no habiendo aun resbuznado pareciamos unos sabios; pero sepa el Argos que

---

[22] La gestión de Rivadavia como ministro intentó ampliar la dimensión de las actividades culturales en la Ciudad de Buenos Aires, por eso le dio un impulso sustancial a la circulación de saberes a través de la venta de libros y vínculos interpersonales, comunicaciones informales entre individuos privados en nuevos espacios de sociabilidad ilustrada como los cafés y las asociaciones, los cuales debían servir como un espacio intermedio entre el Estado y la sociedad (Gallo, 2005, 2008; Myers, 1999; Ternavasio, 1998). Por ejemplo, en esos años se fundaron la Junta de Comerciantes y Hacendados (1821), la Sociedad Literaria (1822), la Academia de Medicina (1822), el Banco de Descuentos (1822), la Sociedad de Beneficencia (1823), entre otras.

ahora todo nuestro honor consiste en confesar la partida para no ser bárbaros inconfesos: hecho el balance resulta que hemos perdido los bienes que nos dejaron los españoles, item las virtudes, y á demás hemos abusado en nuestro propio daño de la poca sabiduría que ellos nos proporcionaron (Castañeda, 1820c, n° 55: 794).

Tres ataques enlazados desde periódicos diferentes ocurridos en el lapso de un poco más de una semana, que se apoyan en una nota secundaria del contenido del *Argos*; lo llamativo es que en sus primeros dos números había notas políticamente más comprometidas, como las relativas a los desmanes del año veinte y al peligro que representaba el avance del ejército de Entre Ríos; sin embargo, ambos eran temas predilectos en las propias páginas del cura. Había pues, una base común, la defensa de Buenos Aires y su preeminencia por su papel en la Revolución, que no podía ser utilizada por Castañeda como blanco de sus dardos. Debía, pues, tomar aquel juego de referencias neoclásicas para marcar su distancia utilizando el armamento retórico de la tradición áurea conceptista y culterana del barroco español y sus tradiciones orales con fábulas y moralidades;[23] tal como había señalado el *Teofilantrópico*, el proyecto

---

[23] Puede consultarse en Baltar (2014b) un análisis completo de cómo la escritura de Castañeda aparece alineada con la retórica del Barroco en su recuperación directa o mediatizada de fuentes como *El Quijote* y la tradición de la épica burlesca de Lope de Vega y Francisco de Quevedo y Villegas. Sobre la tradición áurea de los sueños, Claudia Román (2014a) ha ubicado una línea de continuidad con los *Sueños y discursos de verdades descubridoras de abusos, vicios y engaños en todos los oficios y estados del mundo* (1627) de Quevedo, *La vida es sueño* (1635) de Calderon de la Barca, y los *Sueños morales* (1727 y 1728) de Diego de Torres Villaroel.

reformista iba en contra de "la barbaridad española" y qué mejor forma de desactivarlo que provocar la risa de los lectores utilizando claros elementos de su cultura popular.[24]

El mismo procedimiento de intervención múltiple y de ataque a la propuesta extranjerizante se realiza a partir de un comunicado aparecido en el nº 4 de *El Argos* que proponía un juego de traducción a sus lectores. El texto decía: "Sr. Argos: suplicamos á V. encarecidamente quiera insertar en su periódico el siguiente verso, y provocar á los aficionados á que nos den una traducción en castellano", y era seguido por un breve poema en francés: "Medecins, vous etes pour nous/ Moins necesaires que les belles:/ Nous ne pouvons vivre sans elles,/ Et nous pouvons mourir sans vous" (*El Argos de Buenos Aires*, 1931, n° 4: 22), es decir, "Médicos sois para nosotros/ menos necesarios que las bellas/ pues no podemos vivir sin ellas/ mas podemos morir sin vosotros".[25] En el n° 57 del *Despertador Teofilantrópico* se reprodujo completo este comunicado para responder a la consigna con una traducción bastante "libre" –"Médicos, para morir/ No nos haceis falta alguna/ Pero sin moza ninguna/ Es imposible vivir" (Castañeda, 1820a, n° 57: 827), reforzando lo español por medio de la elección léxica de "moza"–; y, además, en un movimiento intencional que sacaba el poema del contexto literario y de su larga tradición de diatribas contra los médicos, la reflexión final criticaba a *El Argos*, porque este tipo de desafíos no colaboraba con el desarrollo y progreso de la ciencia médica.[26]

---

[24] A esta secuencia debe sumarse una nota aparecida un mes después en el n° 6 (23 de junio de 1821) de *Doña María Retazos* titulada "Sueño de Doña María", en la cual el episodio mitológico inicial es retomado para burlarse nuevamente de los editores de *El Argos* y rechazar el uso de la tradición clásica en el contexto rioplatense.

[25] Cabe mencionar, al menos aquí, cuán llamativo es el uso del francés en *El Argos* como lengua de alta cultura, mas utilizada con errores de ortografía (médecin, nécessaires y êtes).

[26] Afirma en la nota: "¿qué seremos de aquí á diez años? nuestros periódicos que debían ilustrarnos son los que tiran á embrutecernos: el Argos se empeña en que florezca la astrologia, y en que los cometas sean observados en sus

Este episodio es recuperado en su conjunto en el n° 5 de *Doña María Retazos* a través de la carta de "Doña Cualquiera", quien transcribe en su misiva el poema original y la versión de Teofilantrópico para censurarlo porque era una traducción terrible, "con especialidad aquel moza por el *belles* francés" (2001: 130).[27] No obstante, la epístola no es más que una excusa para burlarse de ciertos presupuestos estético-ideológicos de *El Argos*:

> su traducción no puede dar un golpe de oído igual al que dá el original con aquella melodiosa repetición de *nous vous vous nous*: esta *bella* armonía está solamente reservada para el idioma francés, y el gozar de las *bellas* imágenes que en él se representan reservado solo para los que poseen dicho idioma (2001: 131, cursivas del original).

Detrás de esta aparente defensa de Doña Cualquiera leemos, por el contrario, la ironía que marca la distancia con el texto parodiado y el estilo que le da más predominio a una tradición extranjera por sobre la local castellana. Lo mismo ocurre cuando la corresponsal expresa su preocupación por la reputación porteña, "¡Qué dirán de nosotras las naciones cultas! ¡*moza*!" (2001: 132), y de nuevo resuena la ironía del enunciado. La indignada lectora sugiere además que Teofilantrópico, en su abusiva intervención escrituraria, sería capaz de ir más lejos en la ofensa al convertir los versos en una seguidilla con estribillo; paradójicamente,

---

discos, y en sus colas; item se empeña en que el teatro y las comedias se perfeccionen; pero declara guerra á los médicos porque para vivir mejores son las buenas mozas como consta del sucio comunicado que se lee en el número cuarto [...]" (Castañeda, 1820a, n° 57: 826).

[27] Denuncia la corresponsal: "El Teofilantrópico, Señora, en todas materias quiere dar palotada, métase allá con sus cosas, y haga y deshaga á su alvedrio, como que es él amo; pero ¡meterse en mies agena! robar del Argos un comunicado, estamparlo en su periódico, y contarse él también entre los provocados á la traducción es una teofilantropicada insoportable. Y ¿para que tomé cartas en esta baraja? para hacer una traducción libre, que es el deshonor de todos los hombres ilustrados, y que se parece tanto al original como un médico muerto se parece á una bella viva" (2001: 130).

no es Teofilantrópico quien lo hace, sino la propia Doña Cualquiera, que adjunta en su carta un modelo de cómo quedaría traducido el verso y desliza el tema de la crítica a los médicos al del "disfrute" de las "bellas" en un enunciado de tono panfletario:

> Los médicos no evitan
> Jamás la Muerte
> Las *bellas* dulcifican
> La adversa suerte.
> Morir sabemos,
> Médicos no hacen falta,
> Bellas queremos (2001: 132).

Por último, para cerrar su carta propone una versión personal, "más galiquizada" ("Médicos, vosotros sois para nosotros/ No tan necesarios como son las bellas/ Nosotros no podemos existir sin ellas/ Y nosotros podemos morir sin vosotros" [2001: 133]), y arremete contra el "traductor ramplón", a quien le pide que

> deje á los dedicados á las maneras francesas que gocen libremente de la *bellas*; pues al fin y al cabo todos nos hemos de morir aunque no haya médicos, y habiendo *bellas* nos moriremos también; pero el gustazo de haber comunicado con ellas en idioma gálico hará que ya se muera á la francesa, que es como se muere en todas partes (2001: 133).

De esta forma, el equívoco de la corresponsal quiebra el juego que se mantuvo equilibrado en toda la carta entre "bellas" como cualidad estética y "bellas" como adjetivo sustantivado que reemplaza a jóvenes mujeres, y vuelca la balanza definitivamente hacia el placer sensual; el comentario final de Doña Cualquiera, en apariencia inocente, invita a un lector atento a "gozar" de las bellas y a morir del mal francés, es decir, de sífilis.

La transformación más desopilante es, por supuesto, la que propone Doña María Retazos, eslabón final de esta cadena de traducciones jocosas, quien responde a su corresponsal con cautela, porque teme las represalias de Teofilantrópico, y sugiere expandir los cuatro versos iniciales a un soneto que, en vez de concentrarse en la inutilidad de los médicos, retome la voz poética que en su opinión los enuncia y que María identifica, por su declarada predilección por las damas, con la figura del soltero, otro de sus blancos preferidos para apuntar.[28] De este modo, aquellos breves versos en francés de *El Argos*, luego de un intrincado proceso de citación entre diversos textos (*Doña María Retazos* publica la carta de Doña Cualquiera, la cual cita a Teofilantrópico, quien a su vez retoma a *El Argos*) y de una traducción/traición jocosa se convierte en esto:

> Los *médicos* sois para *nosotros*
> Menos proficuos que las ninfas *bellas*,
> Pues no podemos vivir *sin ellas*,
> Y morir es posible *sin vosotros*.
> La suerte de los solteros á nosotros
> Nos ha cabido, y esa es nuestra estrella
> Que nos deja vivir haciendo mella,
> Y a las bellas corriendo como potros.
> ¡República infeliz! ¡Pueblo inocente!

---

[28] Iona Macintyre ubica esta preocupación por los solteros en una tradición literaria de larga data: "[...] single men are singled out for ridicule in Castañeda's pamphlets but this was not in fact a literary innovation or merely personal dislike. The bachelor motif appears in eighteenth-century English literature, including by Joseph Addison and Richard Steele, and was a common theme in popular song. *Now or Never, or The Citizens Wives Remonstrance* is a pamphlet which consists of speeches by 'a Grave Matron', an old maid, and a young maid, which attacks bachelors who idle in cafés and think only of money. One section, entitled 'A brief abstract of Laws and Orders made by the New Assembly of Women', stipulates that 'young men be forced to marry within the age of 24 years, and that if they continue single longer than the time limited, that for every year they shall forfeit three pounds'. The theme also appears in Spanish popular literature such as *Relato de un mozo soltero, manifestando los cuarenta motivos para no casarse y treinta y seis para descasarse*" (2010: 90).

¿Hasta cuando seguís amodorrado
Sin castrar tanto joven delincuente?
Sábete pues que el hombre no casado,
Si por *virtud no lo hace,* es pretendiente
De *todas,* y *cada una* en el estrado (134, cursivas del original).[29]

En este segundo caso, el hecho de que todo el juego de traducciones y referencias se apoyase en un texto en francés constituye el rasgo central a observar. No hay que olvidar que, del mismo modo que la tradición clásica de la Antigüedad era una referencia obligada, también los pueblos de la Europa moderna, en especial Francia y sus prácticas culturales, se habían constituido en el nuevo modelo a emular por el grupo reformista ilustrado (Myers, 1999; Taboada, 2014).[30] Por eso el blanco de la burla, es decir, el ataque a esa tendencia que seguía la moda estética-ideológica antigua o "extranjera", es en algún punto más significativa que el complejo sistema de citas y mediaciones construido para difundirla.

La proliferación incontrolable de la palabra del cura y sus ofensivas realizadas desde diversos frentes parecen finalmente surtir efecto y generar una reacción en los edi-

---

[29] Se trata de una variación de lo que había aparecido en el *Teofilantrópico*: "¡O enamorados! que andáis/ padres sin ser casados,/ Por ley debéis ser castrados/ Por los médicos del país;/ Los médicos hacen falta/ Para capar los solteros,/ Pues por estos cuchilleros/ Mucho gálico nos mata:/ De las mozas separados/ Bebéis ser para vivir,/ Y á médicos encargados/ Solo para no morir;/ Si os casarais, martagones,/ No fueran tan necesarios/ Médicos, y boticarios/ En costa de patagones" (Castañeda, 1820a, n° 57: 828).

[30] El acercamiento a ese lector a través del señalamiento de la distancia con el otro enemigo también se promueve a partir de las elecciones en el registro y lenguaje: si la prensa enemiga usa la lengua francesa y palabras rimbombantes, los heterónimos del padre y sus corresponsales se expresarán en un lenguaje castellano coloquial, plagado de insultos y neologismos que apuntan a generar humor: "Cualquiera que diga lo contrario es un tinterillo miserable, un leguleyo rato gato, un aventurero anchopiteco, un teruleque tilingo, un gauchí político, un federimontonero, un chacuaco animal, un choti protector, y un puti republicador, que nos quiere enfederar, avestruzar, y enchacuacar" (2001: 82).

tores de *El Argos*; sin embargo, no responden como hubiera querido Castañeda ya que mantienen la compostura en una breve nota titulada "Contestación" (sábado 9 de junio):

> Parece que el *Argos* se ha explicado con bastante claridad sobre sus intenciones, y el objeto de este periódico. Jamás variará su plan. Las cuestiones entre los escritores públicos, son entre nosotros mas sangrientas que las del campo de batalla: se hacen personalidades, y el Argos huirá de ellas, tanto por esta razón, como porque su atencion se distraería, y al mismo tiempo porque es necesario complacer á los lectores (*El Argos de Buenos Aires (1821-1825)*, 1931: 31).

De esta forma, no solo se niegan a nombrar y darle entidad a quien es indudablemente responsable de las "sangrientas" querellas entre escritores públicos, sino que, al responder de forma tan general con una declaración de intenciones, rehúsan reconocerlo como un interlocutor válido.

La respuesta no detiene, sin embargo, al irascible padre, quien sigue comentando casi semanalmente las notas de su silencioso contrincante e intenta incluso publicar alguna misiva allí con nombre falso, operación rechazada de lleno por los editores.[31] Su exasperación ante esta estrategia, no obstante, es evidente: algunos meses después de iniciar su infructuoso asedio dirá por ejemplo: "El Argos contestará quizá á la adjunta de V. S. ó no contestará *como lo tiene de costumbre*" (Castañeda, 1820a, n° 68: 996).

---

31 Véase en el mismo n° 5 la negativa a publicar la carta de "su paysano el Porteño", reproducida luego en las páginas del propio Castañeda.

## Callar o atacar: palabras finales

La falta de contestación directa, cierta identidad territorial compartida y la relativa moderación del tono en las notas de *El Argos* hacen que en esta primera etapa Castañeda concentre sus ataques en el proyecto de renovación cultural rivadaviano y satirice todo signo explícito o implícito de filiación francesa o inglesa o de referencias a la Antigüedad clásica: algunos comportamientos sociales novedosos, como la sociabilidad del café, las asociaciones privadas (denunciadas como logias masonas), cierto perfil de hombre ilustrado anticlerical, las lecturas de pensadores franceses, el estilo neoclásico, entre otros. La recuperación y degradación de esas prácticas también sirve para establecer una distancia entre la elite reformista, aquella que, en palabras de Klaus Gallo (2005), quería erradicar las costumbres hispánicas y modernizar las conductas porteñas, y el público diversificado del padre, en el cual la tradición española era un hábito vivo y no un problema cultural.

Para terminar, podemos decir que, a diferencia de lo ocurrido en las polémicas públicas de Castañeda con otros periódicos, en 1821 el enfrentamiento con el *Argos* no recrudeció porque los editores del segundo eligieron otra estrategia para contener la verborragia desenfrenada del cura: no reconocerlo como interlocutor y mantener un relativo silencio. En este sentido, si bien ambos compartieron la idea de una prensa periódica al servicio de la política –porque ambas publicaciones presentan notas de opinión sobre los acontecimientos de gobierno–, para los miembros del grupo rivadaviano era fundamental que fuese "a la vez vehículo y fábrica de la ilustración de los ciudadanos rioplatenses" y modelase "una opinión pública legítima" (Myers, 2004: 45). ¿Qué tipo de legitimidad podían llegar a reconocer en el estilo de Castañeda? ¿Qué tipo de función pedagógica? Seguramente, ninguna. Es por ello que se negaron a participar de un debate que, más que ampararse en la presentación de argumentos racionales e ideas ilustradas, se apoyaba en las armas con las cuales el padre se sentía más a gusto: el ataque personal, la parodia y la sátira.

### Referencias bibliográficas

Alonso, P. (2004). *Construcciones impresas. Panfletos, diarios y revistas en la formación de los estados nacionales en América Latina, 1820-1920*. Buenos Aires: Fondo de Cultura Económica.

Auza, N. T. (2001). "Estudio preliminar". En F. de P. Castañeda, *Doña María Retazos*. Buenos Aires: Nueva Dimensión, pp. 9-41.

Baltar, R. (2014a). "Francisco de Paula Castañeda, amanuense y autor". *Cuadernos de Ilustración y Romanticismo. Revista Digital del Grupo de Estudios del Siglo XVIII*, n° 20, pp. 199-224.

–– (2014b). "Fray Francisco de Paula Castañeda y el imaginario del Siglo de Oro en su escritura de combate". En M. Villarino, F. Graciela y M. Ortiz Rodríguez (comps.), *Lecturas críticas sobre el Siglo de Oro español: hacia Lope de Vega*. Mar del Plata: "Grupo Literatura Siglo de Oro" del Departamento de Letras, Facultad de Humanidades de la Universidad Nacional de Mar, pp. 518-528.

Burucúa, J. E. y Campagne, F. (2003). "Mitos y simbologías nacionales en los países del cono sur". En A. Annino y F.-X. Guerra (coords.), *Inventando la Nación: Iberoamérica. Siglo XIX*. México D. F.: Fondo de Cultura Económica, pp. 433-474.

Calvo, N. (2008). "Voces en pugna. Prensa política y religión en los orígenes de la República Argentina". *Hispania Sacra*, XL, n° 122, pp. 575-596.

Capdevila, A. (1933). *La santa furia del Padre Castañeda. Cronicón porteño de frailes y come frailes, donde no queda títere con cabeza*. Barcelona: Espasa Calpe.

Castañeda, F. de P. (1820a). *El Despertador Teofilantrópico Místico Político, dedicado a las matronas argentinas y por medio de ellas á todas las personas de su sexo que pueblan hoy la faz de la tierra y la poblarán en la sucesión de los siglos.* Buenos Aires: Imprenta de Álvarez y de la Independencia.

—— (1820b). *Paralipómenon al Suplemento del Teofilantrópico.* Buenos Aires: Imprenta de la Independencia.

—— (1820c). *Suplemento al Despertador Teofilantrópico Místico Político.* Buenos Aires: Imprenta de Álvarez y del Comercio.

—— (2001). *Doña María Retazos.* Buenos Aires: Nueva Dimensión.

Di Stefano, R. (2004). *El púlpito y la plaza. Clero, sociedad y política de la monarquía católica a la república rosista.* Buenos Aires: Siglo XXI.

*El Argos de Buenos Aires (1821-1825)* (1931) (Vol. Reimpresión facsimilar. Serie Biblioteca de la Junta de Historia y Numismática Americana). Buenos Aires: Academia Atelier de Artes Gráficas Futuras. Recuperado de <https://goo.gl/fyjDNS>.

Forace, V. P. (2012). "Un hombre de letras entre el antiguo régimen y las nuevas repúblicas: *Memorias curiosas* de Juan Manuel Beruti". *Bibliográphica Americana. Revista interdisciplinaria de estudios coloniales*, n° 8, pp. 159-169.

—— (2016). "Una breve aproximación al proyecto periodístico de Francisco de Paula Castañeda". En N. Fabiani y M. T. Brutocao (eds.), *Actas de la XIX Jornada Nacional de Estética y de Historia del Teatro marplatense. Los ecos de Eco. En memoria de Eduardo Galeano.* Mar del Plata: Universidad Nacional de Mar del Plata, pp. 156-164. Recuperado de <https://goo.gl/z9F5d7>.

Furlong, G. (1994). *Fray Francisco de Paula Castañeda. Un testigo de la naciente patria argentina 1810-1830.* Buenos Aires: Castañeda.

Gallo, K. (2005). "Un escenario para la 'feliz experiencia'. Teatro, política y vida en Buenos Aires. 1820-1827". En G. Batticuore, K. Gallo y J. Myers (comps.), *Resonancias románticas: ensayos sobre historia de la cultura argentina, 1820-1890*. Buenos Aires: Eudeba, pp. 121-133.

—– (2008). "'A la altura de las luces del siglo': el surgimiento de un clima intelectual en la Buenos Aires posrevolucionaria". En C. Altamirano (dir.) y J. Myers (ed. vol.), *Historia de los intelectuales en América Latina*. Buenos Aires: Katz, pp. 184-204.

Goldgel, V. (2013). *Cuando lo nuevo conquistó América: prensa, moda y literatura en el siglo XIX*. Buenos Aires: Siglo Veintiuno Editores.

Herrero, F. (2002). "Francisco de Paula Castañeda (1776-1832). Sobre algunas líneas 'bárbaras' en su discurso público". En N. Calvo, R. Di Stefano y K. Gallo (coords.), *Los curas de la revolución. Vidas de eclesiásticos en los orígenes de la Nación*. Buenos Aires: Emecé, pp. 247-264.

—– (2008). "Ley y orden. Buenos Aires, hacia fines de 1820". *Quinto sol*, 12, pp. 13-44.

Macintyre, I. (2010). "Doña María Retazos and La Matrona Comentadora". En *Women and Print Culture in Post-Independence Buenos Aires*. Woodbridge: Tamesis Books, pp. 83-112.

Myers, J. (1999). "Una revolución en las costumbres: las nuevas formas de sociabilidad de la elite porteña, 1800-1860". En F. Devoto y M. Madero (dirs.), *Historia de la vida privada en la Argentina. Tomo 1: País antiguo. De la colonia a 1870*. Buenos Aires: Taurus, pp. 111-145.

—– (2003). "Las paradojas de la opinión. El discurso político rivadaviano y sus dos polos 'el gobierno de las luces y la opinión pública reina del mundo'". En H. Sabato y A. Letiere (comps.), *La vida política en la Argentina del siglo XIX. Armas, Votos y Voces*. Buenos Aires: Fondo de Cultura Económica, pp. 75-95.

—— (2004). "Identidades porteñas. El discurso ilustrado en torno a la nación y el rol de la prensa: *El Argos de Buenos Aires*, 1821-1825". En P. Alonso (ed.), *Construcciones impresas. Panfletos, diarios y revistas en la formación de los estados nacionales en América Latina, 1820-1920*. Buenos Aires: Fondo de Cultura Económica, pp. 39-63.

Ovidio (2008). *Metamorfosis. Libro I-V.* (M. J. Cantó y J. C. Fernández Corte, trads.). Madrid: Editorial Gredos.

Palti, E. (2008). "Tres etapas de la prensa política mexicana en el siglo XIX: el publicista y los orígenes del intelectual moderno". En C. Altamirano (dir.) y J. Myers (ed. vol.), *Historia de los intelectuales en América Latina: La ciudad letrada, de la conquista al modernismo* (1ra. ed.), Vol. I. Buenos Aires: Katz, pp. 227-241.

Posh, S. (2014). "Neoclasicismo y nación (1806-1827)". En N. Jitrik (dir.), C. Iglesia y L. El Jaber (dir. de Vol.), *Historia crítica de la literatura argentina. 1. Una patria literaria*. Buenos Aires: Emecé Editores, pp. 105-128.

Primeria y Vidal, J. (1830). *El fabulista español. Colección de las mejores fábulas castellanas que no hacen parte de las obras de Iriarte ni Samaniego*. Madrid: J. Sola.

Román, C. (2014a). "Introducción". En *La prensa de Francisco de Paula Castañeda: sueños de un reverendo lector (1820-1829)*. La Plata: Universidad Nacional de La Plata, pp. 5-25.

—— (2014b). "La prensa en red: los periódicos de Francisco de Paula Castañeda". En V. Delgado, A. Mailhe y G. Rogers (coords.), *Tramas impresas. Publicaciones periódicas argentinas (XIX-XX)*. La Plata: Facultad de Humanidades y Ciencias de la Educación de la Universidad Nacional de La Plata, pp. 47-63.

—— (2014c). "Un místico político, panfletista en el año veinte: Francisco de Paula Castañeda". En N. Jitrik (dir.), *Historia crítica de la literatura argentina. 1. Una patria literaria*. Buenos Aires: Emecé Editores, pp. 321-349.

Shumway, N. (1997). "La nación hispanoamericana como proyecto racional y nostalgia mitológica: algunos ejemplos de la poesía". *Revista Iberoamericana*, n° 178, pp. 61-70.

Taboada, H. G. H. (2014). "Centauros y eruditos: los clásicos en la independencia". *Revista de Estudios Latinoamericanos*, n° 2, pp. 193-221. Recuperado de <https://goo.gl/efnFH5>.

Ternavasio, M. (1998). "Las reformas rivadavianas en Buenos Aires y el Congreso General Constituyente". En N. Goldman (dir.), *Revolución. República, Confederación (1806-1852), Nueva Historia Argentina*. Vol. III. Buenos Aires: Sudamericana, pp. 159-197.

# 4

# Matronas ejemplares

*Representaciones de lo femenino y tradición clásica en el Tucumán del Centenario*

María Agustina Ganami

## Introducción

Desde hace algunos años resulta innegable la pertinencia y la influencia de los estudios inscriptos en la relativamente reciente y fecunda línea de investigación que podríamos llamar "historia de las mujeres y de las relaciones de género", que aportan, sin lugar a dudas, a la comprensión de una historia de la humanidad en clave de género. Se trataría de un esfuerzo orientado principalmente a devolver a las mujeres un rol activo en el devenir histórico.

El presente trabajo pretende inscribirse en esta línea de investigación, a partir del análisis de dos célebres figuras femeninas: Cornelia, modelo de mujer y madre romana; y Fortunata García de García, la "ilustre matrona" tucumana, cuya biografía fue recuperada por los hombres del Centenario de la Independencia de Tucumán e incorporada en el *Álbum General de la Provincia de Tucumán en el Primer Centenario de la Independencia Argentina (1816-1916)*, en explícita comparación con la figura de la madre de los Gracos.

El Centenario de la Independencia en Tucumán está inmerso en una coyuntura histórica que coloca en el centro de las reflexiones el problema de la identidad nacional. En ese sentido nos preguntaremos qué rol juega la tradición clásica en la configuración de una identidad y en la construcción de un pasado heroico dentro de las fronteras regionales del Norte Argentino. Nos interesa además indagar por qué la Generación del Centenario tucumano recupera la figura de Fortunata García de García, pregunta que a su vez habilita la posibilidad de pensar las representaciones (hegemónicas) de lo femenino en los albores del siglo XX.

En esta oportunidad, entonces, no abordaremos sujetos reales, sino representaciones discursivas, formas en las que las experiencias reales o imaginarias, propias o ajenas, fueron inscriptas, en los sendos períodos históricos aquí involucrados, por los varones de las elites ilustradas (Palacios, 2014: 93), y que pueden tener implicaciones concretas o reales, tanto sociales como subjetivas, en el plano de la vida material de los individuos. Para ello, en el análisis de esos textos tendremos en cuenta las nociones teóricas de "tradición selectiva" de Raymond Williams (2000 [1977]) y de "memoria discursiva"[1] de Jean-Jacques Courtine (1991) –reelaborado luego por Michel Pêchaux (1993)-.

Raymond Williams elabora el concepto de *tradición selectiva* en sus estudios sobre los procesos culturales y la configuración de la hegemonía. Para él, en el intento de consolidar un orden de cosas funcional a la perspectiva de la clase dominante, la tradición selectiva se configura como "una versión intencionalmente selectiva de un pasado configurativo y de un presente pre-configurado, que resulta poderosamente operativo dentro del proceso de definición e identificación cultural y social" (Williams, 2000: 137). Esta

---

[1] Este concepto, proveniente del análisis del discurso de vertiente francesa, fue tomado de las traducciones y reflexiones teóricas y metodológicas de A.S. Montero (2013), J.D. Leite y S. C. Alferes (2010) y M.C. Saint-Pierre (sin fecha).

tradición configura un pasado significativo, que a su vez se proyecta en el presente dándole identidad y sentido. En palabras de Williams,

> constituye un aspecto de la organización social y cultural *contemporánea* del interés de la dominación de una clase específica. Es una versión del pasado que se pretende conectar con el presente y ratificar. En la práctica, lo que ofrece la tradición es un sentido de *predispuesta continuidad* (2000: 138. Las cursivas son del autor).

Por otro lado, la *memoria discursiva* para Courtine (1991) se entiende en tanto concepto que subyace al de las formaciones discursivas de las que habla Michel Foucault (2015 [1969]). De tal suerte, según Montero (2013: 3), "toda formación discursiva que se efectúa en las condiciones determinadas de una coyuntura, pone en movimiento, *hace circular* formaciones [discursivas] anteriores, ya enunciadas, [que irrumpen] como efecto de memoria en la actualidad de un acontecimiento". En ese sentido puede ser interesante pensar cómo la memoria se hace presente en un discurso, se actualiza y se proyecta, y los modos en que esa memoria contribuye a forjar y configurar identidades políticas.[2]

A su vez, como anticipamos en el inicio de este trabajo, adoptaremos aquí una perspectiva de género. Entendemos por género,[3] siguiendo a Gerda Lerner (1990), la definición cultural del comportamiento que se establece como apropiado para cada sexo dentro de una sociedad determinada y en un momento dado, que determina roles sociales con

---

[2] El concepto de memoria discursiva en Courtine surge inicialmente como herramienta metodológica para explicar cómo la memoria opera dentro de la construcción de un determinado discurso político. Hacemos extensiva esta noción a discursos que, si bien no pertenecen estrictamente a este género discursivo, poseen efectivamente una dimensión política y, en las dinámicas de los procesos culturales, colaboran en la construcción de un orden simbólico y en la configuración de identidades políticas.

[3] Sobre la pertinencia de la categoría de género en el análisis de la historia, ver Joan W. Scott (1990).

sus correspondientes valoraciones, constituyéndose también como una matriz de poder. De esta manera, nos interesa indagar acerca de las construcciones de la feminidad en la Antigüedad romana en tanto construcciones de género, y cómo se proyectan, trazando líneas de continuidad histórica, en la construcción de un modelo de mujer para el Centenario.

### El Centenario: hispanismo y tradición clásica

El Centenario de la Independencia en Argentina coincide con la emergencia de tensiones producidas por el ingreso del aluvión inmigratorio, que se había iniciado en 1890 y alcanza en 1910 su punto culminante. El fenómeno de inmigración implica la aparición de nuevos actores sociales y nuevos conflictos. Ante la masa extranjera, resurge en el escenario intelectual argentino la problemática del "ser nacional", pero de manera diferente que en el siglo XIX. El abordaje de esta problemática dio lugar a un nuevo tipo de cristalizaciones ideológicas. En el intento de configurar una "nación" entendida, siguiendo a Perilli (2012: 2), como una "comunidad imaginada", el nacionalismo del Centenario se presenta como su discurso ideológico legitimador, caracterizado por poner en el centro del conflicto la tensión entre lo propio y lo ajeno, lo universal y lo particular. La heterogeneidad –vinculada sobre todo con la inmigración, pero también en relación con las diferencias ideológicas en pugna– es percibida, en este contexto, como un problema cuyas respuestas parecen estar en la búsqueda de un "ser nacional" auténtico, la exaltación del pasado, y la búsqueda de genealogías.

Nos interesa, en este punto, la incorporación que el Centenario realiza de una tradición selectiva, orientada a la construcción de un ser nacional homogéneo; tradición que formaría parte de los procesos de conformación de identidades políticas que sustenten un orden social hegemónico. En este contexto, resulta particularmente esclarecedora la definición de "identidades políticas" que nos propone Montero (2013: 6), entendidas como "prácticas sedimentadas configuradoras de sentidos que definen orientaciones gregarias de la acción a través de un mismo proceso de diferenciación externa y homogeneización interna". El concepto comprende tres dimensiones analíticas (Aboy Carlés, 2001, cit. por Montero: 6): la *alteridad* -mecanismos de diferenciación-; la *representación* -constitución de liderazgos, conformación de ideologías políticas, relación con ciertos símbolos que dan cohesión a la identidad política-; y la *"perspectiva de la tradición"* -interpretaciones del pasado y sus proyecciones en un futuro deseado-.

En la configuración de la identidad política de la clase dirigente en el Centenario argentino, el hispanismo aparece como un elemento compositivo fundamental tanto en la dimensión de la representación –en la medida que genera condiciones para la generación de símbolos de cohesión social-, como desde la "perspectiva de la tradición". El espíritu de conciliación hacia España y la reconsideración de la "herencia española" alimentan lo que se ha denominado el "mito de la raza". El ensayo titulado *El solar de la raza*, escrito por Manuel Gálvez y publicado por primera vez en 1913,[4] da cuenta de este emergente ideológico-cultural y de un clima de época.

Al tiempo que constituye una reivindicación global de la raza y la cultura hispánicas en clave nacionalista y católica, la obra de Gálvez se elabora como un elemento continuador del neoidealismo rodoniano, también conocido como *arielismo*,[5] que puso de manifiesto la voluntad de afirmar un ser latinoamericano apoyándose en la tradición

---

[4] Altamirano y Sarlo (1997) nos cuentan que esta primera edición fue premiada por el gobierno nacional.
[5] El uruguayo José E. Rodó es autor de la obra *Ariel*. De allí deriva el concepto de "arielismo".

clásica grecorromana (Quinziano, 2013), a través de la oposición *latinismo (espiritualismo)/sajonismo (materialismo)*. Así, el escritor santafesino valora los atributos hispánicos como representantes y continuadores genuinos de la "latinidad". La Argentina se presenta como el espacio ideal para fundar la "nueva raza latina", hispánica y católica.

En el contexto del Centenario, a su vez, como afirma Perilli (2010: 2), a la crisis de los discursos identitarios se suma una modernización conflictiva que pone a prueba los proyectos preexistentes.[6] Resurgen de esta manera los conflictos regionales, y ante este incipiente resquebrajamiento de la hegemonía de la oligarquía argentina, la clase dirigente despliega un proceso simbólico de autolegitimación, que se conjuga con la construcción de una identidad política nacional(ista).

## La Generación del Centenario en Tucumán y el *Álbum General de la Provincia de Tucumán en el Primer Centenario de la Independencia Argentina*

En Tucumán el proceso posee características particulares, aunque comparte las pretensiones de configuración de un ser nacional, pero desde una perspectiva regional. En efecto, el Centenario en Tucumán implica a su vez una dinámica cultural que intenta fundar al Norte en tanto región, con Tucumán como "centro de distribución territorial del poder" (Perilli de Colombres Garmendia, 2012: 228). Se trata de un momento en el que emerge el conflicto entre nación y región. Junto con el fortalecimiento económico,

---

6   Nos referimos aquí al proyecto modernizador iniciado con la Generación del 80, liberal en sus formas institucionales, y oligárquica en sus funciones, que comporta además modificaciones clave en el plano económico, con un vínculo estrecho con el imperialismo británico. En 1890 comenzaron a surgir las primeras fisuras de este régimen oligárquico-conservador, instaurado desde 1860 (Altamirano y Sarlo, 1997).

ligado a la industria azucarera, la Generación del Centenario en Tucumán busca instaurar valores, símbolos y sentimientos de pertenencia a una comunidad diferenciada del resto de la nación por tradiciones, historia y otros factores de integración.

La Generación del Centenario en Tucumán estaba formada en su mayoría por (varones) miembros de familias de raigambre hispánica, que habían tenido protagonismo político y económico en la vida de la región desde la época colonial. La región del Norte comienza a configurarse como un territorio idílico desde el punto de vista de las clases dirigentes, en la medida que es el lugar donde se resguardan las antiguas costumbres de sus antepasados.

Tanto en la provincia como en la nación, la oligarquía controla el rudimentario aparato cultural, y esos valores y contenidos emergen en diversos productos culturales que aparecen en las primeras décadas de 1900 en Tucumán. Los hombres del Centenario tucumano impulsaron (o ellos mismos realizaron) diversas investigaciones sobre los orígenes hispánicos de la cultura de Tucumán. Los resultados se publicaron en numerosos libros, entre los que cabe destacar la ambiciosa obra titulada *Tucumán al través de la historia. El Tucumán de los poetas*, recopilada por Lizondo Borda.[7] Con esta y otras publicaciones, para Martínez Zuccardi (2015: 67), "se aspiraba a fundar la provincia en el plano simbólico, a forjar una memoria local y cimentar una tradición"; y a partir de ellas se producen "disputas por la propiedad del pasado y un lugar en la narrativa nacional" (Perilli, 2010: 2).

---

7   Obra estudiada detalladamente por Soledad Martínez Zuccardi (2015). En este artículo la autora logra individuar cuatro imágenes de Tucumán en el volumen de *El Tucumán de los poetas*, a saber, Tucumán como 1) jardín edénico; 2) cuna de la libertad y la independencia; 3) una provincia de porvenir brillante gracias a la industria azucarera; 4) una ciudad culta, moderna y atenta a la moda. Nos interesa en este trabajo la segunda imagen que se proyecta de la provincia.

De entre todos los volúmenes publicados, nos interesa en esta oportunidad uno en particular: el *Álbum General de la Provincia de Tucumán en el Primer Centenario de la Independencia Argentina (1816-1916)*, un producto cultural (y comercial) que, a nuestro entender, comulga con las intenciones de forjar una conciencia regional del Norte, con centro en Tucumán, cuna de la Independencia: imagen vinculada con nociones de gloria, heroísmo, independencia, libertad. Se trata de un tomo de 38 por 25 cm, 412 páginas en papel ilustración, encuadernado espléndidamente, cuya dirección y confección estuvo a cargo de Domingo Villarrubia Norry (Perilli de Colombres Garmendia, 1997: 89). La publicación incluye la historia general de la provincia desde los tiempos de la Colonia, sus instituciones y organizaciones principales en el plano de la sociedad civil, y una serie de personajes considerados ilustres y significativos para la historia de Tucumán.

Podríamos inscribir nuestro *Álbum* en dos series de publicaciones: por un lado, aquellas producidas dentro de la provincia y orientadas a proyectar una imagen de Tucumán como la heroica cuna de la libertad y la independencia, y como "territorio arcádico" (Perilli, 2010) que resguarda los valores y las tradiciones hispánicas; y por el otro, las publicaciones de álbumes monumentales y pretenciosos que aspiraban a mostrar, sobre todo al exterior, una imagen de una Argentina (y en este caso de un Tucumán) pujante y opulenta después de cien años de existencia; ediciones que, según Perilli de Colombres Garmendia (1997) se habían convertido en una verdadera "moda editorial" entre 1910 y 1916.

En Tucumán, la clase dirigente aprovecha los festejos del Centenario de la Independencia para recopilar y exhibir una "cultura orgullosa de la diferencia regional, con credenciales de pureza obtenidas por los vínculos con la tradición hispánica y la exaltación de condiciones naturales e históricas de la región" (Perilli, 2010: 4). En un contexto en el que se consolida la hegemonía del puerto y alcanza su punto culminante la identificación de la nación con Buenos Aires, el *Álbum de Tucumán* disputa esos sentidos y construye una historia de grandeza, con héroes propios y hazañas locales -símbolos que dan cohesión a la identidad política-, que buscan asociar la imagen de Tucumán a la idea de progreso, y se vinculan, al menos en el caso que nos atañe, directamente con modelos clásicos.[8]

Este punto es de gran interés a la hora de pensar las representaciones de Fortunata García de García como *matrona* tucumana, mujer que sintetiza los valores de una mujer romana modelo y detenta las credenciales de una familia de raigambre hispánica desde los tiempos de la Colonia. En ese sentido, según Domínguez (2016), en el siglo XIX el uso de la cultura clásica latina era funcional a la legitimación de los valores de clases dominantes. Podemos arriesgarnos a pensar que en los inicios del siglo XX estas reivindicaciones van en el mismo sentido. Doña Fortunata García de García es la única figura femenina a quien se dedica un folio completo dentro del *Álbum General de la Provincia de Tucumán...*, dentro de "La galería de próceres tucumanos y tucumanos ilustres".

Imagen 1. Biografía de Fortunata García de García, extraída del *Álbum General de la Provincia de Tucumán...*

---

[8] Sobre el arte clásico en el Tucumán del Centenario, ver M. Claudia Ale (2017).

En el volumen publicado en 1916, además de ella, las mujeres que se mencionan como sujetos históricos individuales son solo tres: la Sra. Gertrudris Aráoz de Liberani, doña Agueda Ibarra y la Srta. Francesca Jacques, nombradas en la sección "La nueva era. 1810" y enmarcadas dentro de historias de vida y hazañas de varones destacados. Más adelante encontramos retratos de Josefa Huarigot, Mercedes Filpo Paz, doña Benigna Saravia, Rita P. de Bertelli, Mama Pacha (vinculada a la historia de pueblos aborígenes en Tucumán), y la Sra. Guillermina Leston de Guzmán. El resto de las figuras femeninas en el *Álbum* se presentan como entidades colectivas, referencias que se realizan exclusivamente a través de retratos e imágenes con el nombre de cada mujer a modo de epígrafe, y vinculadas a esferas de praxis muy específicas: la educación, el "Tucumán social" y la Sociedad de Beneficencia.

No es casual la vinculación de las mujeres a estas actividades, ya que, como afirma Perilli de Colombres Garmendia, a pesar del carácter dominantemente masculino de las instituciones (repúblicas y sufragio masculino, *patria potestas* para el hombre de hijos y esposas, partidos dominados por hombres), las mujeres pertenecientes a determinados sectores tenían un rol preponderante sobre todo en el ámbito educativo y artístico, y gozaban de protagonismo promoviendo obras de beneficencia y asistencia social (2012: 180).

## Representaciones de lo femenino en la Roma de la tardorrepública y en el Tucumán del Centenario

Cabría interrogarse, entonces, sobre la razón de la inclusión de doña Fortunata García de García en el *Álbum del Centenario*, teniendo en cuenta que este grupo de hombres seleccionaron aquellos segmentos y personajes del pasado que les resultaban significativos para la elaboración de una tradición funcional al mantenimiento de una hegemonía que comenzaba a resquebrajarse. En consonancia con esto y coincidiendo con Altamirano y Sarlo (1997), observamos que la cuestión de la identidad nacional debía dar lugar no solo a reminiscencias históricas y manifestaciones xenófobas, sino también a certidumbres activas y mitos de identificación colectiva, relatos que satisficieran anhelos morales e incluso requerimientos prácticos.[9]

Podríamos arriesgar la hipótesis de que este personaje femenino y el relato de su vida forman parte de ese proyecto de elaboración de nuevos mitos, opuestos a la cultura laica y positivista, orientados a la creación de modelos propios de ejemplaridad que resulten operativos dentro de un proceso de definición sociocultural y/o de identidades políticas. Ese fragmento del pasado se proyecta en el presente (de enunciación) y lo preconfigura, como afirma Williams (2000), en función de los intereses de la clase dominante. La memoria, en su dimensión de *memoria representada* (Montero, 2013: 9) pone de manifiesto el carácter narrativo de la historia, producto del modo en el que los protagonistas recortan, interpretan y reconstruyen el pasado desde el presente.

Al mismo tiempo, es interesante pensar en la recuperación de la tradición clásica a la hora de caracterizar a esta "mujer tucumana ejemplar". En efecto, como anticipamos previamente, la figura de Fortunata se construye en diálogo con la de Cornelia, madre de los Gracos, modelo de matrona para la tradición romana. En ese sentido, asistiríamos a la elaboración de una tradición selectiva en dos planos: el de la tradición española, a la que pertenece Fortunata García de García como miembro de una familia de raigambre hispánica, y la de la tradición clásica latina. Hablaríamos, entonces, de una *memoria incorporada* (Montero, 2013: 6) en dos niveles, que permite trazar vínculos entre la evocación, la reapropiación, el retorno y la transformación de discursos

---

[9] Los esfuerzos de Leopoldo Lugones y de Ricardo Rojas por dotar a la nacionalidad de una épica van orientados hacia esa dirección.

pretéritos, y la configuración de las identidades políticas en ese presente, buscando adhesión y cohesión social, ya que la verdadera condición de la hegemonía es la *autoidentificación* con las formas hegemónicas (Williams, 2000: 139).

Para realizar el análisis de nuestras figuras femeninas podríamos dividir la biografía de Fortunata García de García en dos partes, con fines exclusivamente analíticos, ya que entendemos que ambas partes se implican mutuamente. Seguimos para ello un criterio estructural y funcional, teniendo en cuenta el predominio de una u otra secuencia discursiva, en términos de Adam (1992), para marcar los límites entre cada una de las partes, a saber: a) *Parte 1*: introducción y conclusión, con predominio de la secuencia descriptiva; b) *Parte 2*: cuerpo del texto, con predominio de la secuencia narrativa. De esta manera, en la primera parte exploraremos las principales virtudes exigidas a las matronas romanas, para luego analizar los modos en que ellas se proyectan en la descripción de Fortunata García de García; mientras que en la segunda parte trabajaremos con las anécdotas protagonizadas por Fortunata y Cornelia y recuperadas por las fuentes, con el objetivo de proponer modelos tradicionales (y patriarcales) de conducta femenina a través de la narración de lo que Dixon (2007: 29) llama "eventos temáticos".

### a) Parte 1: introducción y conclusión (descripción)

En esta primera parte incluiremos aquellos enunciados preponderantemente descriptivos dentro de la biografía de doña Fortunata García de García en el seno del *Álbum General de la Provincia de Tucumán...*, es decir, aquellos enunciados que aportan datos sobre la vida personal y familiar de la mujer tucumana, y que contribuyen a construir una imagen determinada de Fortunata a través de la comparación explícita con la figura de Cornelia, es decir, acorde con los modelos de ejemplaridad latinos. De esta manera, su biografía inicia de la siguiente manera:

No alcanzaría esta importante sección del Álbum la amplitud patriótica e histórica a que se la destina, si se hubiera omitido el nombre de la *ilustre matrona* que intitula este capítulo, en la galería de próceres tucumanos y tucumanos ilustres.[10]

Observamos, entonces, desde el primer párrafo, la referencia directa a la tradición latina: la primera mención de la mujer tucumana es a través del sintagma *ilustre matrona*. Entendemos por *matronas* a mujeres romanas de la élite que hubieran contraído matrimonio, es decir, aquellas mujeres casadas de la aristocracia.

Las virtudes que se esperan de una *matrona* romana pueden resumirse en las siguientes: *univira, lanifica, casta, pia, frugi* y *domiseda* (Álvarez Espinoza, 2012; Casamayor Mancisidor, 2015). Con el término *univira* se hace referencia a una mujer que ha contraído un único matrimonio en su vida. Por su parte, *lanifica* hace referencia a la actividad a la que se entregaban las mujeres en los primeros siglos de la ciudad: el tejido. Una mujer *casta* detenta el valor de la *pudicitia*, entendida como "sujeción, honorabilidad, reserva sexual y dominio de sí mismas" (Palacios, 2014: 98): se espera una mujer callada y obediente. El valor de la *pietas* responde al respeto por los fundamentos de la sociedad romana y la sujeción a la tutela del *pater*, y el cumplimiento de los deberes como ciudadana romana: dar hijos a su marido y ciudadanos al Estado. *Frugi* se refiere a una mujer moderada, sobria, frugal, prudente y honesta. Finalmente, *domiseda* señala directamente el espacio en el que se espera que la mujer desarrolle sus funciones: la *domus*, el ámbito privado o familiar.

---

[10] En esta y en todas las demás referencias textuales a las fuentes (clásicas y el *Álbum General de la Provincia de Tucumán...*), el resaltado nos pertenece.

Por su parte, la figura de Cornelia[11] representa un modelo de *matrona* ejemplar para todos los autores, incluso para aquellos que, como Cicerón, se consideran detractores de sus hijos. Era hija de Publio Escipión el Africano y Emilia, ambos pertenecientes a familias patricias de gran prestigio. Contrajo matrimonio con Tiberio Sempronio Graco, varón proveniente de una rica familia plebeya, y tuvo con él doce hijos, de los que solamente tres –Tiberio, Gayo y Sempronia– llegaron a la edad adulta. Solo su hija la sobrevivió, siendo ella quien, según Patrocelli (1994), se ha encargado de entronizar la figura de su madre. Así, si bien goza de una relativa autonomía como "figura legendaria", es definida en relación con otras figuras masculinas célebres dentro del seno familiar, al igual que la mayoría de las figuras femeninas en la Antigüedad clásica. En efecto, Cornelia es conocida como "la madre de los Gracos". Sin embargo, ser madre, *materfamilias*, implica en la tradición clásica latina necesariamente (y en primer lugar) el estatus de esposa legítima de un *paterfamilias*, es decir, de un ciudadano plenamente capaz.

Thomas explica claramente la situación jurídica de la mujer-*mater*, afirmando que el deber ser de la mujer y del hombre se construye en torno a dualidades antitéticas. Es decir, hombres y mujeres fueron definidos en términos uno del otro, y es la (posibilidad de la) maternidad lo que marca con claridad las distancias entre los sexos:

> El derecho romano ha convertido la división de los sexos en una cuestión jurídica; no la trata como un presupuesto natural, sino como una norma obligatoria: una norma de complementariedad de lo masculino y lo femenino. [...] Nos

---

[11] Tomaremos las referencias a Cornelia de Plutarco, Valerio Máximo y Cornelio Nepote; a pesar de que su figura es también abordada por Plinio el Viejo, Cicerón, Tito Livio, Tácito, Juvenal, Marcial, entre otros. Pensamos que los tres autores que consideramos en esta oportunidad son significativos ya que, en líneas generales, abordan los mismos tópicos que los demás (con excepción de Juvenal y Marcial, quienes adoptan una perspectiva satírica que en esta oportunidad no consideraremos).

hallamos aquí ante una estructura indefinidamente reproducible, puesto que su reconducción, organizada por el derecho de la filiación, asegura la reproducción de la sociedad, al instituir a hombres y mujeres como padres y madres, y reitera en cada nueva generación no ya la vida, sino la organización jurídica de la vida. [...] La división obligatoria de los sexos se ponía abstractamente al servicio de una definición legal de sus roles (Thomas, 1992: 117, 118).

El concepto de *materfamilias* se define no por el parto, sino por el hecho de ser esposa del *paterfamilias*. La diferencia fundamental en términos jurídicos es que la madre no poseía la *patria potestas*. La mujer, así, era amputada de las prolongaciones institucionales de su persona singular, quedando excluida de los ámbitos políticos por su incapacidad para hacer acceder a la ciudadanía a su descendencia: la incapacidad para transmitir la legitimidad. De esta manera observamos el carácter patriarcal, patrilineal, potestativo y agnaticio de la primitiva familia romana (López Huguet, 2006: 196). En este contexto, la mujer queda reducida a un vientre gestante.

Así, desde la Antigüedad, la maternidad aparece como eje articulador de la feminidad; y, como afirma Lerner, "la explicación tradicional [para la subordinación femenina] se centra en la capacidad reproductiva de las mujeres" (1990: 35). A su vez, las mujeres tienen a su cargo la función de la reproducción social, o sea, de la estructura y los valores de una comunidad. En consonancia con esto, el deber fundamental de la *materfamilias* es la de otorgarle al *paterfamilias* hijos legítimos, y transmitir a su descendencia –futuros ciudadanos y soldados– los valores tradicionales romanos (*mos maiorum* o costumbres de los antiguos) de *pietas, fides, gravitas, virtus* y *frugalitas* (Álvarez Espinoza, 2012: 60). En resumidas cuentas, procrear para el marido, educar para el Estado.

Cornelia es ejemplar en este sentido: cumple perfectamente con el mandato de la procreación –recordemos que tiene, según las fuentes, doce hijos– y educa a su progenie siguiendo la *paideia* griega. De Cornelia se elogian además sus logros intelectuales: conocedora, a través de su padre, de la retórica, filosofía y literatura provenientes de la tradición helenística, es caracterizada como una *mater docta*. De esto da cuenta Plutarco en sus *Vidas paralelas*:

> [Tiberio Graco] murió no poco después, dejando *doce hijos nacidos con Cornelia. Cornelia se hizo cargo de los niños y de la casa con tanta sensatez, amor por sus hijos y grandeza de espíritu* que no pareció una mala elección el que Tiberio hubiera optado por morir en vez de una mujer tal.[12] [...] [A sus dos hijos, Tiberio y Gayo] *educó con tanto empeño* que, aun habiendo acuerdo que eran los mejores nacidos de los romanos, parece que su virtud se debía más a la educación que a la naturaleza (*Tiberio – Gayo Graco*, 1, 2010: 416).[13]

En relación con el papel de la educación de las madres para la Generación del Centenario, Perilli de Colombres Garmendia (2012: 24) nos dice que en el Tucumán del Centenario existían resabios de vida colonial, y los varones de esta generación habían recibido una formación austera, impregnada de fuerte catolicismo, donde la madre como educadora era la protagonista principal. Es interesante observar que Fortunata García de García es elogiada en el *Álbum* por estas razones, y en términos bastante similares de los usados para hablar de Cornelia. En la biografía de la *matrona* tucumana podemos leer:

> Durante el destierro a que se condenó a su esposo, *sola, consagrada al cuidado de su hogar y de sus hijos*, con la doble inquietud de la suerte ignorada de aquel y de los tristes presagios que se cernían sobre la comarca, doña Fortunata *supo encontrar*

---

[12] Aquí Plutarco hace referencia a la anécdota de las dos serpientes, que mencionaremos más adelante.
[13] Las citas pertenecientes a Plutarco corresponden a la traducción de Paloma Ortiz García (2010). La paginación indicada pertenece a dicha edición.

*fuerzas para perseverar en su entrañable amor a la libertad acudiendo al inagotable caudal de energías acumulado en su temple de patricia romana.*

Doña Fortunata se construye, así, como modelo de abnegación y sacrificio:

> Cabe, pues, la fácil comprensión de su psicología si se presta atención a la *cátedra de sacrificios y de austeridades que la época y los acontecimientos le dictaron.*
> Unida en matrimonio con el doctor Domingo José García, ex secretario de Belgrano y Ministro del Gobierno organizado en Tucumán en los primeros días de la Revolución, *soportó, dice uno de sus biógrafos, con resignación todas las vicisitudes de aquella cruzada homérica en que a cada paso se jugaba la vida y la hacienda.*

Fortunata, pues, soporta "con resignación todas la vicisitudes" y "la cátedra de sacrificios y de austeridades" que le ha tocado vivir. A su vez, y en consonancia con esto, la noble señora tucumana es poseedora de las virtudes de frugalidad y sencillez. Cornelia, por su parte, es admirada por la dignidad con la que vive el duelo tras la muerte de sus dos hijos varones. Como señala Dixon, "she endured what was considered to be the most tragic blow of fate –the death of adult children among the most promising men of their generation– without self-pity or loss of control" (2007: 53), algo que los romanos admiraban enormemente como mérito personal.

En ese sentido, enormemente ilustrativo resulta este fragmento de Plutarco:

> Cornelia se cuenta que *soportaba todas sus desgracias con nobleza y grandeza de ánimo* [...]. [E]l mayor asombro lo causaba *recordando a sus hijos sin lamentos ni lágrimas*, relatando sus sufrimientos y hazañas a quienes le preguntaran como si trataran de personajes de tiempos remotos. De ahí que a algunos les pareciera que la vejez o la enormidad de sus males la habían privado de la razón y la habían vuelto insensible a las

desgracias, cuando en verdad eran ellos los que no se daban cuenta de hasta qué punto *de un origen noble y de un buen nacimiento y educación se sigue provecho para los hombres también en la desdicha,* y de que si a menudo la fortuna triunfa sobre la *virtud*, que vigila los males, no la priva, una vez caída, de *sufrir la desgracia con sensatez* (Tib. – G. Graco, 40: 457, 458).

Efectivamente, la *matrona* romana no solo ha soportado con entereza la muerte de sus hijos Tiberio y Gayo, sino también la del resto de sus hijos (con excepción de su hija Sempronia) y su marido, llevando además una viudez virtuosa en todos los sentidos.

Por otro lado, también sería interesante notar que ambas historias transcienden el ámbito familiar y se convierten en patrimonio de la sociedad.[14] A partir de aquí, es posible observar cuán problemática se torna la división tajante entre las esferas de lo público entendido como espacio masculino, y la esfera de lo privado como ámbito de acción de lo femenino, ya que muchas veces se nos presentan como espacios fronterizos de límites difusos.

La noción de heroísmo en la biografía de Fortunata aparece, a nuestro modo de ver, asociada a ese espacio de transición entre la esfera de lo público y lo privado. Esto es así en la medida que las mujeres se desenvuelven en la arena pública haciendo gala de sus virtudes privadas. Además, este tópico da cuenta de la voluntad de construcción de una épica para el Norte Argentino.

> Transcurrida su infancia entre los episodios que promovieron la *Revolución de Mayo*, se diría que ellos reflejaron en su espíritu ese glorioso romanticismo de la madre de los Gracos y acuñaron en su carácter esa entereza singular que hace factibles todos los heroísmos.

---

[14] El gesto de incluir a Fortunata en la "galería de próceres tucumanos y tucumanos ilustres" da cuenta de ello.

Profundamente significativo es, a su vez, el párrafo final de la biografía de Fortunata: "Esta *noble matrona, ejemplo singular de virtudes cívicas y privadas*, falleció el año 1870. Había nacido en Tucumán en el año 1802". La señora de García es, así, poseedora de virtudes cívicas y privadas, conjuga en su figura la ejemplaridad a nivel público y personal. A su vez, la *matrona* tucumana había manifestado, desde pequeña, su preocupación por el porvenir de la patria. La idea de "niña predestinada" es central para pensar la configuración de un mito que trace vínculos dialógicos con la tradición clásica, recuperando una tradición funcional para la construcción de una identidad política propia, y ubicando a la mujer en su lugar "ancestral y natural", vinculándolo con un espacio de grandeza legendaria que se remonta a la Antigüedad clásica.

Al mismo tiempo, establecer modelos ejemplares también pone de manifiesto que el tratamiento de estas figuras singulares difiere del común de las mujeres, que se caracterizan por la *imbecilitas* propia del sexo femenino:

> Y en la época más bella de la existencia femenina, en esos años primaverales en que los ensueños pueblan de alondras líricas las cabecitas soñadoras de las jóvenes, esta *niña predestinada* tenía ya el *corazón desgarrado y el pensamiento entristecido por las perspectivas sombrías que se acumulaban en el horizonte de la patria.*

En ese punto podríamos preguntarnos, a la manera de las feministas, si efectivamente *lo personal es político*. A lo largo de la historia se ha insistido en dejar a las mujeres fuera de la dinámica de la *polis*, sin caer en la cuenta de que el hecho de dotar de hijos al marido y al Estado, y educarlos siguiendo un modelo que reproduzca el *status quo* (en estos casos, de una sociedad oligárquica y patriarcal), es una tarea profundamente política. Tanto es así que los romanos tenían la costumbre de atribuir las desgracias públicas a la inmoralidad femenina (Pérez Sánchez, s/f: 38), demostrando que la conservación de la moral femenina pasa a ser un asunto de interés público.

Esta idea podría dar cuenta, a su vez, de cómo se entendía el Estado en la Antigüedad clásica: la unidad política era percibida, desde Aristóteles, como producto natural formado por la unión de familias. La familia es concebida como la unidad básica de la sociedad o, como afirma Patrocelli, "quale nucleo, struttura portante dell'organizzazione sociale romana" (1994: 23). El pasaje de la *domus* a la *Urbs* tendría así a la mujer como intermediaria. En todo caso, la división entre ámbitos público y privado sería demasiado simplista. De entenderla en términos estrictos ignoraríamos la incidencia de las mujeres en el ámbito público, y el efectivo ejercicio del poder del *pater* en el ámbito doméstico.

En conclusión, Cornelia y Fortunata son caracterizadas como mujeres que sintetizan todas las virtudes, a través de una estrategia de desplazamiento movilizada por la biografía, que nos permite hacer extensivas a Fortunata todas las virtudes de Cornelia. Así, ambas se construyen como *univirae*, *matres doctae*, *piissimae*, *dolorosae* y *pudicae*.

Al mismo tiempo, podemos hablar de lo que Maíz define como "funcionalización política de la tradición" (2000: 106, 107). La Generación del Centenario elabora una tradición selectiva funcional a sus intereses políticos. Tanto Cornelia como Fortunata son figuras elaboradas políticamente y orientadas a fines específicos. Para Dixon Cornelia no era solo una mujer de carne y hueso, sino que se trata de un constructo público, una amalgama de otras construcciones conscientes y políticamente orientadas (2007: 97).

De esta manera, creemos en esta oportunidad que la oligarquía argentina consideró el episodio pasado de manera ejemplar, al menos en dos sentidos: extrayendo de él las confirmaciones del presente, a modo de ejemplo; y haciéndolo funcionar como guía de acción con proyección a futuro, a través de la elaboración de *exempla*. Sobre ellos profundizaremos en el siguiente apartado.

## b) Parte 2: cuerpo del texto (narración)

Tanto las fuentes clásicas como la bibliografía específica sobre Cornelia (Barnard, 1990; Patrocelli, 1994; Dixon, 2007; Irigoyen, 2009; Álvarez Espinoza, 2012; Casamayor Mancisidor, 2015, 2016) insisten en analizar su vida a partir de anécdotas fundamentales. De la misma manera, la biografía de Fortunata García de García incluye dos relatos, que dotan de sentido heroico la vida de la mujer. Son esos eventos centrales los que le abren la puerta de la Historia y le permiten proyectarse más allá del ámbito privado.

Consideramos que estos relatos forman parte de la construcción de una mitología femenina, que tiene como objetivo principal el mantenimiento y la perpetuación de un orden oligárquico y patriarcal. Las dimensiones de clase y de género se imbrican mutuamente en estos relatos, para generar un modelo de mujer ejemplar digno de ser imitado. En ese sentido, la anécdota se configura como un relato que selecciona uno o varios eventos con valor metonímico. Se trataría de acontecimientos que resumen y dan sentido a la vida de estas mujeres, y de los cuales se desprenden una serie de virtudes que deben ser imitadas. La anécdota, así, posee una función pedagógica moral, social y política: transmite una serie de valores considerados patrimoniales por una clase social en una determinada coyuntura histórica. Se trata de relatos que oscilan entre el mito y la historia, transmitidos originalmente de manera oral con el objetivo de educar a los ciudadanos en el fervor patriótico, y que dan cuenta de la importancia de la mujer en la difusión del *mos maiorum*.

Las anécdotas que las fuentes cuentan de Cornelia pueden dividirse, como lo hace Dixon (2007), en función de las diferentes etapas de la vida de la *matrona*. En ese sentido, podemos distinguir cinco momentos fundamentales con sus respectivas historias. A su vez, cada historia serviría como ejemplo ilustrativo de las virtudes que se esperan de una *mater* y que hemos desarrollado en el apartado anterior.

*1) La juventud y el compromiso con Tiberio Graco*

Según Dixon, podemos incluir esta anécdota dentro de la serie "historias de reconciliación política" (2007: 30). En efecto, el matrimonio entre Cornelia y Tiberio sirvió para zanjar una disputa política entre las familias de ambos (Dixon, 2007; Casamayor Mancisidor, 2015). Leemos en Plutarco:

> Tiberio Graco [...] todavía gozaba de una fama brillante gracias a su virtud. Por eso, se le consideró digno de tomar como esposa a Cornelia, hija del vencedor de Aníbal, Escipión, tras la muerte de este, aunque no era amigo suyo sino adversario (*Tib. – G. Graco*, 1: 415).

La mujer aparece aquí como solucionadora de conflictos y como factor de reconciliación y recuperación de lazos sociales. Resaltan, en ese sentido, los valores de *pietas* y *pudicitia*.

*2) La maternidad: "hijos vs. joyas"*

Valerio Máximo, en *Hechos y dichos memorables* (IV, 4), introduce la siguiente historia sobre Cornelia, en un apartado titulado "Sobre la pobreza":

> En un libro de anécdotas escrito por Pomponio Rufo hemos leído que las mejores joyas para una madre son los hijos. Pues bien, se dice que cuando a Cornelia, la madre los Gracos, una matrona de Campania que estaba hospedada en su casa le mostró sus joyas como si fueran las más bellas de la época, Cornelia la entretuvo con su charla hasta que sus hijos regresaron de la escuela y, entonces, le dijo: "Éstas son mis joyas" (2003: 294-295).[15]

---

[15] Las citas de Valerio Máximo corresponden a la traducción de Santiago López Moreda, M. Luisa Harto Trujillo y Joaquín Villalba Álvarez (2003). La paginación indicada obedece a dicha edición.

Consideramos, siguiendo a Dixon, que "the story served in the ancient world to illustrate her devotion to her children and her virtuous indifference to feminine fripperies and decadent badges of wealth" (2007: 31). Resaltan, entonces, la *frugalitas* de la matrona, y el amor incondicional de madre.

*3) El matrimonio: las serpientes y el amor conyugal*

> Tiberio Graco, cogidas en su casa una serpiente macho y una hembra, se enteró por un adivino de que, si liberaba al macho, moriría su esposa rápidamente, y si soltaba a la hembra sería él quien fallecería. Ante eso, eligiendo la parte del augurio favorable para su mujer y no para él, ordenó que mataran al macho y que soltaran a la hembra, después de lo cual se sentó a esperar su propia muerte mientras observaba la muerte de la serpiente. De este modo, no sé si creer que Cornelia fue más feliz por haber tenido un esposo semejante, o más desgraciada por haberlo perdido (Val. Máx., IV, 6: 307-308).

En esta historia, Valerio Máximo construye un ejemplo de amor conyugal[16] encarnado en la pareja de Tiberio Graco y Cornelia. Con su sacrificio, Tiberio permite a Cornelia cumplir con sus deberes de madre de manera magistral, garantizando una buena educación para sus hijos. También Plutarco hace referencia a este hecho memorable y, como mencionamos anteriormente, le resulta funcional para alabar la labor de Cornelia como educadora de sus hijos, al afirmar que "no pareció una mala elección el que Tiberio hubiera optado por morir en vez de una mujer tal" (*Tib. – G. Graco*, 1: 416).

---

[16] Entendido como afecto, fidelidad y dedicación al esposo/a, y no como amor romántico.

*4) Su participación política: cartas y conspiraciones*

Son varios los hechos que darían cuenta de la participación de Cornelia en la arena pública, pero estos eventos aparecen teñidos de dudas e incertezas en las fuentes, a diferencia de los demás episodios relatados.

Por ejemplo, Plutarco afirma que "algunos también hacen copartícipe a Cornelia" (*Tib. – G. Graco*, 8: 423-424) en el intento de Tiberio, tribuno de la plebe, de instaurar una nueva ley agraria, favorable a los sectores populares y contraria a los intereses de la oligarquía.[17] El mismo autor cuenta que la intervención de Cornelia hace que su hijo Gayo desista en su intento de desplazar a Octavio de su cargo, perdonándole la traición que había cometido contra su hermano mientras él aún vivía (*Tib. – G. Graco*, 25: 443). Finalmente, en el apartado en el que Plutarco relata la muerte de Gayo, insinúa que incluso Cornelia habría participado en la oposición al cónsul, hecho que acabaría con la muerte de su hijo:

> En este punto se dice que incluso su madre se le unió en la sedición, pagando secretamente a extranjeros y enviándolos a Roma como si fueran segadores. Efectivamente eso estaba escrito de manera velada en sus propias cartas a su hijo. Otros, en cambio, dicen que todo esto sucedió con la oposición de Cornelia (*Tib. – G. Graco*, 34: 451-452).

Por su parte, Cornelio Nepote, en su obra titulada *De viris illustribus*, incluye fragmentos de cartas (las mismas de las que habla Plutarco) que supuestamente habría escrito Cornelia para Gayo. En ellas se supone que la *matrona* intenta persuadir a su hijo de no continuar con las políticas reformistas iniciadas por su hermano Tiberio, ya que los enemigos eran muchos, poderosos e intentarían acabar con su vida. Así, Cornelia pondría de manifiesto una enorme

---

17 Sobre las reformas graquianas, ver Jose Luis Romero (2012).

inteligencia y una enorme capacidad de cálculo político, al tiempo que muestra un espíritu mesurado y equilibrado en relación con las políticas radicales impulsadas por sus hijos.

## 5) Una viudez virtuosa

Muerto su esposo, Cornelia decidió permanecer viuda durante el resto de su vida, retirándose a su villa de Campania y rechazando la oferta de matrimonio de Tolomeo VIII, el mismísimo rey de Egipto (*Tib.* – *G. Graco*, 1: 416), lo que le hizo encarnar el ideal de *univira*. Además de encargarse de la educación de sus hijos y de soportar con enorme dignidad su muerte, la *matrona docta* convirtió su villa en un centro cultural, donde recibía todo tipo de visitas y participaba de discusiones culturales.

Si ponemos atención ahora en la vida de Fortunata García de García, notamos que esta recorre casi la totalidad del siglo XIX, un siglo sumamente conflictivo y fundamental para la conformación del Estado nacional argentino. A través de dos anécdotas se construye la figura de Fortunata ligada a una historia de Tucumán en tanto urbe, ciudad cosmopolita y centro de conflictos y hazañas políticas dignas de recordar.

La primera anécdota incluida en la biografía de doña Fortunata es la más conocida y da cuenta del gesto piadoso que coloca su nombre en la historia. Inicia cuando en Tucumán "cundió [...] la aterradora nueva del sacrificio de Marco Avellaneda, el bello Aquiles tucumano", cuya "personalidad ateniense" constituía "una cara esperanza de la patria". Marco Avellaneda era líder de la Coalición del Norte contra el gobierno de Juan Manuel de Rosas. Fue vencido y decapitado en Metán en octubre de 1841, ganándose el epíteto de "mártir de Metán".

Podemos observar, en primer lugar, que la recuperación de la memoria y la elaboración de una tradición selectiva también funcionan en el plano del género discursivo. Esto nos permitiría, en última instancia, pensar en cómo se narra la historia de las mujeres, teniendo en cuenta que son pocas –o inexistentes– las fuentes en las que las mujeres son el sujeto de la enunciación: suelen ser protagonistas al nivel del enunciado en historias contadas por hombres, que vacilan, como dijimos anteriormente, entre lo legendario y lo histórico. Los autores del *Álbum* parecen tenerlo claro, en tanto que hablan de la historia en esos términos cuando afirman, en el marco de la historia relatada anteriormente, que "la *leyenda* dice que el coronel Carballo ayudó eficazmente a doña Fortunata en su peligrosa y abnegada empresa". Esto podría hacernos pensar que realmente no interesa la veracidad en términos estrictos y objetivos, sino que los relatos sobre estas mujeres funcionan en un nivel ideológico, dirigidos hacia la producción, mantenimiento y oficialización de determinados valores y sentidos sociales.

La hazaña aparece relatada en la biografía de doña Fortunata de la siguiente manera:

> La cabeza del mártir, separada del cuerpo, había sido elevada en un poste infamante, colocado en la parte más despejada de la plaza principal. Fue entonces que doña Fortunata García de García *inmortalizó su nombre en el heroísmo*. A la caída de la tarde, en la hora crepuscular en que las sombras diluyen en siena el oro prematuro con que el sol muriente dora las copas de los árboles, *la noble patricia*, acompañada de sus dos hermanas, apareció en la plaza, avizoró entre las sombras, se acercó al poste, arrancó la cabeza del mártir y huyó envolviendo el fúnebre despojo en un pañuelo de espumilla, siendo depositada poco después en manos de fray Agustín Romero, Prior del Convento de San Francisco, la mutilada cabeza del doctor Avellaneda.

Se destacan en este primer relato el heroísmo y la piedad de la Señora de García, mientras que se insiste en su nobleza y en los vínculos con la tradición clásica latina y con la nobleza romana, con el apelativo de "noble patricia". Podemos afirmar, así, que la recuperación de genealogías clásicas permite dotar de grandeza al linaje hispánico al que pertenece doña Fortunata, al tiempo que consolida una mirada tradicional y patriarcal de la figura femenina.

Llama la atención que en la nota necrológica publicada en 1870 por el diario local *El Nacionalista* este hecho fundamental no se mencionase. En cambio se insiste en que

> esta señora, estimable en todo sentido, era el consuelo de muchos menesterosos, porque a su piedad la ejercitaba especialmente con ellos y jamás ninguno salió desconsolado de su lado. No era ésta sin embargo su única virtud, porque era innata en ella la de un patriotismo inimitable [...]. La provincia, pues, ha perdido un corazón siempre lleno de entusiasmo por la libertad; la sociedad, una buena amiga y una excelente madre de familia; sus parientes, un miembro afectuoso y leal.[18]

En la nota, es evidente la insistencia en los valores propios de la *matrona*, permitiéndonos trazar líneas de continuidad con la cultura latina incluso en este texto perteneciente a la década de 1870, un poco más de treinta años antes de la publicación del *Álbum del Centenario*.

En la segunda anécdota podemos encontrar vínculos más intensos en el plano temático con los episodios de la vida de Cornelia, en particular en relación con aquellos que se refieren al rol político de la madre de los Gracos. Parece ser que Fortunata García de García, en el marco del conflicto con el gobierno de Rosas, participa de una conspiración organizada por los exiliados políticos de Tucumán (entre los que se contaba su marido):

> Otro acto de doña Fortunata García de García ha pasado, también, a la posteridad. Los patriotas emigrados trataban de recuperar a Tucumán y fue enviado don Pacífico Rodríguez con varias comunicaciones destinadas a los que aún

---

[18] Paéz de la Torre, C. (h) (10 de septiembre de 2013). "La Heroína Fortunata". *Diario La Gaceta*, Tucumán.

pertenecían a la ciudad. Perseguido, apenas llegó deposita las cartas en manos de la señora de García, y ambos son presos, junto con las hermanas de esta. Se los intimida, se les ordena que entreguen la correspondencia; niegan ambos el hecho de que existan y mientras los verdugos azotan a don Pacífico, doña Fortunata se traga los papeles, salvando así a todos los comprometidos en la conspiración.

Es interesante notar, además, que tanto Cornelia como Fortunata se caracterizan por estar solas al cuidado del hogar y de la familia, mientras el padre –*paterfamilias*– está ausente: uno por muerte, el otro por exilio político. La ausencia de sus maridos no solo da cuenta de la entereza de estas mujeres para sobrellevar las situaciones adversas y la dignidad con la que cumplen con su deber de madres, sino que las habilita a participar de la vida pública, bajo el rol que Lerner (1990: 120) denomina "esposa suplente", es decir, de mujeres que asumen el papel público en beneficio o en reemplazo de su esposo. Ejemplo de esto es esta última anécdota.

Las historias sobre Fortunata dan cuenta sobre todo de sus virtudes cívicas; es decir, de una participación política teñida de patriotismo y valentía, pero que se mantiene dentro de los límites aceptados para una mujer, sin ignorar ninguna virtud privada del catálogo expuesto anteriormente, y que destacan en los enunciados descriptivos, elaborados a partir de la comparación con la figura de Cornelia Graco.

De tal suerte se hace evidente, como ya señalamos, que la memoria de los discursos pasados efectivamente deja huellas materiales en los discursos. Esto supone, como afirma Montero (2013: 7), que todo discurso reactiva, evoca, recupera, resignifica y reelabora temas, consignas, representaciones e imaginarios (materializados en *topoï* –principios argumentativos y lugares comunes– y modos de decir: un "stock semántico y pragmático", en palabras de Paveau (2013, cit. por Montero), que pueden rastrearse en el pasado, en otras coyunturas históricas.

A su vez, estas memorias discursivas se configuran como "intentos más o menos conscientes de definir y forzar sentimientos de pertenencia, que apuntan a mantener la cohesión social y a definir fronteras simbólicas" (Montero, 2013: 11, citando a Jelin, E., 2002), generando una dialéctica entre memoria e identidad. Estos discursos generan actos de identificación, transmitiendo un modelo ético y reglas de conducta acordes con los intereses de clases y con una actitud defensiva frente al ingreso de población extranjera.

En ese sentido, la elaboración de una tradición selectiva implica no solo la selección de hechos y personajes significativos, sino también la construcción de sentidos y valoraciones en torno a esos sujetos y momentos históricos. En la historia de Fortunata podemos notar que los acontecimientos de la Revolución de Mayo se valoran positivamente. De la misma manera, aparece como central la figura de Marco Avellaneda, héroe tucumano[19] digno de ser opuesto a la figura de Juan Manuel de Rosas, percibido como un tirano, contrario a los ideales liberales que formaban parte del horizonte ideológico hegemónico en el Centenario.

Es importante mencionar que la madre de los Gracos aparece como figura ejemplar en el momento de resquebrajamiento de la República romana y del poder de la oligarquía.[20] Roma, a su vez, estaba en medio del proceso de expansión que culminaría con la construcción del Imperio. Estos años, denominados tardorrepublicanos (Casamayor Mancisidor, 2015: 4), constituyen una coyuntura histórica muy particular, atravesada por múltiples transformaciones en todos los niveles de la vida social. En ese contexto, algunas mujeres comienzan a transgredir las normas preestablecidas y el *mos maiorum*. Incluso si no parece posible poder hablar de emancipación femenina, esas nuevas libertades

---

[19] También M. Avellaneda se construye como una figura mítica a través de la referencia a un héroe de la mitología clásica. Se habla de él, en el marco de la biografía de Fortunata, como el "Aquiles tucumano".

[20] Los Gracos, Tiberio y Gayo, son protagonistas en ese proceso.

eran interpretadas por las clases dirigentes en términos de decadencia moral. En ese contexto, la exaltación de las matronas[21] adquiere una enorme relevancia para el mantenimiento de valores tradicionales, y Cornelia se convierte en modelo de conducta y en un ícono con enormes implicancias simbólicas que atraviesa incluso el período del Imperio, sobre todo durante el gobierno de Augusto.

Por su parte, Tucumán desde 1870, año en que muere Fortunata, era protagonista de grandes cambios. Como afirma Perilli de Colombres Garmendia (2012: 13), el progreso tecnológico había modificado las estructuras sociales y morales de una sociedad asentada en las seculares normas imperantes en la colonia y transmitidas desde el severo ámbito familiar.

Esto nos permite pensar que, en momentos de crisis, asistimos a un despliegue de estrategias simbólicas de autolegitimación por parte del orden hegemónico. Consideramos que tanto Cornelia como Fortunata funcionan en ese sentido para sus respectivos contextos de circulación.

## A modo de conclusión

A lo largo de este trabajo hemos intentado demostrar cómo la biografía de Fortunata García de García en *Álbum General de la Provincia de Tucumán...* forma parte de una tradición selectiva al tiempo que la elabora, y que a su vez reelabora y se apropia de motivos y personajes clásicos para dotar de grandeza a la mitología propia. A su vez, da cuenta del importante papel de los relatos míticos como mecanismo de control social en el marco del Centenario de la Independencia en Tucumán. Como afirma Williams (2000: 138), la hegemonía tiende a la afirmación retrospectiva de valores

---

[21] Otras matronas ejemplares son Lucrecia, Horacia, Virginia, Claudia, Marcia y Sempronia.

tradicionales cuando se percibe como amenaza lo "contemporáneo" o la "innovación". El Centenario construye, como vimos anteriormente, un nacionalismo basado en la xenofobia, y utiliza la tradición para ratificar un orden contemporáneo desde el punto de vista histórico y cultural.

De esta manera, este análisis nos permite ver que no solo los estereotipos que desvalorizan a las mujeres funcionan como instrumentos legitimadores de un sistema de dominación, sino también que la configuración de un estereotipo de *mater* ejemplar genera efectos simbólicos y sustenta un sistema de dominación oligárquico y patriarcal.

En ese sentido, coincidimos con de Lauretis (1989), quien afirma que el género es tanto una construcción sociocultural como un sistema de representación que asigna significados (identidad, valor, prestigio, posiciones en la jerarquía social, etc.) a los individuos en la sociedad. Para esta autora, la construcción del género se realiza a través de *tecnologías de género* y de discursos institucionales, entendidos, en términos foucaultianos, como dispositivos de poder, que poseen la capacidad de controlar el campo de significación social. En ese contexto, podríamos arriesgarnos a afirmar que la biografía de doña Fortunata García de García constituye en sí misma una tecnología del género, que permite dar cuenta de las tensiones de poder en el seno de los procesos culturales y observar cómo esos discursos producen, promueven e implantan representaciones y estereotipos de género desde una lógica binaria y falocéntrica (Palacios, 2014: 94).

Esos mandatos de género construyen identidades y atraviesan la normativa moral que rige las conductas de los sujetos, las relaciones sociales, la transmisión y la distribución del poder. Podemos recordar aquí las esferas de praxis en donde las mujeres tienen protagonismo dentro del *Álbum del Centenario Tucumano*: la Sociedad de Beneficencia, la educación y el "Tucumán Social". Así, a cada ámbito de acción podríamos asociarle un mandato o rol asignado a las mujeres, a saber, las tareas de cuidado, la reproducción de los valores sociales, y el mantenimiento de lazos sociales desde una perspectiva apolítica y frívola.

Habría que preguntarse, finalmente, por qué a la Generación del Centenario le interesa recordar a las mujeres su lugar tradicional, en un momento en el que empiezan a cristalizarse los reclamos del incipiente movimiento feminista en Argentina, que ya entonces reclamaba por derechos sociales y políticos para las mujeres, sumándose a la oleada sufragista iniciada anteriormente en Europa y Estados Unidos. En efecto, la modernización iniciada con la Revolución Industrial implica, entre otras cosas, la incorporación de las mujeres al sistema productivo. A su vez, desde 1870 el movimiento sufragista se expande, y comienza a obtener el voto femenino a partir de 1918 en los países europeos, y en 1920 en Estados Unidos.[22] Las mujeres argentinas conquistarán este derecho recién en el año 1947.

Por último, hemos intentado mostrar cómo la dimensión de género nos permite revisar la historia desde el punto de vista de las mujeres, abriendo el campo a nuevos fenómenos dignos de ser investigados y nuevas dimensiones de comprensión de la realidad.

---

[22] En Argentina, Alicia Moreau de Justo es una figura central para el movimiento. En 1902, junto a un grupo de compañeras, inaugura el Centro Socialista Feminista y la Unión Gremial Femenina. En 1906 fundó el Movimiento Feminista, mientras que en 1920, participó en la creación de la Unión Feminista Nacional (UFN) con el fin de unificar las distintas organizaciones feministas que existían en ese entonces. Para 1918, ya había fundado la Unión Feminista Nacional, continuando su labor política a lo largo de toda su vida. Impulsa, a su vez, un primer proyecto de ley para el sufragio femenino, que solo llegará a ser discutido en el Congreso por la intervención de Eva Duarte de Perón.

## Referencias bibliográficas

### Fuentes clásicas

Cornelio Nepote (1985). *Vidas* [Introducción, traducción y notas de M. Segura Moreno. Traducción revisada por J. Higueras Maldonado]. Madrid: Gredos.
Plutarco (2010). *Vidas paralelas. VIII. Foción – Catón el Joven. Demóstenes – Cicerón. Agis – Cleómenes. Tiberio – Gayo Graco* [Introducciones, traducción y notas de C. Alcalde Martín y M. González González. Traducciones revisadas por J. M. Guzmán Hermida y P. Ortiz García]. Madrid: Gredos.
Valerio Máximo (2003). *Hechos y dichos memorables. Libros I-VI* [Introducción, traducción y notas de S. López Moreda, M. L. Harto Trujillo y J. Villalba Álvarez. Traducción revisada por E. Lázaro García]. Madrid: Gredos.

### Fuentes del Centenario

*Álbum General de la Provincia de Tucumán en el Primer Centenario de la Independencia Argentina* (1916). Buenos Aires.

### Bibliografía

Ale, M. C. (2017). "Notas sobre el arte clásico: la representación del desnudo y el ambiente cultural (1910-1930)". En E. Perilli de Colombres Garmendia (comp.), *Historia y cultura 2: investigación histórica: Tucumán y el noroeste argentino*. Tucumán: Centro Cultural Alberto Rougés, Fundación Miguel Lillo, pp. 4-32.
Altamirano, C. y Sarlo, B. (1997). "La Argentina del Centenario: campo intelectual, vida literaria y temas ideológicos". En C. Altamirano y B. Sarlo. *Ensayos argentinos. De Sarmiento a la vanguardia*. Buenos Aires: Ariel, pp. 161-200.

Álvarez Espinoza, N. (2012). "Una aproximación a los ideales educativos femeninos en Roma: *Matrona docta/Puella docta*". *Káñina, Revista Artes y Letras*, XXXVI (1), Universidad Costa Rica, pp. 59-71.

Barnard, S. (1990). "Cornelia and the women of her family". *Latomus*, n° 49, pp. 383-392.

Butler, J. (2007). *El género en disputa. El feminismo y la subversión de la identidad.* Barcelona: Paidós.

Casamayor Mancisidor, S. (2015). "*Casta, pia, lanifica, domiseda:* modelo ideal de la feminidad en la Roma Tardorrepublicana (ss. II-I AC)". *Ab Initio*, n° 11, pp. 3-23.

–– (2016). "Mujer y memoria en la Roma Republicana: Cornelia, *matrona* ejemplar". *Actas del VIII Congreso Virtual sobre Historia de las Mujeres.* Recuperado el 19 de noviembre de 2017 de <https://goo.gl/p2CKba>.

Cid López, R. M. (2014). "El género y los estudios históricos sobre las mujeres de la Antigüedad. Reflexiones sobre los usos y evolución de un concepto". En *Revista de Historiografía 22*, pp. 25-49.

Courtine, J. J. (1981). "Analyse du discours politique". *Langages*, n° 62. Resumen y traducción de Saint-Pierre, M. C. Recuperado el 28 de noviembre de 2017 de <https://goo.gl/gnE7YE>.

De Lauretis, T. (1989). *Technologies of Gender. Essays on Theory, Film and Fiction.* Bloomington and Indianapolis: Indiana University Press.

Domínguez, M. C. (2016). "Un diálogo con la tradición clásica latina en la Argentina del siglo XIX: Continuidades y rupturas". *Anclajes*, n° *20* (2), pp. 17-32. Recuperado el 25 de noviembre de 2017 de <https://goo.gl/tx8adS>.

Dixon, S. (1990). *The Roman Mother.* Londres-Nueva York: Routledge.

–– (2007). *Cornelia. Mother of the Gracchi.* Londres-Nueva York: Routledge.

Irigoyen, M. (2009). "Cornelia, una matrona ejemplar". México: UNAM. Recuperado el 19 de noviembre de 2017 de <https://goo.gl/QPQZeH>.

Lerner, G. (1990). *La creación del patriarcado*. Barcelona: Crítica.
Leite, J. D. y Alferes, S. C. (2010). "(Im)Possibilidades de efeitos da memória na reprodução de discursividades". En N. Milanez *et al.* (orgs.). *Entre o discurso e a memória*. São Carlos: Claraluz, pp. 1-24.
López Huget, M. L. (2006). "Consideraciones generales sobre los conceptos de *patria potestas, filius, pater,* y *materfamilias:* una aproximación al estudio de la familia romana". *Redur,* n° 4, pp. 193-213.
Maíz, C. (2000). "La Argentina de fiesta. El discurso literario frente al Centenario. Un punto de fuga". *Cuyo. Anuario de Filosofía Argentina y Americana*, n° 17, pp. 105-116.
Martínez Zuccardi, S. (2015). "El Centenario de la Independencia y la construcción de un discurso acerca de Tucumán: proyectos y representaciones". *Prismas, Revista de Historia Intelectual*, n° 19, pp. 67-87.
Montero, A. S. (2013). "Memoria discursiva e identidades políticas. Huellas y relatos del pasado reciente en el discurso político contemporáneo". Recuperado el 20 de noviembre de 2017 de <https://goo.gl/9DcAXT>.
Paéz de la Torre, C. (h) (10 de septiembre de 2013). "La Heroína Fortunata". *Diario La Gaceta*, Tucumán. Recuperado el 21 de noviembre de 2017 de <https://goo.gl/rdp68L>.
Palacios, J. (2014). "Miradas romanas sobre lo femenino: discurso, estereotipos y representación". *Asparkía*, n° 25, pp. 92-110.
Palomar Verea, C. (2005). "Maternidad: historia y cultura". *Revista de estudios de género. La Ventana*, n° 22, pp. 35-67.
Patrocelli, C. (1994). "Cornelia, la matrona". En Fraschetti, A. (a cura di), *Roma al femminile*. Roma: Laterza, pp. 21-70.
Pérez Sánchez, L. (sin fecha). *La mujer en la Antigüedad: su condición a través de la literatura*. Recuperado el 3 de noviembre de 2017 de <https://goo.gl/sJg3t5>.

Perilli de Colombres Garmendia, E. (1997). "Una extendida moda editorial: los álbumes". En M. F. Aráoz de Isas et alt., *La Cultura en Tucumán y en Noroeste Argentino en la primera mitad del siglo XX*. Tucumán: Centro Cultural Alberto Rougés, Fundación Miguel Lillo, pp. 83-92.

Perilli de Colombres Garmendia, E. y Romero, E. E. (2012). *Un proyecto geopolítico para el noroeste argentino: los intelectuales del centenario en Tucumán*. Tucumán: Centro Cultural Alberto Rougés, Fundación Miguel Lillo.

Perilli, C. (2010). "La patria entre naranjos y cañaverales. Tucumán y el Primer Centenario". *Revista Pilquen*, Sección Ciencias Sociales, Dossier Bicentenario, año XII, n° 12, pp. 1-9.

Quinziano, F. (2013). "Manuel Gálvez: La Argentina del Centenario y la 'nueva raza latina'". *Rilce*, n° 18. I (2002), pp. 87-92. Biblioteca Cervantes Virtual. Recuperado el 19 de noviembre de 2017 de <https://goo.gl/fE25ne>.

Romero, J. L. (2012). *Estado y sociedad en el mundo antiguo*. México: Fondo de Cultura Económica.

Scott, J. W. (1990). "El género: una categoría útil para el análisis histórico". En J. S. Amelang y M. Nash (coords.). *Historia y género. Las mujeres en la Europa moderna y contemporánea*. Valencia: Alfons el Magnanim, pp. 23-56.

Thomas, Y. (1992). "La división de los sexos en el derecho romano". En G. Duby y M. Perrot (dir.). *Historia de las mujeres en Occidente. Tomo 1 (I). La Antigüedad*. Madrid: Taurus, pp. 115-179.

Williams, R. (2000). *Marxismo y literatura* (2a. ed.). Barcelona: Península.

# 5

# Los mitos griegos en los microrrelatos de Marco Denevi

RAMIRO GONZÁLEZ DELGADO

## Introducción

Los dioses y héroes de la mitología clásica siguen estando presentes en el mundo actual. Su pervivencia se refleja en el nombre de los días de la semana, el de los planetas, el de determinados productos y marcas, incluso el de distintos establecimientos públicos. Todos los géneros artísticos y literarios recrean historias mitológicas, a veces de forma más fidedigna, a veces más transgresora. Ya desde sus orígenes la literatura griega, la más antigua de las literaturas occidentales, nos cuenta unos mitos que se van adaptando a las diferentes circunstancias sociales, políticas y culturales. Poco a poco se fueron creando variantes míticas que diferían de una versión canónica, si es que la hubo y que a los estudiosos de la mitología nos viene muy bien (del mismo modo que los filólogos alejandrinos se vieron en la necesidad de contar con un texto de referencia para los poemas homéricos). Así, estas versiones canónicas de la mitología griega se pueden encontrar en autores helénicos, como Homero (por ejemplo las de Patroclo, Penélope...), Esquilo (las de Clitemnestra, Orestes...), Sófocles (las de Antígona, Filoctetes...), Eurípides (las de Medea, Fedra...), etc., y en latinos, como Virgilio (las de Orfeo y Eurídice, Eneas...) u Ovidio. Especialmente adquiere importancia este último por ser autor de *Metamorfosis*, donde se fijan ya muchos mitos para la posteridad, al igual que otros autores griegos de compendios mitológicos, como la *Biblioteca* atribuida a Apolodoro o los *Catasterismos* de Eratóstenes de Cirene. Para otros héroes se reconstruye su versión canónica a través de diferentes fuentes, como es el caso de Helena.

Los mitos griegos, como parte de ese legado clásico, están presentes en las literaturas modernas de todas épocas y culturas, incluso las más lejanas (su prestigio, influencia y actualidad hace que nos encontremos, por ejemplo, a héroes y dioses griegos protagonistas de mangas japoneses, o adaptados a otras razas con distinto color de piel, como Medeas u Orfeos negros). Los históricos manuales de tradición clásica de Curtius, Highet o Lida de Malkiel, o los más recientes editados por Hofmann, López Férez, Grafton o Kallendorf dan buena cuenta de ello y, actualmente, la pervivencia del mundo clásico constituye un campo de estudio académico interdisciplinar muy vivo. No en vano los mitos grecolatinos se encuentran en la literatura por doquier y su presencia en las literaturas españolas e hispanoamericanas es constante desde el momento de su formación. Todos los géneros literarios se ven afectados a través de diferentes cauces, como son la traducción, la imitación, la emulación, la alusión, la cita… Así, en este trabajo nos vamos a detener en un formato literario que, desde nuestro punto de vista, no deja de ser una variante cuantitativa del cuento:[1] el microrrelato. También los dioses y héroes griegos pululan por estas breves composiciones. Un buen ejemplo es la antología *Después de Troya*, editada por Serrano Cueto (2015), que lleva como subtítulo "microrrelatos hispánicos

---

[1] Roas (2008, 2010) revisa si estamos ante un género literario nuevo, como algunos críticos han tratado de reivindicar (el cuarto género narrativo: Valls, 2008, 2015; o Andres-Suárez, 2010: 77, entre otros), concluyendo que es un tipo de narración breve que no tiene un estatuto genérico propio.

de tradición clásica".[2] De los cuarenta y ocho autores que allí se incluían, entre los que se encuentran algunos de los mejores cultivadores del género, aparecía uno que ya entonces llamó nuestra atención y en cuya obra ahora vamos a analizar, desde el punto de vista de la recepción clásica, la presencia del imaginario mitológico griego: Marco Denevi.

## El autor y los microrrelatos

El argentino Marco Denevi (1920-1998) cuenta con una copiosa producción literaria (novelas, ensayos, obras teatrales, poesías, cuentos, traducciones...) que lo llevó poco a poco a gozar del favor del público y a ser conocido y reconocido como uno de los principales autores de la narrativa argentina –recibió varios premios literarios y, desde 1984, ocupó un asiento en la Academia Argentina de Letras–.[3] Sin embargo, la crítica académica ha prestado poca atención a su obra, al menos en vida, a pesar de que estamos ante uno de los escritores canónicos de microrrelatos,[4] como lo demuestra su presencia en las antologías que se realizan sobre este tipo de composiciones.

---

[2] Hemos reseñado esta obra (González Delgado, 2016) y ya allí apuntábamos la relación que el microrrelato tiene con el epigrama y con la *brevitas* y el *arte allusiva* de la literatura helenística. Estos textos ya cuentan con estudios de tradición clásica, como Flawiá y Assis (2008: 141-157), Pinton (2017) o Galindo (2017).

[3] Delaney (2006) muestra la biografía del autor y examina su producción literaria, calificándolo de "cuentista excepcional". Este autor fija su fecha de nacimiento en 1920, aunque en otros sitios figura 1921 (Lagmanovich, 1997: 65) y 1922 (Lagmanovich, 2006; Denevi, 2005; 2006).

[4] Lagmanovich (2006: 207-236; 2008: 42). En los años ochenta comienzan a aparecer algunos estudios académicos sobre estas breves composiciones, que tendrán auge ya en el siglo XXI, con monografías y congresos sobre el tema. Véase Andres-Suárez (2008; 2010: 19-23), así como también se detiene en sus diferentes denominaciones (2010: 25-31); cf. Lagmanovich (2006: 20-31).

Según Lagmanovich (2007: 54) el microrrelato, con raíces modernistas, se desarrolla a partir de la década de los cincuenta del siglo XX y, más que un género por derecho propio, es una suerte de epifenómeno de la narrativa breve, una forma particular de cuento que, en los últimos años, está estudiándose como un hecho distintivo de la prosa hispanoamericana contemporánea. Además de la brevedad, estos textos suelen tomar personajes tipo o de la tradición literaria (intertextualidad) y recurrir al humor (ironía, sátira, parodia, paradojas), al comienzo *in medias res* y al final abierto, sorpresivo e ingenioso. En busca de la originalidad, pueden ser fantásticos o realistas, con tramas sugerentes que tienden a un estado fragmentario. Así, el microrrelato representa un texto breve en el que conviven, a menudo, otros discursos y, en el caso que nos ocupa, la obra de Denevi, un juego literario en el que participan varios factores, como relaciones intertextuales o culturales.[5] Según Delaney (2006: 100), sus primeras experiencias con los microrrelatos se produjeron a partir de 1955, con la publicación de varios de ellos en periódicos y revistas, como *La Nación* o *El Hogar*. Respecto al contenido mítico, podemos decir que la mitología clásica despertaba en él interés y fascinación,

---

[5] Lagmanovich (2007: 41-43) trata de desentrañar las características generales de este tipo de construcciones narrativas y su posible clasificación: la brevedad (no especificada, pero aquella que el lector sienta como tal), prosa cuidada y ya, de forma general, aunque no se ajuste siempre a todo tipo de microrrelatos, la prosa bisémica, el humorismo escéptico que utiliza la paradoja, la ironía y la sátira, el rescate de formas antiguas (bestiario, fábula…) y la aplicación de formatos procedentes de los medios modernos de comunicación. Señala también como rasgos característicos su obligatoria vinculación con la naturaleza humana, su enfoque no generalizador (se centra en un evento o incidente individual), su marca del paso del tiempo (evita la intemporalidad) y la frecuente explotación de la distinción aspectual (56). Así los microrrelatos excluyen otras producciones discursivas breves como aforismos, greguerías, imitaciones de bestiarios medievales, ensayos breves, prosa publicitaria… Entre los tipos, distingue, al menos: a) reescritura y parodia (57-60); b) discurso sustituido (60-62); c) escritura emblemática (62-65). Andres-Suárez (2010: 49-67) señala también los rasgos distintivos del microrrelato, dejando claro que es un texto literario ficcional en prosa articulado en torno a la brevedad y a la narratividad.

pues ya está presente desde sus inicios como escritor. Así, sabemos que publicó en *El Hogar* un esbozo dramático para televisión titulado *Orfeo*,⁶ que junto a *La fiesta* y *La desconocida del sábado*, serían difundidas por el Canal 7 en el año 1957 (Delaney, 2006: 64). Al mismo héroe recurrirá en el relato "Orfeo no murió en Tracia" (en *Salón de lectura*, 1974); otro ejemplo es "La sonrisa de la Gorgona" (en *Reunión de desaparecidos*, 1977).⁷

Denevi publicó dos obras de microrrelatos, *Falsificaciones* y *El jardín de las delicias*, aunque en ellas no se encuentran todos los textos breves que escribió, pues algunos fueron eliminados, modificados o publicados en prensa o en diferentes libros.⁸ Nos vamos a detener en ellas con el propósito de rastrear la presencia y función del mito griego, ya que la primera es su obra ejemplar para este tipo de textos y la segunda es específicamente de asunto mítico. Como las elipsis, las falsificaciones y las referencias míticas y literarias son varias, veremos cada una de esas reescrituras con la intención de ir solventando esos problemas que llevaron a Pinton (2017) a considerar la necesidad de anotar los textos para una mejor comprensión (proponiendo ejemplos de edición). Nuestras anotaciones y comentarios contribuirán a ello.

---

6   *El Hogar*, Buenos Aires, 7 de febrero de 1958, pp. 19-21 y 64.
7   Previamente lo había publicado en el *Diario Clarín, Cultura y Nación*, Buenos Aires, 6 de abril de 1972.
8   Véase Delaney (2006: 190). Por su carácter heterogéneo, no vamos a considerar aquí *Parque de diversiones* (1970). Entre los eliminados, Lagmanovich (que consulta la tercera edición de la obra) cita "La vuelta de Odiseo", que no figura en Denevi (1984 y 2006): Ulises trata de contar su verdadera historia, pero es increpado por quienes se han deleitado escuchando su historia literaria por el "falso" Demodeno, que suplantaría al Demódoco que en *Od.* VIII canta la caída de Troya y hace llorar al propio héroe.

## Falsificaciones (1966-1984)

*Falsificaciones* se publicó por primera vez en Buenos Aires en 1966 por Eudeba; unos años más tarde sale otra edición por Calatayud-Dea editores (1969)[9] y casi una década después la tercera por Corregidor (1977); en 1984, con la publicación de las *Obras completas* de Denevi, Corregidor ofrece una edición aumentada y corregida (tomo IV), en la que elimina algunos textos y las fuentes apócrifas que aparecían al final de los microrrelatos[10] y que goza ya de varias ediciones.[11] Será esta la edición que vamos a manejar aquí (Denevi, 1984), a cuyas páginas remitimos entre paréntesis, y la que consideramos "definitiva", pues, como señala Delaney (2006: 82): "*Falsificaciones* es un libro del que Marco Denevi siempre se sintió especialmente orgulloso y que nunca se cansó de retocar y ampliar".[12] Esta obra, desde el punto de vista estructural y de modalidad de escritura, ha sido analizada, entre otros, por Lagmanovich (1999; 2007:

---

[9] Iba precedida de un prólogo atribuido a un falso vizconde de Saint Rocher, de la Academia Iliria.

[10] Este hecho lo llevará a incluir un último microrrelato, "Falsificación de las falsificaciones" (Denevi, 1984: 342): "Cuando, traducido por cierto Marco Denevi, este libro salió publicado en la República Argentina, los nombres de los autores habían sido eliminados y críticos y lectores, todos en la luna, atribuyeron las falsificaciones a su inverecundo traductor". La eliminación apócrifa no ha sido tenida en cuenta por Navascués (1999: 1063-1064), que analiza la obra como si nunca hubiesen existido.

[11] Hay ediciones que, bajo el mismo título y sin advertirlo, se encuentran incompletas, a pesar de tener el *copyright* de Corregidor (como Denevi, 2006, que ofrece solamente ochenta y tres textos de la de 1984, algunos con pequeñas modificaciones, más tres nuevos). En España la Fundación Municipal de Cultura de Cádiz publicó *Falsificaciones y otros relatos* (1999). Por todo ello, hay que ser cuidadosos y prestar atención a las ediciones manejadas de esta obra.

[12] Así, entre 1968 y 1979, según Delaney (2006: 123): "seguía produciendo más 'falsificaciones' que pensaba reunir en un libro titulado *Antología de autores anónimos*, lo cual no ocurrió, por lo que esos nuevos escritos fueron engrosando sucesivas reediciones de las originales *Falsificaciones*".

69-83), que define sus textos como "fragmentarios", no solo por su brevedad, sino también porque esos "fragmentos" componen el libro, señalando además que

> [...] la primera impresión es la de un amontonamiento de textos disímiles [...] casi todos, sumamente breves; muchos, tal vez la mayoría, de carácter narrativo. A veces, la atención se desplaza hacia lo ensayístico o aforístico; pero aun en estos casos suele haber un contexto de narración, por lo menos implícita, que ayuda a hacer comprensible el discurso (Lagmanovich, 1999: 67 = 2007: 71).

En *Falsificaciones* la intertextualidad se convierte en un elemento importante, pues toda reescritura no deja de ser una falsificación. En este sentido, el autor juega con la parodia, ya que su texto se nutre de otro anterior que pretende deformar o dar un nuevo punto de vista para provocar, al menos, comicidad. Como buenas falsificaciones, en la obra encontramos visiones de héroes míticos poco convencionales, como por ejemplo una Antígona malvada, que nada se parece a la muchacha piadosa del mito griego, o un Menelao que asesina a Helena. Como señala Juan Carlos Merlo en el prólogo a la obra:

> Los personajes y situaciones con los que se maneja en las "falsificaciones" no son otra cosa que una versión probable –y siempre arbitraria– de una "realidad" imaginada alguna vez por un autor. No son más que arquetipos sacralizados por el tiempo. Porque eso significa la palabra "arque-tipo", "modelo originario", "tipo primitivo". Por eso él, con similares derechos a los que ostentó el autor primero, vuelve a contar las cosas en versiones igualmente probables (Denevi, 1984: 13).

De las versiones canónicas míticas el autor nos dará un nuevo punto de vista, lecturas diferentes pero que pueden ser probables, de ahí las falsificaciones. Así, la edición manejada va precedida de una cita (auténtica) de Nietzsche en la que manifiesta la importancia para el arte de la reiteración, pues beneficia a un público capaz de apreciar la variedad de matices y que se adapta muy bien al contenido de la obra.[13] Ese público lector ha de tener, por tanto, una función activa y estar dispuesto "a colmar los vacíos de información y a convertirse en coautor del texto" (Andres-Suárez, 2010: 50).

De los ciento noventaiún microcuentos que componen *Falsificaciones* (Denevi, 1984), treinta y tres (17,28%) tienen como argumento principal situaciones y personajes de la mitología griega.[14] Vamos a ver cada uno de ellos según su orden de aparición:

### 1. Ariadna: "El sí de las niñas" (38-39)

Denevi comienza recreando el escenario mítico conocido (el Minotauro encerrado en el laberinto y Teseo que acude a matarlo –cf. Ps.-Apol., *Bibl.* Ep. 1.8-9–), omitiendo el enamoramiento de Ariadna, pero centrándose en una novedosa imagen que la joven princesa tiene del monstruo, forjada por los rumores que oye, entre ellos que diariamente viola a muchachas "para satisfacer su portentosa lujuria, y después las doncellas mueren de placer". Así, cuando se dispone a ayudar a Teseo y le proporciona un hilo para luego salir del laberinto, el autor se pregunta (pues "las dos hipótesis no se contradicen") si, en realidad, Ariadna presentía que el Minotauro iba a matar a Teseo y, entonces, ayudado por el hilo, el monstruo podía escapar de su

---

[13] En realidad son dos citas de la misma obra de Nietzsche, *Humano, demasiado humano*, aunque tal vez la falsificación-errata esté en que las referencias tienen el orden alterado y una de ellas no es la 169, sino la 179. Esta es: "Cuando el arte se viste con la tela más usada es cuando mejor se lo reconoce como arte". La otra: "Si un mismo asunto no es tratado de cien maneras distintas por diferentes autores, el público no acierta a elevarse por encima del interés de la anécdota. Pero al fin el mismo público apreciará los matices, las nuevas delicadezas de invención en la forma de tratar dicho asunto, y gozará de él cuando lo conozca de larga data gracias a numerosas manipulaciones y no sienta ya el interés picante de la novedad y la tensión nerviosa que ésta produce" (Denevi, 1984: 7).

[14] No hemos incluido personajes ya específicos de la mitología latina, como es el caso de Dido y su hermana Ana en "El divorcio de los amantes" (56).

prisión, mientras ella le esperaba, nerviosa y temerosa, a la puerta del laberinto. Sin embargo, es Teseo el victorioso y Ariadna se tiene que casar con él, pues así lo había exigido el héroe a su padre Minos. Según el autor, el tiempo ha borrado esa fantasía de la princesa, pues Ariadna "es una mujer honesta" y ni ella misma sabría su verdadera intención. En este sentido, "la *virtus* y el *vitium* son dos caras de la misma moneda" (Flawiá y Assis, 2008: 148). Este desenlace, como bien señala Noguerol (1994: 205), "provoca la pérdida de libertad interpretativa", pues solo se admite la versión oficial que es, por tanto, la canónica que nos ha llegado a hoy día. Además de esta novedosa interpretación mítica, es interesante la relación del texto con su título, el nombre de una conocida comedia neoclásica de Leandro Fernández de Moratín en la que la protagonista se siente obligada a casarse con quien diga su madre (al igual que aquí Minos consiente en entregar a su hija si Teseo mata al Minotauro) y no con quien la joven quiera (de ahí que Denevi omita el amor y la curiosidad que siente Ariadna por Teseo), aunque, en este caso, los deseos de la joven son más graves (incesto), pues el monstruo no deja de ser su medio-hermano.

## 2. Heracles: "El trabajo n° 13 de Hércules" (60)

El autor se ha servido en este caso de una cita de la *Biblioteca* (2.10) del apócrifo Apolodoro para contar la historia de Hércules y Tespio. Aunque el texto va entre comillas, no es una traducción literal del pasaje, pero sí una versión libre. Tespio fue haciendo pasar a sus cincuenta hijas vírgenes, una cada noche, por la alcoba de Heracles, que pensaba que siempre era la misma. Esta ocurrencia lleva a Denevi a innovar en el número de trabajos del héroe (en su origen eran diez, luego pasaron a doce) y dar un punto de vista cómico a la historia: el decimotercero fue "el más arduo de sus trabajos [...] desflorar a la única hija de Tespio". Vemos así la relación del texto con un título que, a todas luces, llamará la atención del lector.

### 3. Zeus y Ganimedes: "A la sombra de los muchachos en flor" (83)

El mito se encuentra de nuevo en Pseudo-Apolodoro (3.12.2), aunque la versión canónica podemos leerla en Ovidio (*Met.* 10.145-161). Aquí Denevi justifica el motivo por el cual el dios del cielo convierte en copero a su amante: durante el viaje, el joven tracio dejó de ser un adolescente: "tenía ronca la voz, un poco de barba y la piel amarga". Para los cánones griegos, ya no era atractivo. El autor recurre al tópico literario homoerótico del εἰσι τρίχες, presente en el libro XII de la *Antología Griega*, por el cual los muchachos con vello ya no eran atractivos para los adultos. Con la elipsis, da a entender que el dios supremo no mantuvo relaciones con el muchacho, de ahí la falsificación.

### 4. Polifemo: "Polifemo & cía." (86)

El contenido mítico del microrrelato está en el nombre de un personaje mitológico en su título: Polifemo, uno de los cíclopes. Como viene acompañado de "cía.", a modo del nombre de una empresa, pensamos que se trata del cíclope acompañado de sus hermanos; sin embargo, cuando leemos la breve narración, nos damos cuenta de que la fuente no es la *Teogonía* de Hesíodo (139-146, 501-505, 617 y ss.), cuando los cíclopes, hijos de Urano y Gea, participan en la titanomaquia; tampoco la *Odisea* de Homero, con el pastor cegado y burlado por el *polytropos* héroe (IX 105 y ss.). Denevi alude a la historia de (des)amor del cíclope y Galatea, que aparece en los *Idilios* VI y XI de Teócrito:[15] "En todas las historias de amor que conocemos figura un personaje que, porque es feo, no es amado. Ignoramos una historia anterior en la que ese personaje, porque no fue amado, se volvió feo".

---

[15] También cuenta esta historia de amor, en triángulo amoroso junto a Acis, Ovidio (*Met.* 13. 750-897).

El misterio del título ya está resulto: Polifemo como prototipo de personaje feo y los feos representarían esa "cía.". La cruel y sanguinaria figura de Polifemo en *Odisea* se convierte en la poesía bucólica en un pastor feo, bonachón y ridículo, enamorado de la bella Galatea, que lo desdeña. El germen de este microrrelato parece estar en un pasaje del *Idilio* XI, que recrea las penas amorosas del ingenuo cíclope, en 30-33: γινώσκω, χαρίεσσα κόρα, τίνος οὕνεκα φεύγεις ("sé, encantadora muchacha, por qué me rehúyes") y a continuación se describe su fea cara. En esta historia de amor, Galatea no ama al feo cíclope y Denevi, a través de la paradoja, dice no conocer historias en que por no ser amado, se volviera feo. El amor es consecuencia de la belleza, la fealdad, no, por lo que no hay lugar a dicha posibilidad, a pesar de que el *Idilio* VI tenga un tono burlesco, Galatea finja que está enamorada del cíclope y este se haga de rogar y quiera darle celos (vv. 18-19: ἦ γὰρ ἔρωτι | πολλάκις, ὦ Πολύφαμε, τὰ μὴ καλὰ καλὰ πέφανται, "pues al amor muchas veces, Polifemo, lo que no es bello parece bello"). Estamos ante el tópico de que el amor embellece al enamorado.

Por otro lado, esta historia se relaciona con "Razón de amor" (41), otro microrrelato de *Falsificaciones* en el que Bella dice que la Bestia es hermosa porque la ama, pues como dice su madre: "solo se puede amar a un ser hermoso". Así, estamos ante una versión diferente del mismo hecho: dos personajes feos (cíclope y Bestia), uno amado (por su belleza interior) y otro no. Las dos historias coinciden en que se ama la belleza, pero sigue sin existir una historia en la que un ser bello se vuelve feo por no ser amado.

### 5. Perseo y Medusa: "El nunca correspondido amor de los fuertes por los débiles" (89)

Denevi realiza un giro mítico que nos recuerda a las interpretaciones racionalistas que desde la Antigüedad se hicieron de determinados pasajes míticos. Así, el microrrelato comienza contando el mito griego conocido (que podemos leer en Ps.-Apol., *Bibl.* 2.4.2), para luego señalar "Lo que ocurrió fue..." y dar, a continuación, la versión racionalista y más realista de los hechos (por lo que la historia original sería una falsificación). En este caso, se intenta explicar cómo el débil Perseo fue capaz de matar a la poderosa Medusa. La causa: el amor; una Medusa enamorada que decidió salvar de la petrificación a su amante, pese a no poder mirarlo. Este error le supondrá la decapitación.

## 6. Antígona: "Antígona o la caridad" (103-104)

Ya el título de este microrrelato nos transporta a la obra *Fuegos*, de Marguerite Yourcenar: "Antígona o la elección". Sin embargo, la autora de origen belga se detuvo en la decisión tomada por la heroína de enterrar al hermano que atacó Tebas, mientras Denevi se centra en los sentimientos de Antígona tras el fallecimiento de su padre. En este sentido, el autor argentino continuaría *Edipo en Colono* de Sófocles. Tras la muerte de Edipo, Antígona se muestra traicionada, pues sin su padre, vieja y fea, la hija caritativa ya no recibe el respeto y la admiración de antaño, por lo que busca la compañía de un desdichado, sin vacilar en dejar huérfanos a niños o cegar a padres. "Nadie es más temible que una Antígona sin ocupación". De nuevo asistimos a una falsificación de una cruel heroína cuya imagen contrasta con las piadosas versiones que desde la Antigüedad nos ha dejado la tradición literaria.

## 7. Helena y Menelao: "El origen de la guerra" (107-109)

Esta historia sirve de pretexto para mostrar la estupidez de la guerra, cuyos promotores olvidan el motivo aducido para provocarla con tal de guerrear y vencer al enemigo. Por ello el autor recurre a la guerra mítica por excelencia y a su causante, Helena de Troya (sin hache inicial en el relato), e inventa la trama. La heroína se muestra ante su esposo, justificando su huida del lado troyano (la humillación y el desprecio que sufría por parte de la familia real troyana). Pero su esposo solo piensa en guerrear y no la reconoce (hacerlo supondría el fin del combate). Ella quiere que la abrace y que la bese por los diez años que estuvieron separados, pero él quiere luchar y no convertirse en un desertor. En el forcejeo, Menelao mata a Helena de un lanzazo y justifica su asesinato pensando, mientras se encamina a la batalla, que se trataba de una espía troyana, aunque su cara le sonaba. "Y en tanto el ruido de las armas crece, en tanto el cielo arde con el fuego de los incendios y las murallas vacilan y las torres se hunden, Elena duerme plácidamente boca arriba". De nuevo el autor nos ofrece una insólita versión, lo que supone otra falsificación del mito.

Los hechos tienen lugar en plena guerra, pero, según el mito, Menelao se reencuentra con Helena una vez que Troya es tomada y, en lugar de matarla, contempla su pecho desnudo y el amor hace que la perdone, llevándola de nuevo a Esparta. En el ciclo épico troyano, la *Iliupersis* y la *Pequeña Ilíada* nos lo cuentan: Menelao recuperaba a su mujer tras matar a Deífobo. Sin embargo, quienes sí se entrevistaban con Helena en plena contienda bélica fueron Odiseo (en *Pequeña Ilíada* se disfraza de mendigo y se adentra en Troya como espía, siendo reconocido por la espartana, que no lo delata, y planean la toma de la ciudad) y Aquiles (en *Ciprias*, al menos según la *Crestomatía* de Proclo, ambos personajes se encuentran gracias a la ayuda de Afrodita y Tetis). La parodia también se encuentra en el título del microrrelato, pues se habla del "origen" de la guerra, cuando, en el texto, esta ya estaría llegando a su fin: simplemente se debió a las ganas de luchar y guerrear, las mismas que habría en las variantes palinódicas del mito, en las que Helena estuvo retenida en Egipto y nunca llegó a pisar suelo troyano.

## 8. Sirenas: "Silencio de sirenas" (129)

Se recrea el pasaje de los compañeros de Ulises que se habían tapado las orejas para no oír a las sirenas (*Od.* 12.39-54 y 166-200), que tomaron esta acción como un insulto y no cantaron para ellos. Este hecho provocaría una nueva falsificación del mito, pues aquí el héroe de la *Odisea* no escucharía sus bellos y seductores cánticos. Sin embargo a ellas no les importa Ulises, el héroe individual, tan solo la resistencia colectiva de esos héroes que las desdeñan, y así ellas, en castigo, los desdeñan aun más: "los dejaron ir en medio de un silencio que era el peor de los insultos".[16]

## 9. Las tracias y Orfeo: "Honestidad sexual de las mujeres deshonestas" (137)

Denevi recrea una de las variantes míticas de la muerte de Orfeo. Como el héroe tracio no les hacía caso, rabiosas, las mujeres tracias lo acusaron "de ser afecto al vicio griego" y para castigarlo lo lapidaron. Ya Pausanias (9.30.5) señala que las tracias dieron muerte a Orfeo porque obligaba a sus maridos a que lo siguieran en sus viajes y el elegíaco helenístico Fanocles nos recrea el *eros paidikos* del héroe (frag. 1 Powell). Ovidio se hace eco de la noticia (*Met.* 10.81-85). Sin embargo su muerte fue por descuartizamiento, como señalan las fuentes griegas y consolidan los autores latinos, y aquí, Denevi habla de lapidación. Sería esta la "falsificación", pero podemos pensar que esta acción ya se encontraba en ciernes en la iconografía de la Antigüedad, al menos piedras figuran entre esos instrumentos (la mayoría relacionados con el ámbito doméstico) con los que las mujeres atacan a Orfeo y el héroe trata de defenderse recurriendo también

---

[16] Hay otro microrrelato, "Pesca de sirenas" (273) en que estas son mujeres-pez, por lo que no las consideramos personajes de la mitología griega.

a ellas (Garezou, 1994: fig. 28-63). La ironía de este relato ya está presente en el oxímoron del título: la honestidad de mujeres deshonestas.

## 10. Marsias y Leda: "Metamorfosis" (140)

El relato es una invención de Denevi, que sabe que sus protagonistas aparecen en la obra de Ovidio que da título al texto: Leda, amante de Zeus (6.109), y el sátiro Marsias, que se enfrentó a Apolo en una competición musical y fue desollado vivo (6.382-400). Entre ellos no hay ninguna relación mítica, pero el autor innova y señala que están a punto de casarse cuando Zeus seduce a Leda. Desde entonces Marsias la busca para vengarse y matarla, pero no la encuentra, ni siquiera la reconoce cuando se la cruza: "ya no estaba enamorada de un sátiro sino de un dios". La metamorfosis se refiere al comportamiento y no al aspecto exterior. La ironía también se encuentra en que el sátiro es mitad hombre, mitad macho cabrío, y el dios un cisne.

## 11. Electra: "Una desdichada" (148-149)

En este microrrelato la falsificación ya aparece desde el principio, cuando se señala que "Agamenón murió de un hondazo en la guerra de Troya". Este hecho le proporciona al autor una visión distinta del mito, pero ajustada a las versiones canónicas. La viuda Clitemnestra lloró a su marido y tiempo después se casó con Egisto, pero su hija no quería quitarse el luto, se hacía la víctima y fingía ser una desgraciada. Con el tiempo, los griegos creyeron en su conducta y culpaban al matrimonio de haber participado, de alguna manera, en perjuicio de Agamenón. Le llevaron el cuento a Orestes que "voló a Micenas y estranguló a su madre y a su padrastro". Según nos confirma el autor, "La *Orestíada* procede, pues, del error de haberle creído a Electra". De nuevo se plantea una versión irónica y paródica de unos hechos que se recrean desde otro punto de vista.

Efectivamente, Electra era "una desdichada" en la trilogía de Esquilo y en las *Electra* de Sófocles y Eurípides, especialmente en la de este último, pero no la manipuladora torticera que vemos aquí, sobre todo cuando sus oponentes, según Denevi, no han hecho nada malo y la tradición los ha malinterpretado.

## 12. Paris: "El juicio de Paris de la memoria" (151)

Denevi recrea la decisión de Paris para coronar a la diosa más bella (se sirve de los teónimos latinos). Es uno de los pasajes míticos más conocidos y mencionados tanto en iconografía como en literatura (desde Homero hasta autores latinos, por ejemplo Ovidio en *Heroidas* 16). La historia aparecía desarrollada en el ciclo épico, en las *Ciprias*, y la ganadora fue Afrodita, tras haberle prometido al juez el amor de la mujer más bella del mundo. Según el autor, es elegida Venus porque Paris ya conocía a Juno y Minerva desde su adolescencia y ahora le parecieron menos bellas que entonces. Esta razón es la falsificación mitológica que propone el autor. Por otro lado, en relación con el título, sería Minerva, diosa de la inteligencia y la memoria, quien habría de resultar elegida y no lo fue. De esta manera, tanto por el título como por el contenido, el autor trata de decirnos que la memoria no siempre es buena. El resultado fue el mismo, pero aquí Denevi omite las promesas de las diosas y se centra en la decisión (¿imparcial?) del juez. Lo novedoso resulta más atrayente que lo conocido.

## 13. Tiresias: "El marido ideal" (168)

El adivino griego en este microrrelato aparece citado junto a otro importante mago de la leyenda artúrica: Merlín. Mientras este puede cambiar de aspecto y de carácter, "Tiresias, en cambio, exagera: cambia a cada rato de sexo. Está condenado a la bigamia o a la soltería". Según el mito, tras golpear a unas serpientes que se estaban apareando,

Tiresias se convierte en mujer y volverá a recuperar su antiguo aspecto cuando siete años más tarde las vuelve a encontrar y golpear (Ov., *Met.* 3.325-332; Ps.-Apol., *Bibl.* 3.6.7). Denevi innova en el sentido de que el adivino no cambia constantemente de sexo según su voluntad, sino que fue un castigo y vivió como mujer siete años. Con esta innovación, y transportado a la sociedad del momento, el personaje o permanece soltero o, si se casa, necesitará un doble matrimonio. La ironía se encuentra en que ese "marido ideal" no existe.

### 14. Odiseo y Nausícaa: "La adolescencia" (170)

De nuevo un tema de la *Odisea* (en este caso del libro VI): el encuentro de Odiseo y Nausícaa. Denevi da un giro erótico para su falsificación, contando lo que Homero no dice. Así, el viejo náufrago contempla a la adolescente joven como si se tratara de una mujer, imaginando a las muchas mujeres en las que podría transformar a la inexperta muchacha.

### 15. Medea: "Cómo perder al marido" (174)

Denevi vuelve a jugar con el mito y, en este caso, se centra en los celos y temores de Medea para que Jasón no la abandone. La versión de la que parte el autor para la falsificación se encuentra en *Medea* de Eurípides, con un Jasón que trata de dejar a su mujer para unirse a Glauce, princesa de Corinto. Aquí la hechicera Medea trata de evitar, con todo tipo de recursos mágicos, que su marido le sea infiel, cuando en el mito la hechicera trata de vengarse de su marido por la humillación a la que la somete, después de haber cometido todo tipo de acciones en beneficio de Jasón. Al autor le interesa únicamente el motivo por el que Medea lo pierde (los celos que provoca el amor) y que aquí recrea a través de una actualización del mito: le será infiel solo porque Glaucea le puso como condición: "Que después no nos veamos más". En este caso el mito es el recurso para mostrar el agobio del esposo, mostrando que, en realidad, no quería un reemplazo para Medea, sino un único momento de goce y esparcimiento. Por el título podemos deducir que, irónicamente, el autor trata de aconsejar en las relaciones matrimoniales sobre cómo no perder el marido, no obrando como la Medea de esta microhistoria.

### 16. Circe: "El hombre, animal lujurioso" (175)

El título ya ironiza con la sentencia aristotélica: ἄνθρωπος ζῷον πολιτικόν. Para este relato, Denevi sigue las interpretaciones racionalistas del mito, según las cuales Circe no transformaba a los hombres en cerdos (como sucede en *Od.* 10), sino que estos se veían retenidos por sus bajas pasiones y llevados a placeres irracionales (véase el mitógrafo Heráclito, 16). Así, en ambos autores coincide el planteamiento, pues como señala Denevi: "Al menor descuido de Circe, los amantes se le transformaban en cerdos".

### 17. Minotauro: "La aciaga noche 1002" (183)

La falsificación se debe a que, como vemos en el título, se suma una más a *Las mil y una noches*, la popular antología de cuentos orientales. En este caso esa noche extra, aciaga, se vincula con historias de la mitología griega y de la literatura española. El punto de arranque que propone el autor para esa noche es: "No se oyen más que portazos", el de Teseo porque Ariadna lo incita a repetir la historia del Minotauro (acción: "¿Y? ¿Para cuándo otro minotauro?"), el de Minos, que ve a una aburrida Pasífae contemplando un toro (celos) y el de don Juan Tenorio cuando doña Inés le pregunta por los acreedores (dudas). En todos los casos los portazos son dados por el hombre ante las preguntas o acciones de sus mujeres, dejando constancia de algo que les molesta. En este caso, las dos historias de amor míticas que se aluden tienen como punto de unión el Minotauro: de nuevo Ariadna, su hermana, que ayuda a Teseo a matarlo en el laberinto, y Pasífae, su madre, cuando su esposo la sorprende contemplando a su padre. Estamos ante otra historia mítica muy conocida y recreada por autores de la Antigüedad (Ps.-Apol., *Bibl.* Ep. 1.8-9 y III.1.2-3).

## 18. Narciso: "Defensa de Narciso" (184)

Denevi realiza esta apología del bello muchacho del mito (Ov., *Met.* 3.339-510) calificándolo de hermoso en lugar de tonto: "Hay que ser muy hermoso para ignorar que la imagen reflejada en la fuente es la propia imagen y, sin embargo, enamorarse de ella".

## 19. Edipo: "Edipo cambiado, u otra vuelta de tornillo" (199-212)

Es este el microcuento más extenso de la colección. En una pericia de juego irónico el autor recrea la historia de Edipo según *Edipo Rey* de Sófocles. La falsificación viene dada desde los pocos días de su nacimiento, cuando su nodriza, princesa esclavizada por Layo, temerosa ante un sueño que había tenido en el que veía a su vástago ciego y vestido con andrajos, intercambia a su hijo Philón por Polidoro, el hijo de Layo y Yocasta (en el microcuento Edipo se llamaría como su bisabuelo y sirve para distinguir al héroe adulto del recién nacido). Cuando, después de consultar Layo el oráculo, desaparece durante la noche el falso Polidoro, la nodriza Hécuba (lleva el nombre de la reina troyana), por temor no dice nada. Pasados los años, el falso Philón (el verdadero hijo de los reyes tebanos) servía en palacio y la reina se fijó en él, surgiendo un romance entre ambos. Cuando Layo se va de viaje, se lleva con él al falso Philón. Este vuelve a Tebas ensangrentado y comunica que un desconocido "alto como un dios, fuerte como un héroe y más hermoso que Paris" discutió con Layo en un cruce de caminos y terminó matándolo junto a otros siervos. Lo que ocultó, y revela a su falsa madre, es que Layo quedó malherido y fue él, con una piedra, incitado por su pasión por Yocasta, quien lo mató. Esa noche se une a Yocasta en el lecho real, pero es sorprendido por Creonte y su cuerpo aparecerá al día siguiente en el fondo de un barranco. Pasado el tiempo, la Esfinge asolaba la ciudad y Creonte prometió la mano de la reina a quien los liberase. De ella se deshizo un extranjero, que reclamó la recompensa real. Cuando Hécuba vio al corintio, reconoció a su verdadero hijo, que dijo llamarse Edipo, hijo de los reyes de Corinto. El nuevo rey tebano reconoció que el oráculo de Delfos le reveló que no era hijo de quienes tenía por padres, pero que era de sangre real y que reinaría en un lugar en que su madre fuese una sierva. Por eso, huye de Corinto. Teucro, un servidor de palacio, confiesa a Hécuba que Edipo es en realidad Polidoro, porque, por orden de Layo, se lo llevó de niño para abandonarlo en el monte, y que todos los detalles coinciden, por lo que le pide que interceda ante Yocasta para permitirle retirarse al campo. Sin embargo Hécuba muere y, desde el Hades, no puede decir que Edipo no mató a su padre. Por los hechos míticos conocidos, sabemos que el sueño premonitorio que la nodriza tuvo de su hijo terminará cumpliéndose.

Con el recurso del intercambio de niños asistimos a esa "vuelta de tornillo" que Denevi nos propone para complicar aun más la saga tebana; sin embargo, el destino acaba imponiéndose, pues todas las profecías terminarán cumpliéndose y, en el fondo, la presunta verdadera historia no fue la misma que la canónica mítica. En la forma, sí. Nadie puede escapar de su destino.

## 20. Odiseo: "Genio práctico de la mujer" (217)

Denevi falsea el mito introduciendo un personaje alegórico, la maga Hals (el Mar), que, en las leyendas que continuaron los relatos de *Odisea*, era una bruja de origen etrusco, criada y compañera de Circe, que transformó a Ulises en caballo y lo conservó hasta que murió viejo (su autor fue

Ptolomeo Queno).¹⁷ En el microrrelato la bruja, cansada de los minuciosos relatos de Ulises sobre la guerra de Troya, construye un caballo de madera y encierra al héroe en su interior para no dejarlo escapar. Así, la historia recrea tanto la transformación del héroe en caballo como los relatos contados por Ulises en la *Odisea*, que abarcan cuatro cantos (IX-XII), lo que el autor entiende como un suplicio (siendo precisamente estos cantos una fuente inagotable de reescrituras para el propio autor). La ironía está presente en todo el microrrelato, pues no solo la maga fue la única persona que "aprovechó la narración de Ulises en su propio beneficio", sino que también termina con el héroe del mismo modo que el héroe destruyó Troya, con un caballo de madera.

## 21. Tiresias: "Pensamientos del señor Perogrullo" (218)

El autor reflexiona aquí sobre la divergente consideración de los hermafroditas, transexuales y travestis en la Antigüedad y en la sociedad del momento. Así, aunque no habla de Hermafrodito (Ov., *Met.* 4.383), vuelve a citar de nuevo a Tiresias por sus cambios de sexo y a un desconocido Esciton.¹⁸ No se trata de una simple cita del adivino mitológico, pues también señala que, a esta gente, "los antiguos le concedían gustosamente la semidivinidad o cuanto menos la sabiduría, el poder profético y adivinatorio, alguna virtud sobrenatural". Todas estas características están presentes en nuestro personaje.

---

[17] Focio, patriarca de Constantinopla del siglo IX, nos ha dejado en su *Biblioteca* un resumen de la obra *Nueva y erudita historia* de Ptolomeo Hefestión, o Queno, mitógrafo griego y escritor de paradojas de mediados del siglo I d.C. El pasaje de Hals aparece al final del libro cuarto. Completa así la profecía de Tiresias, que en los infiernos había vaticinado a Odiseo que la muerte le vendría del mar ya en la vejez (*Od.* 11.134-136: θάνατος δέ τοι ἐξ ἁλὸς αὐτῷ | ἀβληχρὸς μάλα τοῖος ἐλεύσεται, ὅς κέ σε πέφνῃ | γήρᾳ ὕπο λιπαρῷ ἀρημένον).

[18] Parece ser una falsificación del autor, pues únicamente localizamos a un adivino de nombre Esciro (Paus. 1.36.4), pero del que no se menciona ningún cambio sexual.

## 22. Midas: "Los amigos de Midas" (234)

Se alude al rey frigio que todo lo que tocaba lo convertía en oro (Ov., *Met.* 11.85-145). Sin embargo Denevi cambia la historia, al decir que "murió de inanición" (en el mito es liberado del fatídico don), al convertirse en oro todo lo que tocaba. Esta modificación le lleva a crear al autor el punto cómico: podía no morir si alguien le daba de comer, pero prefirieron esconderse para heredar más oro. La ironía se encontraría en el título: los poderosos no se pueden fiar de sus amigos.

## 23. Hero y Leandro: "El amor y las clases sociales" (253)

La conocida historia de Hero y Leandro (Ov., *Her.* 18 y 19; Museo), en la que el joven amante cruzaba a nado el Helesponto para reunirse con su amada, es utilizada por Denevi y falseada al querer incidir en la novedad de que ambos pertenecían a una clase social diferente (Hero, sacerdotisa; Leandro, pastor), sin importarle el trágico desenlace. También trastoca los sentimientos de un joven que, convencido de que su amada "era una mujer nada fácil y muy decente", cambiará de parecer si descubre a un solo hombre cruzando el Helesponto con su mismo propósito. La ironía del texto y su título se encuentra en que la opinión de Leandro se debe a la buena posición social de la joven, pues si fuera una pastora, por ejemplo, nadie cruzaría a nado para encontrarse con ella ni probablemente le importaría tanto su virtud.

## 24. Afrodita: "Las mujeres honestas" (274)

La inclusión de este microrrelato en la lista de los que recrean mitos griegos viene, podemos decir, por la tradición clásica. El texto dice: "Al no conseguir rescatar a Tanhauser de los brazos de Venus, Isabel se consideró una mujer honesta". Efectivamente, aparece citado el teónimo latino de la diosa del amor, pero por ser un personaje de la ópera de Wagner *Tannhäuser y el torneo poético del Wartburg*. Así, Venus retiene a su amado; la ironía está en que la diosa, en comparación con Elisabeth, no es una mujer honesta.

## 25. Andrómaca: "Traducción femenina de Homero" (281)

En el texto Denevi opone las dos obras épicas homéricas: *Odisea*, con todas sus aventuras y los amores de Penélope y Ulises, frente a *Ilíada*. Para esta recurre a un personaje femenino al que dota de voz: Andrómaca, la esposa de Héctor, y da su versión de la guerra de Troya ("Que el viejo Homero cuente la historia a su manera") en primera persona, al igual que el poeta griego hizo con Ulises en *Odisea*. Así, va describiendo la guerra desde las tareas que encomiendan a las mujeres y los sufrimientos y consecuencias que padece una población sometida a tan largo asedio. En relación con el título, más que una "traducción" estamos ante una "versión" de la que comenzó siendo una princesa consorte troyana y terminó convirtiéndose en la esclava del vencedor (según el mito, en el reparto corresponderá a Neoptólemo, hijo de Aquiles). Sin embargo, el autor falsea algunos datos de su biografía, pues solo tuvo un hijo (al que perderá después de que el ejército griego tome la ciudad) y no tuvo hijas. En lugar de Andrómaca, el personaje debería haberse llamado Hécuba, la reina troyana, que tuvo hijas y perdió a sus hijos antes de la toma de Ilión.

## 26. Jasón y Perseo: "El regreso triunfal de los héroes" (285)

En esta ocasión Denevi relaciona tres héroes, dos procedentes de la mitología griega y otro de la leyenda artúrica, a través de la ópera de Wagner: *Parsifal*. La ironía del texto se encuentra en que mientras vuelven victoriosos, con fiestas, desfiles y exhibición de trofeos (el vellocino de oro, la cabeza de Medusa y el Santo Grial), los tres escapan de tanta fanfarria y buscan refugio en tabernas, brindando con vino barato.

## 27. Las lemnias y los argonautas: "Mujeres solas" (286-287)

El autor recrea el hedor que desprendía la isla de Lemnos, que llegaba a otras islas e incluso a la costa. Señala que se llegó a pensar que el dios Dioniso había muerto y la fetidez procedía de su cadáver. A Denevi no le interesa el origen del mal olor: un castigo de Afrodita porque las lemnias olvidaron hacerle sacrificios; esto provocó que sus maridos las abandonasen y reemplazasen por esclavas tracias; las lemnias, en una noche, matan a todos los varones de la isla y a sus concubinas.

Denevi sigue el mito al señalar que fueron los argonautas los que primero desembarcaron en la isla y se encuentran con "una multitud de mujeres peinadas, bañadas, perfumadas, enjoyadas y vestidas de punta en blanco". No da el motivo del mal olor. Eso sí, como en el mito, en la isla no había varones. Según Apolonio de Rodas en *Argonáuticas* (1.607 y ss.), las lemnias eran tan bellas y complacientes que los argonautas no se querían marchar de la isla (de hecho procrean con ellas), hasta que Heracles los obliga a continuar su viaje hacia la Cólquide.

## 28. Penélope: "Epílogo de las Ilíadas" (310)

El microrrelato recrea la vuelta de Ulises a Ítaca. Aunque este tema aparece contado en *Odisea*, el título nos lleva a la otra obra épica de Homero en plural, incluyendo de esta manera ambas obras, o mejor dicho, parte de la segunda bajo las *Ilíadas*. En este sentido Denevi toma los acontecimientos de *Odisea* en su línea cronológica y la segunda *Ilíada* incluiría todas las peripecias del *nostos* de Odiseo, terminando con el regreso del héroe. El epílogo, por tanto, a esas

*Ilíadas*, sería la situación que el héroe se encuentra en Ítaca y lo que el autor pretenderá falsificar. Por otro lado, en la presentación de los hechos, vincula la guerra de Troya con otra "guerra" que le espera a Ulises en Ítaca. Así, aparece una Penélope sobre las murallas de Ítaca que reconoce a su marido, como Príamo y Helena en el canto III estaban sobre las de Ilión reconociendo a los distintos héroes griegos (*teichoscopia*). También en esta presentación de los hechos aparece la primera falsificación: "Habían pasado treinta años", cuando sabemos que habían sido veinte (los diez que duró la guerra de Troya más otros tantos en los que Odiseo estuvo errando por el Mediterráneo de vuelta a casa). La segunda falsificación se produce cuando la vieja Penélope, en un acto de entretenimiento-venganza, organiza una especie de simulacro teatral, con una muchacha hilando en su rueca y unos jóvenes fingiendo que son sus pretendientes, con instrucciones de cómo han de obrar. Tal es ese "epílogo" que se encontrará Odiseo mientras su esposa, escondida, contemplará todo lo que Homero nos cuenta en la segunda mitad de *Odisea*.

### 29. Fedra: "Vindicación de Fedra" (313)

Uno de los microrrelatos más breves: "Un hijo a quien pueda amar sin incurrir en incesto es una tentación a la que ninguna mujer se resiste". En este caso, Denevi da voz a Fedra, que amó a su hijastro Hipólito y al verse rechazada planea una venganza que conllevará la muerte del joven (según leemos en *Hipólito* de Eurípides), para justificar sus actos.

### 30. Selene y Endimión: "Todo amor es unilateral" (314)

Denevi falsea el mito al decir que Selene, la luna, envejece: "Selene ama, vela y envejece. Endimión duerme, indiferente y siempre joven". De acuerdo con el título, Endimión, enamorado de la diosa, toma la decisión él solo de pedir a Zeus un sueño eterno, permaneciendo inmortal y joven (Ps.-Apol., *Bibl.* 1.7.5), para estar siempre en compañía de su amada. Quien sí envejece y es inmortal mientras su amor permanece eternamente joven es Titono, de quien se había enamorado Eos, la Aurora, y le pide a Zeus que le conceda la inmortalidad, pero se le olvidó la eterna juventud (el hombre terminará transformándose en cigarra). Las decisiones tanto de Endimión como de Eos fueron unilaterales, sin el consentimiento del amado, al menos eso es lo que nos trata de decir el irónico título.

### 31. Heracles y Deyanira: "La amistad, alcahueta del adulterio" (316-317)

Denevi recrea la partida de Hércules con sus amigos Hilas, Filoctetes y el resto de argonautas en pos del vellocino de oro. Su esposa Deyanira repasa la despedida y percibe la felicidad del héroe, envidiando la camaradería que Hércules se trae con "Hilas, tan joven y tan guapo, o ese Filoctetes que no se separa nunca". Para desquitarse y vengarse de ellos, pues la melancolía y rabia la reconcomen, "llama a Neso y se acuesta con él".

El autor tergiversa toda la historia. Heracles e Hilas se fueron en la nave Argo y el mito deja constancia de que Hilas fue amado por Heracles. Sin embargo, Filoctetes no participó en la expedición hacia la Cólquide, pero también las fuentes dan fe de su buena amistad con el hijo de Alcmena, pues Heracles le entrega su famoso arco (sin el cual Troya no será tomada, según leemos en *Filoctetes* de Sófocles). Por otro lado, Deyanira no era amiga de Neso; el centauro intentó violarla cuando la ayudaba a atravesar un río y la engañará entregándole un filtro amoroso con el cual su marido no la abandonaría nunca (y que terminará provocando la muerte del héroe). La ironía, téngase en cuenta el título, ha llevado al autor a provocar todos estos cambios míticos.

## 32. La nodriza de los héroes: "El amor oblativo" (319-320)

Sin dar nombres propios, Denevi homenajea a la nodriza, personaje a quien se le confía la crianza del héroe. Su amor por él llegará a ser superior al de sus padres e, incluso, morirá entre sus brazos: "la Nodriza permanece junto al sepulcro del héroe y espera con resignación su propia muerte". En el mito encontramos importantes nodrizas, como Euriclea en *Odisea*, pero no hasta tal punto de resignación y de "amor oblativo" como el aquí retratado.

## 33. Héroes, Eros y Narciso: "Imposturas del señor Perogrullo" (Denevi, 2006: 155-156)

Estas imposturas de Perogrullo, abundantes en toda la obra, están compuestas por una serie de aforismos, fábulas, soliloquios..., tipos de composiciones en prosa breve que se relacionan con los microrrelatos. Así, el autor confiesa que "A la hora de los festejos, los héroes están en las tabernas, en los lupanares y en los garitos", que "He descubierto que Eros no tiene hígado" y que "Para ser Narciso hay que ignorar que el rostro reflejado en la fuente es el propio rostro". En este sentido, si Perogrullo es un personaje ficticio que presenta obviedades a modo de sentencia, estas tres afirmaciones mitológicas lo demuestran: algunos lugares (escogidos) en que se realizan celebraciones –los héroes vienen a representar al homenajeado o al dios o patrono en honor de quien se realiza la fiesta–, que en el Amor, como dice el refrán, "siempre hay un roto para un descosido", y que el narcisismo se cura con la ignorancia u olvido de uno mismo.

Por otro lado, y más en relación con la literatura griega que con sus mitos, podemos entender que las fábulas de Esopo son, en realidad, microcuentos. Hay crítica social, a través de animales actantes que representan al ser humano, que se pretende corregir a través de una moraleja o enseñanza final. Esta parece, al menos, ser la visión de Denevi, pues no duda en relacionar todas estas "Imposturas" en bloque: "Moraleja de todas las fábulas: el hombre es un animal".

Después de una larga serie, el microrrelato, y el libro (Denevi, 2006), termina con una paradoja: "los aforismos me aburren". Sospechamos que estamos ante otra falsificación.

### 34. "Los dioses menores" (242)

Hemos puesto al final de todos un microrrelato que, sin citar a ningún dios de la mitología clásica, se refiere a todos ellos.[19] Únicamente la mención de las pitonisas aludiría a las sacerdotisas del oráculo de Delfos, consagrado al dios Apolo. El irónico texto comienza con un lamento ("Ay, no han muerto") para centrarse en las últimas epifanías divinas y la decisión de no volver entre los hombres y permanecer ocultos "con la melancolía de saberse inútiles". Así, las consecuencias fueron: ningún respeto a las leyes arquitectónicas de los templos, heterónimos divinos, desórdenes rituales, cultos inentendibles, profecías inventadas, rutas sagradas olvidadas, nuevos mitos, polimorfismo divino hasta el punto de ser irreconocibles... Creemos ver en este texto, y en su título, la minimización irónica y paródica de los dioses y el ocaso de una religión que terminará siendo pagana.

Sin formar parte del argumento aparecen citados en otros microrrelatos héroes griegos, como es el caso de los "largos adioses de Ulises y Penélope" en "Los amores artísticos" (93), los Polifemos, centauros y lapitas, argonautas, Orestes, Furias, el hijo de Yocasta y, de nuevo, Ulises y Penélope de "El reposo del guerrero" (157-158), o de Hermes Trimegisto en "La condena" (105-106). En este caso

---

[19] No incluimos "La ley de causalidad" (270) pues las referencias a los dioses son más atemporales ("todos los cielos estarán poblados de coléricos dioses"), entre quienes estarán también los dioses griegos.

quien cuenta su historia es Juan Calvino, invocado también como Elohim o como este dios griego que durante la Edad Media pasó por ser un profeta pagano que anunció el advenimiento del cristianismo. De esta manera podemos decir que el relato recrea bien el sincretismo de este dios. Según el autor, el creador del calvinismo condenó a la hoguera a Cadäel por afirmar que era posible evocar a los espíritus de los muertos y hacerlos hablar, cuando el narrador de la historia es el espíritu de Calvino. También en *"In Paradisum"* (195), que lleva por título el íncipit de un himno litúrgico latino, se alude a los condenados infernales cuando el autor señala irónicamente que Dios obliga a los santos y bienaventurados a abandonar de vez en cuando el Paraíso para que no se imaginen un lugar mejor y se crean condenados infernales.

Las fuentes de estos personajes mitológicos, como hemos visto, se encuentran en la literatura griega. Esta también hace acto de presencia en otros microrrelatos, en los que, al igual que la literatura de asunto mítico, se da un giro a la historia conocida y, por tanto, aparece una "falsificación". Así, el *Fedón* de Platón es la fuente para "Personas sacrificadas" (111), con una particular visión de Jantipa, la mujer de Sócrates, en la muerte del filósofo; los Evangelios son la fuente de "El maestro traicionado" (20), "Impaciencia del corazón" (96) y "Desastroso fin de los Reyes Magos" (98); en este último se alude a un pasaje (*Mateo* 2.16) para justificar el hecho de que los Magos fueran increpados tras la decisión de Herodes de matar a los niños de Belén. En otros microrrelatos el título evoca el nombre de una obra griega. Es el caso de "El banquete platónico" (194), donde Denevi recrea la escena del final de un banquete cuando uno, que finge estar borrado y cree que nadie puede oírlo, "dirá la palabra que estás esperando" (cada lector puede tener la suya); y "Fragmento de un diálogo sobre los dioses" (297), que nos transporta a uno de esos *Diálogos* de Luciano en los que, como aquí, la parodia y la ironía están bien representadas ("¿Para qué elevas súplicas a los dioses?").[20] Y, por supuesto, no podía faltar la referencia a Esopo, que ya en la Antigüedad sería un pionero de estas microficciones.[21] Por otro lado, no aparecen títulos en griego, a diferencia de algunos que encontramos en latín (seis casos). Incluso en algunos pensamos que se falsifica esta lengua con la inclusión de erratas (¿a sabiendas?), como sucede en *"Post coitum non omnia animal triste"* (57), pues no hay concordancia de número entre sus sintagmas.[22]

También aparecen personajes históricos griegos, como los ya citados Sócrates y Jantipa; Clístenes en "La sexualidad como moralidad", que se lamenta de que le dan consejos morales porque no le gustan las mujeres, o Alcibíades en "Degradación póstuma de Alcibíades" (334) –que figura por efecto de la tradición clásica, al ser personaje de la *Balada de las mujeres de antaño* de François Villon–. Además, la historia antigua también es objeto de falsificación. Así, en "Los militares persisten" (37) refiere una anécdota bélica que ya aparecía contada en otros (falsos) autores, entre ellos un inexistente Aulio Minucio que escribió *Rerum Gestarum Libri*. El nombre nos recuerda al humanista Aldo Manucio, que se dedicó a la edición de libros, pero no hay ningún autor de la Antigüedad ni del Renacimiento con dicho nombre. El título de la obra se corresponde con la del historiador Amiano Marcelino, pero no se encuentra en ella la anécdota del general que enterró a sus enemigos vivos dándolos por muertos.[23]

---

[20] También se citan, en "El reposo del guerrero" (157-158), "los versos de Homero", "la Biblioteca del falso Apolodoro", *Orestes* de Eurípides y *Edipo en Colono* de Sófocles.

[21] Es significativo que en el microrrelato "Del horror en el arte" (214) el autor va dando ejemplos de cosas que le horrorizan. El último de ellos sería: "Esopo novelista".

[22] Sabemos que Denevi estudió latín y obtuvo buenas calificaciones (Delaney, 2006: 31).

[23] También aparecen citados autores de historiografía latina, como por ejemplo "Biografía secreta de Nerón" (90-91), que comienza con la cita de un pasaje de Suetonio (*Nero* 51): "Tenía los ojos azules y la vista débil" (*oculis*

Vemos, por tanto, que el estilo y la manera en que el autor trata el mito griego no difieren en nada de otros microrrelatos que presentan otro tipo de contenido. Así, en *Falsificaciones* hay referencias a personajes históricos (el filósofo Sócrates, los emperadores Calígula o Adriano, las reinas Isabel I de Inglaterra o Juana la Loca, el zar Alejandro I, Napoleón Bonaparte, el poeta Paul Verlaine, el pintor V. Carpaccio, el músico Bach, el político Godoy, el libertino Casanova...), bíblicos (Adán y Eva, Caín y Abel, Noé, Putifar, Judit, Salomé, Jonás, Lázaro, Judas...), de la literatura española (Celestina, Juan Tenorio, Amadís de Gaula, Marta y María..., y especialmente de *El Quijote* con Dulcinea, Teresa Panza...), inglesa (sobre todo personajes shakespearianos: Ginebra, Otelo, Gertrudis, Shylock, Romeo y Julieta...), alemana (Fausto, Mefistófeles, los operísticos Tristán e Isolda...), francesa (Emma Bovary, Bella y Bestia, Cleanto, Pablo y Virginia, los operísticos Peleas y Melisanda...), italiana (el Dante y el Virgilio de *La divina comedia*, los operísticos Tosca y Cavaradossi, Tito y Berenice...), etc. No en vano, Navascués (1999: 1056) dice que *Falsificaciones* "es un gran homenaje al hecho mismo de leer".

---

*caesis et hebetioribus*). A propósito de que los emperadores romanos ocultaran sus defectos físicos, el miope Nerón no distinguía, por ejemplo, desde su palco los pulgares de los espectadores en el circo, por lo que se ganó fama de sanguinario. Este defecto visual explicaría todas las depravaciones de las que le acusa Tácito. Tema histórico griego, en este caso de época bizantina, encontramos en "Un fanático" (307-308) sobre Constantino VII Porfirogeneta, que no se murió hasta que no hubo la reglamentación que faltaba.

## El jardín de las delicias. Mitos eróticos (1992)

Los académicos han prestado más atención a *Falsificaciones* y muy pocos analizan esta obra,[24] quizá por tener un contenido erótico-sexual que raya a veces en lo pornográfico, aunque en la misma línea que hemos visto en alguno de los microrrelatos ya analizados. *El jardín de las delicias* está compuesta por cuarenta y dos textos que tienen como denominador común el erotismo y la mitología clásica.[25] No hay referencias a otras mitologías, a pesar de que en *Falsificaciones* sí aparecían.[26] Como el propio autor señala en el prólogo (7):

> Estas historias, salvo las menos felices, no han sido imaginadas por mí. Yo solo les he dado una vuelta de tuerca, les he añadido un estrambote irreverente, alguna salsa un poco picante. [...]
> Como Verdi su cuarteto, escribí estas paginitas para mi propia diversión. El editor cree que quizás otras personas las lean con moderada complacencia, pues Eros siempre difunde alegría en el melancólico mundo donde vivimos (7).

Todos los relatos, prácticamente (85,7%), recrean mitos griegos, normalmente bajo teónimos latinos, salvo cuatro que hemos considerado latinos por ser historias más vinculadas a Roma y su literatura (9,5%)[27] y dos en los que no

---

[24] Salvo análisis individuales de algún texto, únicamente conocemos el apartado "Juegos de Eros y Afrodita en *El jardín de las delicias* de Marco Denevi" en el estudio de Flawiá y Assis (2008: 149-157).

[25] Aquí seguimos a Denevi (2005), indicando únicamente en este apartado las páginas entre paréntesis.

[26] Es el caso de "The male animal" (258), que tiene por protagonistas a los dioses hindúes Krishna y Rukmini, o "Así habla el nuevo Zaratustra" (302) del profeta fundador del mazdeísmo.

[27] Estos son: "Mala cabeza" (10), con una vestal casta, pero con pensamientos impuros en su cabeza; "La memoria, esa incomodidad" (30-31), que recrea una forma de abandono de Eneas a Dido diferente a la de la *Eneida* virgiliana, así como que la reina de Cartago muere avergonzada ingiriendo veneno; "El falo mágico" (33-34), que toma los nombres de sus protagonistas, Heros

hay ninguna referencia mítica, aunque perfectamente puede ambientarse su erotismo en la antigua Grecia (4,8%).[28] El mito es un pretexto para el elemento erótico que prima en todos ellos. A veces se recrea una historia mítica erótica, conocida a través de las fuentes literarias; otras veces el autor se la inventa, pero con personajes procedentes de la mitología griega; y en algunas las historias son atemporales pero vinculadas de alguna manera con el mito. Veámoslas por orden de aparición.

## 1. Pasífae: "Martirio de Pasífae" (9)

Este microrrelato nos recuerda la interpretación que del mito de Pasífae y el toro encontramos en varios mitógrafos, como Paléfato (2) o Heráclito (7), donde la esposa de Minos no se unía a un animal, sino a un joven de nombre Toro. Denevi juega con esta historia, señalando irónicamente que "El Toro" era el apodo que recibía por el monstruoso tamaño de su miembro viril, y que la reina lo llamó a su lecho para soportar el martirio. Ya la mujer de Minos aparecía en "La aciaga noche 1002" de *Falsificaciones*.

## 2. Sátiros: "Sátiros caseros" (11)

El autor se hace eco de una representación en los frescos pompeyanos de un sátiro con un miembro viril bífido, satisfaciendo a una ninfa por ambos conductos a la vez. De haberlo, se encontraría en el gabinete secreto del Museo Arqueológico, sin embargo, hasta donde nosotros sabemos,

---

y Psique, del conocido cuento inserto en *El asno de Oro* de Apuleyo, aquí transformados en un anciano que, a través de la magia, se hace con un falo artificial capaz de dejar embarazada a su joven esposa; y "Alegoría del amor senil" (50-52), que recrea cómicamente la longevidad de la Sibila de Cumas y su encuentro con Eneas (no para ir al Inframundo, sino en un lupanar, donde satisfizo sus apetitos sexuales y de donde nacerán las moscas).

[28] Es el caso de "Mote justo" (27), con una prostituta apodada Democracia, y "Lamento de una mujer generosa" (29), que nos recuerda los epigramas eróticos griegos (se alude a tres orificios).

se suele representar a los sátiros con un miembro viril enorme y erecto, pero no doble y, de ser así, simbolizaría lo mismo: su potencia sexual.[29] Esta imagen sirve al autor para recrear a una muchacha, de nombre Circe, que afirma haberse acostado la pasada noche con un sátiro, y su amiga le replica, con doble sentido y de forma metafórica: "Te creo, querida. Vi cuando los dos entraban en tu casa". El nombre de la muchacha, como el de la famosa hechicera de la *Odisea*, no es en vano y ambas representarían la avidez y desenfreno sexual (recordemos "El hombre, animal lujurioso" de *Falsificaciones*).

## 3. Los argonautas: "La virtud en la mujer" (12-13)

Estamos ante una "falsificación", pues, por lo que nos cuenta Pseudo-Apolodoro en su *Biblioteca* y Apolonio de Rodas en *Argonáuticas*, Tifis, el timonel de la Argo, no tuvo ninguna hija y a su muerte, le sucedió en el cargo Anceo. Denevi nos presenta, en el primer párrafo y fiel al mito, a Jasón y sus amigos rumbo a la Cólquide en pos del vellocino. Sin embargo, ya en el segundo párrafo introduce un personaje de su creación: Teófilo, que, en realidad, era la hija del timonel disfrazada de grumete "para no correr peligro entre tantos hombres privados de mujer". Cuando su padre le reprochó que practicaba el "amor griego" con los argonautas, le respondió: "Es la única manera de hacerles creer que soy varón y conservar mi virtud". Aquí podía haber terminado el microrrelato, pero el autor continúa con un tercer párrafo y un nuevo personaje inventado: Pilémacos, epitomista de la obra, que, "rencoroso contra los griegos", afirmaba que la respuesta de la hija fue diferente y que, irónicamente, ocultaba su sexo "porque no quiero pasarme todo el tiempo de la travesía sin que nadie me ofrezca los

---

[29] Galindo Esparza (2017: 257) señala en nota que en el lupanar de Pompeya hay una representación de Príapo con un miembro doble.

servicios de la virilidad". Sin embargo, en relación con el título, la parodia se encuentra en que la ocultación del sexo le permitía seguir manteniendo su "virtud".

Nos llama la atención el hecho de que el autor diga, a propósito del vellocino de oro, que "su nombre de pila es Crisomalón". En este sentido, el autor se ha documentado bien para la historia, pues Crisomalón no es ningún nombre propio, sino el término griego que designa vellocino de oro: χρυσόμαλλον.

### 4. Centauro y sirena: "Un amor contra natura" (14)

El hecho de revelar el tipo de seres mitológicos que protagonizan esta narración estropea la sorpresa del microrrelato, pues hasta el final no se sabe quiénes son, siendo hasta entonces un hombre y una mujer en pleno fervor erótico en Citera (Citeres en el texto), la isla consagrada a Afrodita. Denevi nos va dando pequeñas pistas: él, "en opulenta erección"; ella, "lanzando maravillosos himnos obscenos"; después del coito, él "regresaba al bosque" y ella "se iba a nadar". Los habitantes de la isla no soportaban tanto escándalo y los encarcelaron. En este relato Denevi critica la doble moral sexual de los cíteros, que, en un principio, proclaman "aquí todo está permitido" y terminan escandalizándose tal vez movidos por la envidia o por la diferente naturaleza de los amantes. Por otro lado, en la antigua Grecia las sirenas eran mujer-pájaro y no la mujer-pez que se recrea aquí.[30] Además, más que un centauro, esas pistas que nos señala el autor nos conducen a un sátiro.

---

[30] Esta parece ser la imagen que de ellas tiene el autor, como hemos visto también en *Falsificaciones* ("Silencio de sirenas" y "Pesca de sirenas").

## 5. Lapitas: "La virginidad escasea" (15)

Denevi recurre a otra "falsificación" de este pueblo mitológico que aparece en algunas historias míticas, entre las que destaca su lucha, acaudillados por Pirítoo y Teseo, contra los centauros. Ganaron la batalla y obligaron a los centauros a abandonar Tesalia. Esa fama guerrera lleva al autor a simular un sitio a la ciudad de Dodona y a reclamar que cediesen a todas las vírgenes de la ciudad. Como esta les entrega a niñas impúberes, los lapitas, pensando que era una estratagema, asaltan la ciudad, degüellan a todos los hombres, violan a todas las mujeres y comprueban que no había tal estratagema. De nuevo sorpresa, ironía y giro cómico al final del relato.

## 6. Polifemo: "La historia viene de lejos" (16)

De nuevo se recurre a una "falsificación", a pesar de que el autor señala que "Polifemo pronunció el famoso discurso", y a un diálogo entre Ulises y el cíclope en que este le cuenta las bondades de la masturbación y se confiesa ser bígamo por practicarla con ambas manos. Evidentemente, ni en el libro IX de *Odisea* ni en *El Cíclope* de Eurípides tiene lugar tal conversación.

## 7. Helena: "Los amores digitales" (17)

Estamos ante otra invención erótica del autor en la que Helena le aconseja a su marido que, si quiere castigar a Paris por el rapto, que lo castre, pero irónicamente le dice que, si lo va a castrar, le tiene que cortar los dedos de la mano: "Yo sé por qué te lo digo". La narración no respeta la cronología mítica, ya que cuando Helena fue rescatada de Troya, Paris ya había muerto. Por otro lado, el título nos transporta al mundo actual, a la era de lo digital.

## 8. Antíope: "Modestia" (18)

Fue una de las reinas de las Amazonas raptada por Teseo a la que estas tuvieron que liberar (Dio. Sic. 4.16 y 28). La "falsificación" se produce al dar a entender que su "rapto" fue una marcha voluntaria.

## 9. Hefesto y Afrodita: "El adulterio delatado" (19)[31]

Bajo teónimos latinos, el dios del fuego sabe que su esposa lo engaña porque se pone a la defensiva cuando comenta la belleza de Adonis. Este es el motivo que da pie al título del microcuento. Sin embargo, el adulterio más famoso de la mitología es el que comete la diosa de la belleza con su cuñado Ares, dios de la guerra. Aquí es reemplazado por Adonis, el apuesto muchacho cuya belleza sorprendía y enamoraba a la propia diosa, a la que solía acompañar.

## 10. Leda: "Las inocentes víctimas de los caprichos divinos" (20)

Denevi recurre a la historia de Zeus metamorfoseado en cisne para poseer a Leda (Ps.-Apol., *Bibl.* 3.10.7). La mujer gozó tanto que morirá despedazada por cisnes rabiosos a los que obligaba a repetir la proeza del dios. El autor quiere que el lector indague en este personaje (ya aparecía en "Metamorfosis" de *Falsificaciones*): "¿Nadie se pregunta cuál fue el destino de aquella pobre muchacha?". Es la madre de los Dióscuros (Cástor y Pólux) de Helena y de Clitemnestra, pero el mito no nos dice nada más de ella. Denevi quiere completarnos este vacío mitológico y nos recrea con ironía y parodia cómo fueron sus últimos días.

---

[31] Véase la propuesta de edición de Pinton (2017: 92).

## 11. Príapo: "Erosión" (21)

Aquí el autor recurre a una anécdota narrada por un ficticio Filoctetes que señala que en los caminos de Tracia las estatuas del dios Príapo estaban mutiladas y, cuando se propone investigarlo, los tracios le dicen que antaño tenían colosales cipotes, pero que sus mujeres eran muy devotas. La respuesta se encuentra en el título del microrrelato y, para incidir más en el sarcasmo, "Filoctetes apunta, como al descuido, que las estatuas eran de bronce, de mármol o de piedra granítica". En este caso no se recrea una historia mítica, sino que se hace un chiste con los atributos del dios, en la línea que habíamos visto en "Sátiros caseros".

## 12. Laodamía: "Una viuda inconsolable" (22-23)

Denevi toma el mito de Protesilao al que, tras morir en la guerra de Troya, los dioses infernales permiten regresar al mundo de los vivos para despedirse de su esposa (Luc., *DMort.*, 23) y esta, ante la falta de su marido, termina suicidándose. Sin embargo, por el contenido de su obra, el autor modifica el mito, haciendo que Protesilao sea "famoso por los ornamentos de su entrepierna", algo que lleva a su mujer a un éxtasis tan profundo "que había que despertarla a cachetazos". Esta innovación creemos que está inspirada en la *Heroida* 13 de Ovidio, cuando, en la carta de la amante esposa a su marido recién partido a la guerra, señala que se desmayó (vv. 23-24) o que, cuando sueña con él, desfallece de alegría (v. 114).

En el segundo párrafo, el autor se hace eco de una noticia que cuenta Higino (*Fab.* 104) en la cual la mujer, para mitigar su dolor, manda construir una estatua de su esposo y, cuando su padre la sorprende besándola, la manda destruir y ella termina suicidándose. Denevi da nombre al escultor, Forbos, que tiene el encargo de hacer una estatua de tamaño real y con los atributos viriles en toda su gloria, con la recomendación de que "mi marido no tenía nada que envidiarle a Príapo". Terminada la estatua, la mujer la destruye porque el artista exageró las proporciones y, al pedirle explicaciones, le dice: "Perdóname. Es que no conocí a tu marido, por lo que me tomé a mí mismo como modelo" (el escultor tendría un nombre parlante, cuya raíz está en relación con el alimento y la fertilidad). La inconsolable viuda, título de la narración, se casó después con Forbos y no tiene el trágico fin de las versiones míticas.

### 13. Cástor y Pólux: "Necrofilia" (24-25)

Denevi se inventa tanto el mitólogo que cuenta la historia, Patulio, como los nombres y la historia del matrimonio protagonista del mito: Barión, que luchó contra los mirmidones, y Casiomea. En este contexto, un mozalbete llamado Cástor pasa desapercibido. El esposo sorprende al joven en brazos de su mujer, lo mata y lo arroja al mar. Días después se le apareció el fantasma en la alcoba y lo conminó a ir al templo de Plutón y sacrificarle dos machos cabríos para expiar el crimen, so pena de llevárselo con él al inframundo. Mientras tanto, el aparecido reanudaba sus amores con Casiomea. Sucedió varias noches. Según el mitólogo, que intentaría dar una interpretación racionalista e irónica de este tema, Cástor tenía un hermano gemelo: Pólux.

Las historias de fantasmas y aparecidos son frecuentes en el mundo griego. Según el mito, que vacila bastante sobre la mortalidad de los Dioscuros, Cástor fue asesinado por su primo Linceo (Higino, *Fab.* 80) o Idas (Ps.-Apol., *Bibl.* 3.11.2) y, aunque había mujeres de por medio, no es el contexto propuesto por el autor, cuyos personajes muestran su identidad mitológica al final del relato.

### 14. Giges: "Excesos del pudor" (26)

Denevi se hace eco de lo contado por Heródoto en 1.8-12 (el rey de Lidia quiere que Giges contemple la belleza de su mujer desnuda y ella, en venganza, convence a Giges para matar al rey y hacerse con el trono). En este caso no hay invención y el microrrelato es fiel a esta fuente clásica. A propósito del título, parece inspirarse en el historiador griego cuando señala: Ἅμα δὲ κιθῶνι ἐκδυομένῳ συνεκδύεται καὶ τὴν αἰδῶ γυνή ("con el vestido despojado, la mujer se despoja también del pudor").

### 15. Edipo y la Esfinge: "Decadencia" (28)

Estamos ante otra "falsificación" del mito. En este caso el autor nos presenta a una Esfinge más sensual que la retratada por Pseudo-Apolodoro (*Bibl.* 3.5.8) y la relaciona con Edipo, pero eliminando toda la referencia a Tebas: tan solo el monstruo devoraba a los caminantes que no descifraban su acertijo. Este varía con respecto a las fuentes clásicas: "¿Quién es el único animal con tres patas?". La sorpresiva respuesta de Edipo fue "Yo", levantando su clámide y demostrando que no mentía. El fin de la Esfinge es distinto: aquí, se quedó muda (de rabia o de admiración) e irónicamente pasará sus días como una de esas curiosidades y rarezas en un circo ambulante.

### 16. *Odisea*: "Fidelidad" (32)

En este caso no aparece el nombre de ningún dios o héroe griego conocido, pero es una parodia de la *Odisea*, citada en la primera línea del relato: la fidelidad de Penélope. Supuestamente, sería la historia de un compañero de Ulises que llegaría a su hogar después de veinte años y se encontraría con su esposa… y veinte hijos. Denevi señala que el mito fue recogido por un (inventado) poeta Calistágoras, que señala que su mujer se lo explicó diciéndole que había suplicado a Eros poder quedar embarazada con solo pensar en su marido ausente y que el dios se lo había concedido.

## 17. Medusa: "La verdad sobre Medusa Gorgona" (35-38)[32]

Este interesante microrrelato pone en relación a Medusa con un conocido personaje de los cuentos populares: Cenicienta. Al igual que esta, sus dos hermanas, Esteno (aquí llamada Esternis) y Euríale, que no solo eran feas sino que también envidiaban la belleza de Medusa, hicieron correr el rumor de que petrificaba con su mirada. La fealdad representa aquí el aspecto monstruoso de estas mujeres. En la Antigüedad las tres Gorgonas tenían colmillos de jabalí, alas de oro, garras de bronce y horripilante cabeza rodeada de serpientes venenosas y únicamente Medusa era mortal (Ps.-Apol., *Bibl.* II.4.2); sin embargo había una variante que indicaba que Medusa había sido una bella joven a la que Atenea había castigado por profanar su templo, donde fue violada por el dios del mar (Ov., *Met.* 4.794-803).[33]

Denevi nos muestra a una hermosa muchacha que sale de casa y encuentra todas las calles vacías (los vecinos se esconden al saber por sus malvadas hermanas que su mirada convierte en piedra) el mismo día que Perseo naufraga y se adentra desnudo (sin toda esa vestimenta especial que llevaba en el mito) por las calles de la vacía ciudad. Se encuentra con Medusa sentada en la puerta de su casa; la joven comienza a contemplarlo desde los pies y, conforme va subiendo, y el joven desnudo la ve, los vecinos observan cómo se endurece. Durante los diez años que vivieron juntos, Perseo estará con su miembro "petrificado" y de ahí la mala fama de Medusa. Esta última parte nos recuerda a las interpretaciones racionalistas que ya los mitógrafos de la Antigüedad hicieron de este mito, como leemos por ejemplo en Heráclito (1), con una Medusa cortesana cuya belleza dejaba a los hombres anonadados, como si los petrificara.

---

[32] Véase la propuesta de edición de Pinton (2017: 81-82).
[33] Aunque es Ovidio quien muestra el motivo de la metamorfosis de Medusa, que fue amada por Posidón ya nos lo dice Hes. *Theog.* 278 y que era bella Pind. *Pyth.* XII 16 (εὐπαράου, "de hermosas mejillas").

En esta parodia mítica, Denevi da un contenido sexual a la petrificación, provocada únicamente en el sexo de Perseo cuando contempla a la bella Medusa.

## 18. Pan: "Cómo tratar a las mujeres parlanchinas" (39)

La novedad mitológica de este microrrelato es la consideración del dios Pan como juez, justificada aquí porque los faunos-sátiros estaban asociados a este dios y, por ser él el fauno por excelencia, se le haría responsable de los de su especie. Así, Denevi nos presenta un chiste bajo ropajes mitológicos, que, como el anterior texto, recurre a lo grotesco y sexual: la mujer del fauno Marcilio, personajes inventados por el autor, denuncia ante Pan que su marido la somete a "prolongados coitos bucales". Pan falla en favor del fauno al justificarse este señalando que es la única manera de hacer callar a la charlatana.

## 19. Deméter y Perséfone: "Llanto y luto" (40)

El planteamiento del microrrelato y su conexión mitológica son semejantes al del anterior. En este caso es la conversación entre una madre y una hija (aquí Ceres y Proserpina, con teónimos latinos) en la que la progenitora le reprocha recibir la visita de un hombre al día siguiente de enterrar a su marido. La hija le contesta que eso fue hoy porque ayer le prohibió la entrada.

El *Himno a Deméter* es la fuente más antigua (y canónica) que cuenta el rapto de la muchacha por Hades y la desesperación de su madre hasta lograr un acuerdo final entre todas las partes. Resulta curioso comprobar cómo el autor recurre a la ironía con estos personajes, pues aquí fallece el marido de Proserpina, que no es otro que el dios de los muertos, y, además, no sería de extrañar que la diosa prohibiera la entrada a sus aposentos a un hombre vivo, pues solo podría hacerlo muerto.

## 20. Afrodita: "Escrito en los muros del templo de Afrodita en Pafos" (41)

En este caso, el título del microrrelato es más extenso que el microrrelato en sí, que no tiene acción y conforma la cita de una inscripción. Ciertamente, se alude a la diosa griega del Amor, en concreto a uno de los santuarios más importantes que tenía en la antigua Grecia: el de Pafos (isla donde se localizaba el nacimiento de la diosa). El texto plantea una elección: "Ama o sálvate: elige". En línea con los poetas líricos griegos y con los tópicos eróticos de la literatura epigramática, donde el amor se planteaba como una causa de sufrimiento y de tormento del que se pretendía escapar, aquí ese imperativo "sálvate" con la disyuntiva representa lo contrario a la primera tesis y, por lo tanto, equivale a "no ames".

## 21. La prole de Tespio: "Ingenuidad" (42-43)

Una vez más, Denevi juega con el mito griego de las Tespíadas ("El trabajo nº 13 de Hércules" de *Falsificaciones*). En la presentación de la historia, nos dice que "Tespio tenía cincuenta hijos gemelos". Según el mito, este hijo de Erecteo, no tuvo cincuenta hijos, sino cincuenta hijas, las Tespíades, que se las ofreció a Heracles con el objetivo de emparentar con el héroe (Ps.-Apol., *Bibl.* 2.10) –Heracles pensaba que siempre era la misma–. De aquí surgiría la idea de los cincuenta gemelos, pero con cambio de sexo. Así, el autor focaliza la historia en uno de ellos, el mayor, al que llama Clístenes, que conoció y se casó con una tal Filis, casta y con poca experiencia amorosa. Después de satisfacer a su esposa durante siete veces consecutivas, abandona la alcoba y sus cuarenta y nueve hermanos fueron uno a uno reemplazándolo como marido. Al igual que Heracles con las Tespíades, Filis creyó que siempre era el mismo y se queja cuando su verdadero marido llega a la alcoba dispuesto a dormir: "Si en la noche de bodas te muestras tan remolón, lindo porvenir el mío".

La muchacha toma gusto a los placeres sexuales y su marido termina huyendo a Macedonia donde se hizo sacerdote de Vesta. De nuevo aquí se vuelven a invertir los roles genéricos del mito y se recurre a la ironía, pues Vesta, símbolo de la fidelidad, solo tenía sacerdotisas, a las que se les exigía ser vírgenes, hermosas y de buena familia.

## 22. Alcmena: "Tormento de un marido engañado" (44-45)

Denevi recrea fielmente el encuentro de Alcmena y Zeus, metamorfoseado en Anfitrión, esposo de la reina tebana (la primera página). Luego ya modifica los planteamientos míticos, recurriendo a la potencia sexual del dios griego. Así, dicho encuentro provocó que los coitos posteriores con el verdadero marido no tengan la misma calidad, por lo que la mujer mantendrá un rictus nostálgico y melancólico que atormentará de por vida a su marido. Aunque ya hay referencias en autores griegos, la obra que recrea con *vis comica* este mito es el *Anfitrión* de Plauto.

## 23. Narciso: "Multiplicación y muerte de Narciso" (46)

El mito de Narciso que aquí vemos no tiene nada que ver con Eco ni con el mito canónico que nos ha transmitido Ovidio (*Met.* 3.339-510), al igual que veíamos en *Falsificaciones*. En este caso, Denevi nos dice que Vulcano, dios de la fragua, inventó el espejo para su querida esposa Venus y, en una discusión, hizo añicos el espejo, cuyos trozos cayeron a la tierra. El primer hombre que los encontró fue Narciso, que vio a varios y hermosos jóvenes que lo contemplaban y, enamorado, corrió hacia ellos y todos, incluido él, desaparecieron.

Aunque el espejo moderno es un invento del siglo XIX, ya en la Antigüedad, así como en otras civilizaciones antiguas, conocían un tipo de espejo en el que se pulía una superficie que reflejaba lo que se ponía ante ella. En el arte, vemos que es uno de los atributos que sirven para identificar a la diosa del Amor, de ahí que Denevi atribuya este invento al dios de la fragua que, por otro lado, regaló a su esposa diversos artilugios para resaltar su belleza. Entre esas "trifulcas entre marido y mujer" se encontraría una referencia velada al adulterio mitológico más conocido (Afrodita y Ares), que provocó que los Olímpicos se rieran del marido burlado. Esta mítica discusión sirve para enlazar a los dioses con el mito de Narciso, que aquí, en lugar de metamorfosearse en flor al no poder apartarse de su propio reflejo en las aguas, terminará desapareciendo, como la belleza de la flor y la flor misma con el paso del tiempo. Así Denevi actualiza el mito, ya que el espejo natural de las aguas que aparece en el mito es sustituido aquí por el espejo elaborado por el hombre roto en mil añicos (la multiplicación de Narciso que, al desaparecer, será irónicamente por cero).

### 24. Triptólemo: "El amor egoísta" (47)

Triptólemo (sin tilde en el relato) es el héroe eleusino que aprendió de Deméter las artes de la agricultura y las difundió entre los hombres. El *Himno a Deméter* así nos lo cuenta. Sin embargo a Denevi esta hazaña no le interesa y este héroe sustituye a su hermano Demofonte, al que la diosa a través del fuego, durante su estancia en Eleusis, trató de hacer inmortal en vano, pues fue descubierta por su madre, Metanira. En el microcuento, quien lo impide es Caspea (personaje inventado), amante de Triptólemo, porque no quería que fuese inmortal mientras ella no lo es, con una referencia a las Parcas, las tres hilanderas que representan la muerte. Es la misma idea que habíamos visto en "Todo amor es unilateral", de *Falsificaciones*.

## 25. Tiresias: "Ventajas de la bisexualidad" (48-49)

En una reescritura de mitos eróticos no podía faltar Tiresias (dos veces lo hemos visto en *Falsificaciones*), que vivió como hombre y como mujer y fue interrogado por el propio Zeus para saber cuál de los dos sexos gozaba más durante el acto sexual (Ov., *Met.* 3.316-338). Denevi hace de esta doble metamorfosis sexual (de hombre a mujer y de mujer a hombre) un don voluntario que no se corresponde con el mito:

> Por un don que le habían concedido los dioses, Tiresias podía cambiar de sexo cuantas veces se lo propusiera. Lo hizo a menudo, y así fue como, mujer, se la disputaban los hombres y, hombre, se lo disputaban las mujeres, porque sabía qué es lo que cada sexo espera del otro.

A continuación, bajo los epígrafes "Tiresias mujer" y "Tiresias hombre", el autor trata de justificar esta afirmación a través de imágenes estereotipadas para cada sexo e, irónicamente, hacer una apología de la bisexualidad.

## 26. Pílades: "El tercero en discordia" (53)

En las primeras líneas del microrrelato, Denevi nos retrata bien a este personaje, conocido por las tragedias *Coéforos* de Esquilo y las *Electra* de Sófocles y de Eurípides: "Pílades es el amigo íntimo de Orestes. Siempre atildado, siempre impecable, en presencia de los demás no habla, mudo como un muerto pero vigilante como una lechuza". Después, con ironía, le atribuye ser el causante de que los idilios amorosos de Orestes duren poco y terminen mal, a modo de un cizañero y oculto amante. A propósito de esto último, en un diálogo atribuido a Luciano de Samosata, *Amores* (Ἔρωτες), en el que se analizan las ventajas y desventajas de la heterosexualidad y el homoerotismo, Pílades y Orestes son puestos como ejemplo de amistad homoerótica (47).

## 27. Medea: "Consejo de Medea a una muchacha" (54)

El contenido mitológico se refleja únicamente en el título. El irónico consejo de la que iba a ser abandonada por su esposo Jasón y así verse reemplazada por la princesa corintia Glauce (según *Medea* de Eurípides) es abandonar primero al amante: "Si no quieres que tu amante te abandone, cámbialo por otro". Desde luego, no fue lo que ella hizo, pues sus acciones no le sirvieron para retener a Jasón, aunque sí para vengarse de él. Por ello, Denevi la parodia y retrata a una Medea fría, pero no la sanguinaria cuyo consejo podría haber sido: "Si no quieres que tu amante te abandone, desatze (por decirlo suavemente) de su amante".

## 28. Ulises: "El amor es crédulo" (55)

"Odiseo cuenta sus aventuras desde que salió de Troya incendiada". Esto sucede en *Odisea*, dando nombre a una parte importante de la obra que se conoce con el nombre de los relatos en la corte del rey Alcínoo. Sin embargo, Denevi pospone esta narración a su regreso a Ítaca, ante una mujer, Penélope, que no lo cree y piensa que son todo imaginaciones suyas. Odiseo se marcha enfurruñado y va tras él un personaje inventado por el autor, Milena, tal vez una criada (una de esas que, en la *Odisea*, fueron fieles a su amo y no colgadas), que le pide que le hable de las sirenas y a la que el héroe desprecia: "Como ignora que ella lo ama, ignora que ella le cree". Esta especie de moraleja, en consonancia con el título del relato, nos hace pensar que si Penélope no lo cree, es porque ya no lo ama, destruyendo el final feliz de la epopeya griega. Por otro lado, volvemos a encontrar la imagen de un cansino Odiseo que va contando sus aventuras, como las historias del abuelo, a quien quiera oírlo (como en "Genio práctico de la mujer", de *Falsificaciones*").

## 29. Heracles y Ónfale: "La mujer ideal para el perfecto machista" (56-58)

Denevi se permite recrear la historia, que nos transmiten Diodoro Sículo (4.31.5-8) y Pseudo-Apolodoro (2.6.3), de Heracles esclavo de Ónfale, reina de Lidia, aquí retratada como una devoradora sexual que quiere iniciarse en el lesbianismo. Denevi hace al héroe prestarse a la broma y disfrazarse de mujer. Este travestismo del héroe nos recuerda a la estancia de Aquiles en Esciros manteniendo relaciones con Deidamía. El relato termina con el héroe travestido en erección al contemplarse en un espejo, auténtica ironía si tenemos en cuenta el título del relato, y que relacionamos con el microrrelato "Multiplicación y muerte de Narciso" ya visto.

## 30. Aquiles y Patroclo: "Vodevil griego" (59-61)[34]

El autor recurre a una fuente ficticia, Ecmágoras, que revela cómo comenzaron Aquiles y Patroclo a hacerse amantes. Este autor, de existir, sería probablemente un poeta alejandrino que, como Calímaco en sus *Aitia*, estaba preocupado por las causas de las cosas, en este caso el origen de los amores de los dos héroes. Es cierto, como señala Denevi, que Homero apenas lo da a entender (de hecho no lo hace) y que otros autores lo admiten sin tapujos (como Platón). Sin embargo, inventa tanto la fuente como la historia. Así, lo hace casado con Ifigenia (en el mito este personaje es la hija de Agamenón que fue llamada a Áulide con el pretexto de casarse con Aquiles, cuando en realidad iba a ser sacrificada para obtener vientos favorables para la flota griega −como sucede en *Ifigenia en Áulide* de Eurípides− y, por tanto, nunca fueron esposos), pero prendado de la esclava Polixena (en el mito, es la princesa troyana que, tras la caída de la ciudad, corresponde en el reparto a un Aquiles ya muerto

---

[34] Véase la propuesta de edición de Pinton (2017: 77-78).

y, por lo tanto, será sacrificada para que se una con su amo en el Más Allá). Según la mitología del ciclo troyano, estas dos mujeres son las vírgenes sacrificadas con las que se da inicio y se pone fin a la guerra de Troya, y aquí el autor se hace eco de esa relación que guardan con el héroe, aunque no de forma simultánea. A modo de vodevil, o de culebrón, Aquiles hace que la esclava duerma en el cuarto contiguo al suyo y, antes de acostarse con su mujer, lo hacía con la esclava para luego correr a su lecho conyugal y cumplir con su deber (el texto nos deja constancia de la virilidad del héroe, como también el mito, que lo relaciona con Deidamía, Briseida, Helena, Pentesilea o Medea). Como las dos mujeres protestaban, una por irse demasiado pronto y la otra por cumplir demasiado rápido, pide ayuda a su amigo Patroclo e idean que, a oscuras, ambos se acuesten con las mujeres y en el momento exacto, Aquiles fuese junto a su mujer para no tener prole bastarda. Pero los hombres, a oscuras y excitados, cuando se cruzaban para cambiar de cuarto: "una noche tropezaron, otra noche fue un manotazo en broma, otra noche fue una caricia, otra noche fue un beso al pasar, y un día Aquiles y Patroclo anunciaron que se iban a la guerra de Troya. Lo demás es harto sabido". Con esta elipsis final, el autor da a entender las relaciones sexuales entre ambos, pero es tan ambiguo como Homero, que no lo dice, pues tras ese "lo demás es harto sabido" puede estar refiriéndose irónicamente a la guerra en Troya.

### 31. Nausícaa: "Justicia" (62)

La única referencia al mito griego es el nombre de la hija del rey Alcínoo de la *Odisea* y su patria, Feacia. Aquí se la hace casada (comete adulterio) y por tal delito será llevada ante un tribunal. Ella se defiende diciendo que pecó de gula, levantando la túnica de su amante. Paródicamente, los jueces la absuelven (la gula no es delito), pero confiscaron a su amante. Así, la justicia puede absolver a culpables, si la defensa ofrece buenos argumentos.

## 32. Eros: "Cuestión de prestigio" (63)

De nuevo otra historia mitológica inventada por Denevi en la que participa una tal Euderpe, ninfa que persigue a Eros y que este rehúye. Ambos no se gustan, pero la ninfa únicamente quiere darse "las ínfulas que se dan tus amantes". De nuevo se aprecia la relación entre título y texto irónico en una reescritura que recrea, de forma inversa, las mitológicas persecuciones a las ninfas.

## 33. Hera y Zeus: "La dignidad de la mujer es contagiosa" (64)

Quien conoce la mitología griega sabe de los escarceos amorosos de Zeus y de la antipatía y venganza que Hera siente hacia las amantes de su marido (Sémele, Leto, Calisto, Ío, Elara…) y los hijos ilegítimos de este (por ejemplo Heracles, al que intentó evitar que naciera y al que envía dos serpientes siendo un recién nacido para que lo estrangulen). Bajo teónimos latinos, Denevi parodia estas acciones y cambia aquí los sentimientos de la esposa celestial que, aunque conoce perfectamente las aventuras extramatrimoniales de su marido, permanece en silencio, no provoca escenas de celos y mantiene su sonrisa y porte majestuoso. Esta actitud conmueve al mismo padre de los dioses, que no siente ya placer en sus aventuras extramatrimoniales y se queda en casa, contagiado por el decoro de su esposa.

## 34. Eros: "Eros Artifex" (65-69)

El contenido mitológico viene en el título: el nombre del dios Amor acompañado del epíteto "Artifex", que viene bien a la historia de (des)amor narrada en el texto. Es la primera vez que vemos este epíteto atribuido a Eros, pero sí lo hemos documentado referido a otro héroe: Ulises.[35]

---

[35] Así, Plinio el Viejo, en *Nat.* 35.71.5: *Ulixes, fecundus artifex*.

Este microrrelato, el más largo del libro, viene precedido de una cita de las *Memorias* de Casanova de Seingalt (siglo XVIII): "Solo nos enamoramos de un rostro". Denevi cuenta la historia de un inventado y legendario rey de Frigia, Lelio, que sentía placer sexual contemplando estatuas más que a personas de carne y hueso, hasta que conoció a Hebdómeros ("que significa tampoco se sabe qué"), con un cuerpo asexuado cubierto de una fina funda broncínea y con el rostro oculto por una máscara. Según la cita que encabeza el texto, Lelio quiso conocerlo y al quitarle la máscara encontró otra, y otra, y otra... hasta que lo encontraron loco entre un montón de máscaras y a Hebdómeros no se le volvió a ver. El nombre de este misterioso amante, que significaría algo así como "el séptimo amor", es el título de una conocida novela surrealista aparecida en 1929, obra del pintor Giorgio de Chirico.

### 35. Atenea: "El arte de la réplica" (70)

Denevi ofrece tres novedosos episodios de una de las diosas vírgenes del panteón griego: Palas Atenea, "combinaba la pudicia de sus costumbres con una lengua filosa y mordaz". Así descrita, en los tres casos, la diosa replica irónicamente a tres hombres que quisieron tener trato con ella: un soldado, un decrépito anciano y un pirata tirreno. Todos ellos serán víctimas de la diosa por sus insinuaciones. Destacamos en el relato que bajo "esa mujer de ojos de búho" se esconde el epíteto homérico de la diosa: γλαυκῶπις.

### 36. Príapo: "Panegírico" (72-73)

Denevi no podía terminar esta obra si no era con este dios: Príapo, dios de la fertilidad al que se le representaba con un enorme falo. Según el autor, el microrrelato es un fragmento del himno que las sacerdotisas del dios entonaban en loor de la divina méntula. En total son seis párrafos, a modo de irónicas adivinanzas, en las que el pene es comparado con diversos elementos: pájaro, mástil, faro, columna, bastón, montaña...

## Conclusiones

Denevi somete el mito griego a una reelaboración novedosa con el propósito de dotar a sus microrrelatos de una carga erudita y cultural compleja, lo que supone un mayor y mejor disfrute para aquellos lectores que conozcan el mito que se esconde detrás de esa breve historia que para aquellos que lo desconozcan, pues el lector debe interpretar el contenido mítico que el autor no explicita.[36] Así, con las anotaciones y comentarios aquí realizados, pretendemos ayudar en las futuras ediciones de estas obras.

Las transgresiones míticas aquí vistas sirven de parodia y de comicidad, de tal modo que la ironía consiste en ver la anormalidad como algo normal. En este sentido, Denevi juega con el mito para ofrecer una versión imaginativa e inusual, pero probable, por lo que estamos ante "falsificaciones", como él llama a muchos de sus microrrelatos, entendidas por partida doble: no solo el autor ofrece una falsificación de la historia, sino que, en algunos casos, a través de la racionalidad trata de hacer ver que el mito original fue una falsificación porque la historia en realidad fue como él la cuenta. Así, el propio autor comenta (*apud* Noguerol, 1994: 204-205):

> Yo diría que este título [*Falsificaciones*] está cargado de malicia, y la intención solo era demostrar que lo que llamamos historia, y aun la historia inventada, que es la literatura, no es más que una probabilidad elegida entre muchas. Lo que sabemos

---

[36] Así, recordamos las palabras de Steiner (1999: 32): "Un clásico de la literatura, de la música, de las artes, de la filosofía, es para mí una forma significante que nos *lee*. Es ella quien nos lee, más de lo que nosotros la leemos [...]".

de la historia no es más que una de las caras de un poliedro, elegida por el historiador [...].[37] Querer mostrar que todo lo que llamamos verdad es verdad, no es sino una de las posibilidades de la verdad. Siempre puede haber otras, tan legítimas como la anterior.

Vemos, en estas palabras, la idea de las múltiples lecturas a que se somete un texto (tema borgeano), ofreciéndonos Denevi la suya, pero siendo conscientes de que puede haber otras. Por ello, también en los microrrelatos de asunto mítico se aprecia un alto nivel de relaciones textuales, pues la fuente más importante para conocer el mito griego es la literatura (incluso hemos visto ejemplos donde el mito utilizado por Denevi procede de textos que beben en la tradición clásica). Es cierto que el contenido mítico se pudo conocer a través de fuentes secundarias, como enciclopedias o libros de mitología, pero hemos comprobado que el autor en algunos casos consultó textos de la literatura grecolatina a la hora de recrearlos (como la *Biblioteca mitológica* atribuida a Apolodoro, la *Historia* de Heródoto o *Idilios* de Teócrito) y, en otros casos, parte de recuerdos de lecturas anteriores (como las epopeyas homéricas, diferentes tragedias griegas, etc.) y de su bagaje cultural, pues sabemos que desde niño era un ávido lector. También hemos apreciado la emulación de mitógrafos antiguos por parte del autor argentino a la hora de "falsificar" el mito, al igual que aquellos trataban de racionalizarlo (sus falsificaciones son también, en cierta medida, racionalizaciones). La cita es otro de esos canales de influencia del mundo clásico, aunque en los aquí analizados solo hemos encontrado como válida una del apócrifo Apolodoro. Respecto a las citas, debemos tener presente que eran un elemento importante en esa primera edición de *Falsificaciones*, pues se atribuía cada texto a un determinado autor (falso). No nos ha parecido conveniente

---

[37] En este sentido, ya señalan Flawiá y Assis (2008: 145): "*Falsificaciones* cuestiona la versión única de la escritura, pone en juego sus múltiples posibilidades; la verdad única se diluye en un mar de otras formas proteicas".

analizarlas, pues en la versión definitiva de la obra, el autor decide eliminarlas, introduciendo un microrrelato (Denevi, 1984: 342) que justifica dicha acción. No obstante, su huella queda en otros muchos textos, como hemos visto. También es importante la alusión al personaje mitológico que, normalmente situado en otro contexto, da pie a la reescritura. Es lo que sucede por ejemplo en "Necrofilia"; en estos casos, para percibir bien el elemento irónico o paródico, el lector debe conocer quién es dicho personaje. Esto le provoca sorpresa, pero una sorpresa diferente a la que vemos en otros textos, al descubrir el lector que la propuesta de Denevi no sería tan descabellada. Tan solo en uno se sigue la fuente clásica de manera fiel, con un contenido ya cercano a lo histórico legendario: "Excesos del pudor".[38] Así, atendiendo a los diferentes tipos de relaciones transtextuales, en terminología de Genette (1989), encontramos en estos relatos de Denevi intertextualidad (relación de copresencia entre dos o más textos, como citas y alusiones tanto de textos de la Antigüedad grecolatina como de su tradición), paratextualidad (relación de un texto con su paratexto, como el título o las notas apócrifas de la primera edición de *Falsificaciones*), metatextualidad (creación de un texto como comentario de otro y que hemos podido ver en esas interpretaciones a modo de racionalizaciones) e hipertextualidad (dependencia de un texto fuente o hipotexto). Vemos, por tanto, una continuidad de la tradición literaria, pero dicha dependencia quiere ser también ruptura, en el sentido del tratamiento original que aparece en los mitos y sus tramas.

Hemos visto que el autor escoge una gran variedad de mitos, desde los dioses y héroes más conocidos (Venus, Ulises, Hércules, el Minotauro…) –lo que no implica que tome de ellos pasajes míticos populares–, a otros que no

---

[38] A propósito de la tradición clásica en general, Pinton (2017) clasifica los microrrelatos hispánicos en cuatro grupos: los textos que son fieles a las fuentes, los que la alteran (falsificaciones), los que dan una lectura en clave moderna y los que mezclan algunas de las características anteriores.

lo son tanto (Hals, Laodamía, Tespio, Endimión...), lo que indica que Denevi es un buen conocedor de la mitología griega, conclusión que también se apoya en el hecho de que recrea cerca de sesenta pasajes mitológicos diferentes. *Odisea* es, con diferencia, su fuente preferida (Ulises, Penélope, Polifemo, las sirenas, Circe...)[39] y el ciclo épico troyano (repartido entre *Ilíada*, épica homérica y tragedia) le sigue en importancia. Vemos que también siente predilección por monstruos mitológicos formados por seres híbridos, como Medusa, el Minotauro, centauros, sátiros y faunos. Otros personajes que le llaman la atención son Narciso y Tiresias, a los que recurre, al menos, en tres ocasiones.

Otra característica que vemos en estos microrrelatos, tanto en los de asunto mítico como en los que no lo tienen, es la relación que se establece entre el texto y el título, que adquiere importancia en estas narraciones tan breves. Hemos visto que en algunos el contenido mítico (y la clave para entender el texto) únicamente se encuentra en el título (por ejemplo en "Polifemo & Cía."); otras veces el título es una anticipación del contenido (por ejemplo en "La verdad sobre Medusa Gorgona") y, en muchos casos, el título no tiene vinculación mítica, pero resulta relevante porque indica la clave de la reescritura (por ejemplo en "Una desdichada").

Hemos analizado sus dos obras de microrrelatos. No podía ser de otra manera. La primera de ellas ofrece un abundantísimo número de textos que fue añadiendo, modificando y cambiando a lo largo de dos décadas, hasta la versión de 1984 (y hemos visto cómo en ediciones posteriores todavía se añade algún relato más o se hacen pequeñas modificaciones). Aunque no todos, muchos de ellos tienen contenido erótico y, en este sentido, hemos comprobado cómo perfectamente tendrían cabida en *El jardín de las delicias* (véanse, por ejemplo, los primeros aquí estudiados).

---

[39] Ya señala Genette (1989: 222) que *Odisea* es "el blanco favorito de la escritura hipertextual".

Esta obra tiene una temática más marcada al tener sus textos que conjugar mito y erotismo, pero hemos comprobado cómo el autor falsea igualmente la versión mítica canónica, por lo que pudo incluirlos perfectamente dentro de una nueva edición de sus *Falsificaciones*. De hecho, en las tramas míticas que se repiten en ambas obras, Ulises sigue siendo un charlatán, Tiresias cambia de sexo cuando le apetece, etc. En este sentido, ya había advertido Merlo en su prólogo (Denevi, 1984: 9) que el autor "seguramente lo seguirá haciendo" [forjando textos de *Falsificaciones*] y que la nueva recopilación no era definitiva. Por alguna razón, el autor creó un libro nuevo con nuevos textos, pero la forma de tratar el mito es igual en ambas obras: un juego, una parodia de textos y de historias fruto del buen conocimiento y admiración que sentía por la mitología griega.

## Referencias bibliográficas

Andres-Suárez, I. (2008). "Prólogo". En I. Andres-Suárez y A. Rivas (eds.). *La era de la brevedad. El microrrelato hispánico*. Palencia: Menoscuarto ediciones, pp. 11-21.

Andres-Suárez, I. (2010). *El microrrelato español. Una estética de la elipsis*. Palencia: Menoscuarto ediciones.

Delaney, J. J. (2006). *Marco Denevi y la sacra ceremonia de la escritura: una biografía literaria*. Buenos Aires: Corregidor.[40]

Denevi, M. (1984). *Falsificaciones. Obras completas. Tomo 4.* Buenos Aires: Corregidor.

Denevi, M. (2005). *El jardín de las delicias. Mitos eróticos*. Sant Adrià de Besòs: Thule ediciones.

Denevi, M. (2006). *Falsificaciones*. Montcada i Reixac: Thule ediciones.

---

[40] Véase la completa bibliografía (pp. 189-234) de las obras de Denevi y sobre el autor y su obra.

Galindo Esparza, A. (2017). "Circe y las sirenas: de la épica griega al microrrelato hispanoamericano". *Cuadernos de Filología Clásica. Estudios griegos e indoeuropeos*, n° 27, pp. 235-265.
Flawiá, N. M. y Assis, M. E. (2008). *Ayres de familia: cercana lejanía de la cultura clásica en el Río de La Plata*. Tucumán: Universidad.
Garezou, M. X. (1994). "Orpheus". En *Lexicon Iconographicum Mythologiae Classicae*, vol. VII. 1. Zürich: Artemis Verlag, pp. 81-105.
Genette, G. (1989). *Palimpsestos: la literatura en segundo grado*. Madrid: Taurus.
González Delgado, R. (2016). "Antonio Serrano Cueto (ed.): *Después de Troya. Microrrelatos hispánicos de tradición clásica*", *Anuario de Estudios Filológicos*, n° 39, pp. 293-296.
Lagmanovich, D. (1997). "Marco Denevi y sus *Falsificaciones*". *Revista Chilena de Literatura*, n° 50, pp. 65-77.
Lagmanovich, D. (2006). *El microrrelato. Teoría e historia*. Palencia: Menoscuarto ediciones.
Lagmanovich, D. (2007). *El microrrelato hispanoamericano*. Bogotá: Universidad Pedagógica Nacional.
Lagmanovich, D. (2008). "Minificción: corpus y canon". En I. Andres-Suárez y A. Rivas (eds.). *La era de la brevedad. El microrrelato hispánico*. Palencia: Menoscuarto ediciones, pp. 25-46.
Navascués, J. de (1999). "Marco Denevi: el palimpsesto como afirmación del autor". *Anales de Literatura Hispanoamericana*, n° 28, pp. 1055-1065.
Noguerol Jiménez, F. (1994). "Inversión de los mitos en el micro-relato hispanoamericano contemporáneo". En L. Gómez Canseco (ed.). *Las formas del mito en las literaturas hispánicas del siglo XX*. Huelva, Universidad de Huelva, pp. 203-217.
Pinton, G. (2017). *El microrrelato hispánico y la tradición clásica*. Tesi di Laurea. Padova: Università degli Studi di Padova.

Roas, D. (2008). "El microrrelato y la teoría de los géneros". En I. Andres-Suárez y A. Rivas (eds.). *La era de la brevedad. El microrrelato hispánico*. Palencia: Menoscuarto ediciones, pp. 47-76.

Roas, D. (2010). "Sobre la esquiva naturaleza del microrrelato". En D. Roas (comp.). *Poéticas del microrrelato*. Madrid: Arco Libros, pp. 9-42.

Serrano Cueto, A. (2015). *Después de Troya. Microrrelatos hispánicos de tradición clásica*. Palencia: Menoscuarto ediciones.

Steiner, G. (1999). *Errata. El examen de la vida*. Madrid: Siruela.

Valls, F. (2008). *Soplando vidrio y otros estudios sobre el microrrelato español*. Madrid: Páginas de Espuma.

Valls, F. (2015). "El microrrelato como género literario". En O. Ette *et al.* (eds.). *Microberlín. De minificciones y microrrelatos*. Madrid-Frankfurt: Iberoamericana-Vervuert, pp. 21-50.

# 6

# El Grupo de Teatro FyL
# y las preguntas existenciales

### Mónica Maffía

Como directora del *Grupo de Teatro FyL* (Facultad de Filosofía y Letras, UBA) he adaptado varios textos clásicos para la escena contemporánea. Ese grupo de actores principiantes fue adquiriendo herramientas técnicas y de investigación a lo largo de doce años de trabajo (2002-2014), incorporándose paralelamente a otros grupos independientes, y hoy en día, varios de ellos son actores profesionales que podemos ver en teatro, cine y televisión y que en algunos casos son, también, directores y dramaturgos.

Si bien abordamos textos contemporáneos, una característica de este grupo fue su afianzamiento en los clásicos, la investigación de sus corrientes de pensamiento y la exploración de técnicas y recursos estilísticos para resolver los problemas que plantea la puesta en escena de materiales de los que hay poco o ningún registro sobre la forma de afrontarlos en su época.

Así incursionamos en el terreno de la mascarada de principios del siglo XVII, género intermedio entre el teatro y la incipiente ópera, con un montaje de *Mercurio (vs) los Alquimistas* de Ben Jonson que trataba sobre la clonación. La puesta en escena se realizó en 2004 con el apoyo de la Fundación Konex.

También investigamos aspectos de la ornamentación del barroco que yo había trabajado en el Teatro Colón para la puesta en escena de una ópera de Haendel, pero aplicados a Molière en *Improvisación de Versalles*.

Un hito en nuestra producción fue la primera puesta en escena mundial de la última obra en ingresar al canon shakespeariano: *Eduardo III*, por cuya traducción –la primera latinoamericana– recibí el Premio Mayor Teatro del Mundo que otorga por unanimidad un grupo de más de sesenta investigadores y críticos de la UBA.

Sin embargo, en este trabajo nos concentraremos en la puesta en escena de textos griegos realizados con mi Grupo de Teatro FyL, exponiendo los criterios artísticos y procesos logísticos que fueron parte integral de la creación de esas adaptaciones, sea por la conformación del grupo de teatro, la cantidad de actores, por el espacio escénico disponible para la puesta en escena o por los recursos logrados para la producción del espectáculo.

Al trabajar en estos textos como académica y como profesional del teatro, creo poder aportar una mirada diferente a los estudios clásicos en cuanto a cómo se resuelven escénicamente los problemas que presentan estas obras antiguas sin didascalias ni registros de cómo se representaban. Solamente podemos suponer y recrear.

Es precisamente ese aspecto el que interesó a la Dra. Rosa Andújar (University College London, Reino Unido) y al Dr. Konstantinos P. Nikoloutsos (Saint Joseph's University, EE.UU.),[1] organizadores del congreso *Greeks and Romans on the Latin American Stage* llevado a cabo en el University College London en junio de 2014, cuando me invitaron a cerrar el congreso con una ponencia desde mi experiencia de dramaturga y adaptadora de textos clásicos, y como directora de los mismos.

---

1   Véase <https://goo.gl/KMuvaj>.

Cuarenta universidades de Europa, América del Norte y América del Sur participaron en ese congreso en Londres, sin embargo, a la hora de diseñar el afiche, tuve el honor de que de las once fotos publicadas, tres fueran de espectáculos míos (*Mundo-Inframundo*, *Los Persas* y *El Banquete de Platón*).

Y con ese mismo enfoque me invitaron en abril de 2017 a dar una clase sobre teatro griego en la Universidad de Coimbra, Portugal. Por lo tanto, considero este trabajo una oportunidad para compartir estas experiencias que quizás sirvan de material para otros investigadores.

Es fascinante indagar en la forma en que antiguas culturas lidiaron con problemas que aún hoy siguen sin solución porque son inherentes a nuestra naturaleza humana, y compararlos con el particular estado de ánimo de nuestro siglo XXI para ver cómo esto influencia o condiciona nuestra respuesta a ellos. Los dramaturgos latinoamericanos han abrevado mucho en los clásicos griegos y latinos para hablar de nuevos paradigmas, especialmente en los últimos años.

Un análisis crítico del texto focalizando en detalles significativos ayuda a concentrar la atención en los puntos clave del texto en sí. Durante el período de investigación y ensayos, los actores van descubriendo el potencial de los clásicos para interpelarnos, y entonces aparece la necesidad de compartir comentarios de experiencias vividas que tengan elementos de contacto con lo que se está explorando, y exponer sus puntos de vista. Es un momento de gran riqueza y una oportunidad de aprehender los aspectos menos evidentes de las obras, lo que callan los personajes, sus motivaciones, y a través de estas apreciaciones hacer suyas las palabras y silencios que les permitirán construir sus personajes, arrojando nueva luz sobre el material que se está trabajando. Ver los temas y tópicos de estos antiguos dramas en un contexto más amplio implica un crecimiento académico artístico, psicológico y sociológico.

Una experiencia clave fue la elección de *Los Persas* de Esquilo para nuestra producción 2012. Ese año el grupo había quedado reducido a cuatro actores y una actriz que por diferencia de edades o tipos físicos no nos permitía caracterizaciones de roles típicos, de modo que nos resultaba difícil encontrar un material adecuado y que nos motive. Leímos muchas obras que podían adaptarse pero por una u otra razón no eran suficientemente estimulantes para sumergirse durante un año de trabajo. Nunca habíamos abordado el género tragedia y ¿por qué no ir a las fuentes? Simplemente por la curiosidad de que conocieran la obra más antigua de la que exista texto completo y probaran un material de gran escala para cinco protagonistas más el coro, les propuse leer *Los Persas*.

¿Quién podría imaginar que en pleno siglo XXI, un sábado a la mañana en un aula mal iluminada de la Facultad de Filosofía y Letras de la Universidad de Buenos Aires, un drama tan antiguo, un gran lamento de comienzo a fin que trata sobre algo tan remoto como la Batalla de Salamina y no tiene punto de inflexión en el que cambie la fortuna del personaje como en las demás tragedias, podría provocar tal reacción en un pequeño grupo de actores leyendo la fotocopia de una traducción muy erudita pero poco dúctil para ser dicha y llevada a escena?

En otras palabras, a pesar de los filtros temporales, culturales y sociales que nos distancian de aquella antigua tragedia, una mística de trabajo se estableció inmediatamente dejando a los actores en un silencio introspectivo de unión espiritual.

El contraste entre ciudadanos luchando por sus ideales oponiéndose a súbditos y mercenarios que peleaban por ambiciones materiales fue central en la elección de esta obra y queda graficada también en las armas: los griegos luchan de cerca, a pie firme, con lanza y escudo, y los persas de lejos, con arcos y flechas.

La desmesura del rey Jerjes es el poder aniquilador de su ambición sin límite que ofendió a los dioses, y por lo tanto, es la causa de su derrota.

Resultó conmovedor pensar que el mismo Esquilo, apenas ocho años antes de escribir *Los Persas*, fue uno de los trescientos que lucharon en la batalla de Salamina venciendo al poderosísimo imperio persa, y vislumbrar su necesidad de transmitir esa patencia del horror de la guerra, identificar sus disparadores y compartir ese aprendizaje con sus contemporáneos a través de un sistema simbólico que aún hoy, veinticinco siglos después nos obliga a reflexionar sobre nosotros mismos, sobre la dimensión de lo humano.

De hecho, el monólogo del Mensajero, alter ego de Esquilo, es el más dramático de toda la obra.

Y así pone en boca del fantasma del Rey Darío, padre de Jerjes: "De la flor de la soberbia nace la espiga de la desgracia", y pide a los viejos consejeros que amonesten a su hijo y a la reina que lo consuele, es decir, actúa como rey y como padre.

Nos interesó especialmente porque la victoria de los griegos sobre los persas no se presenta desde la perspectiva del vencedor sino como exploración del dolor espiritual de la derrota, desde una mirada compasiva sobre aquellos a quienes vencieron.

El desafío era detectar qué nervio tocaba esta tragedia que ninguna de las otras obras leídas lograba siquiera rozar, descubrir en ella el espejo de nuestros pensamientos. Lo principal era decodificar la reflexión de ese espejo en una traducción que por un lado no distorsionara la tragedia de Esquilo, pero por el otro, permitiera la necesidad de expresión que necesitaba el grupo, porque esa era la razón de esta elección. Recién entonces, encontrar la forma de decir esos textos y lograr que ese concepto en particular pudiera tener un equivalente visual: el vehículo fue la máscara. Vamos por partes.

Para lograr una buena traducción que respetara a Esquilo y que fuera comprensible para el espectador medio, pero que además se adaptara –a través de un trabajo de edición– a los hábitos de escucha del espectador de hoy, traduje del francés una antigua versión e hice un estudio comparatístico con diferentes traducciones al castellano hasta lograr un texto que fluyera bien en boca de los actores. Esto nos llevó a la segunda cuestión: cómo decir esos textos. El paso del texto por el cuerpo, por la vocalidad de los actores es un trabajo importantísimo para lograr recrear la poesía de Esquilo. Requiere de un trabajo técnico sobre la emisión de la voz, sobre la forma de respirar, de emitir, de articular.

La prioridad número tres conecta las anteriores con decisiones de puesta en escena, ya que la máscara que usaban los griegos para tal o cual personaje está íntimamente ligada al uso de la voz. ¿Usar máscaras o no? ¿O trabajar el concepto de máscara desde el maquillaje? Optamos por ambas: dado que el grupo de actores era reducido y la tragedia de grandes dimensiones, por lo tanto, los mismos actores serían coro y personaje. Las máscaras que portarían los uniría en el coro, las máscaras creadas con maquillaje los individuarían como personajes. Los diseños y realización de las máscaras fueron llevados a cabo por caracterizadores egresados del Instituto Superior de Arte del Teatro Colón.

Aquellas máscaras que usaban los antiguos griegos tenían un sistema para amplificar porque los anfiteatros tenían excelente acústica pero el público era muy numeroso. La voz es el personaje y está íntimamente vinculada a la máscara. El uso de la máscara requiere que la respuesta expresiva del actor al texto se manifieste en el uso de la voz y en una gestualidad amplia, desplegando los brazos, recurriendo a la danza, todo lo que pudiera apreciarse desde lejos. Estas características de la tragedia también resultan de una necesidad social y cultural, ya que este tipo de obras se programaban en festivales a los que acudían unas 40.000 personas que se sentaban en semicírculo, en gradas elevadas, obligando al actor a abarcar no un frente sino 180º.

Al situarnos en esta perspectiva vemos que no se puede abordar el género tragedia desde las técnicas actorales que surgieron con el advenimiento del psicoanálisis, porque la asfixiamos. Si nos planteamos hoy en día a un actor en un estadio de fútbol tratando de comunicar un texto de las características de estos poemas sin ingeniero de sonido que amplifique con micrófonos, llegamos a la conclusión de que el pequeño gesto, la mirada que tanto juega en el teatro de hoy, quedarían perdidos en la inmensa distancia que separaba al actor de aquel público griego del siglo V a.C. De ahí la necesidad de portar las máscaras, de usar colores vivos, de trabajar la elocuencia para decir el texto, la musicalidad de la voz y la articulación amplia, además del trabajo gestual exacerbado.

Nos abocamos a indagar en formas artificiosas de la performatividad que potenciaran la contundencia del texto, y buscamos un anclaje en la ópera como género altamente estilizado e íntimamente vinculado a la música y la danza. Por lo tanto la sonoridad de la voz y la gestualidad fueron un especial foco de interés.

La investigadora del Conicet Perla Zayas de Lima hizo la siguiente devolución:

> Me pareció bellísima la puesta en escena, sobre todo la música y las máscaras. Te felicito también por haber solucionado del modo que lo hiciste el problema del espacio, verdaderamente complicado. Tu traducción, bellísima, logra mantener la poesía esquiliana.

También nos llamó la atención cómo se vuelve protagonista la cuestión de género en una obra en que excepto la reina, son todos hombres. Recurrimos entonces a la profesora Paola Raffetta, especialista en historia persa, ex docente en la carrera de Estudios Orientales en la Universidad del Salvador, quien nos asesoró acerca de la significación de que Esquilo decidiera presentar a una sola mujer. Pero, por supuesto, no solo es la madre del responsable de llevar a todo el ejército persa al muere, sino que es la esposa del gran rey Darío y además es hija nada menos que de Ciro el Grande. La razón es que los griegos consideraban a los persas poco viriles al dejar sus destinos en manos de una mujer, por poderosa que fuera. Entonces Esquilo nos muestra a una reina devastada por las malas noticias y poniendo en escena un poderoso ritual que permite que las entidades infernales dejen salir a la sombra de su esposo.

A diferencia del criterio generalizado de vestir de negro la tragedia con un coro uniformado a través de máscaras blancas, elegimos un diseño potente en los distintos lenguajes del espectáculo: escenografía, utilería, vestuario, sonido, coreografía e iluminación.

Por ejemplo, el diseño escénico revela a través de rampas y gradas niveles diferentes que obligan a sus correspondientes protocolos; el ángulo de presentación de la escenografía establece una dinámica, implica movimiento.

La poderosa reina que domina fuerzas ocultas con sus rituales de magia sube y baja todo el tiempo, el coro de nobles ancianos se diferencia manteniéndose en un mismo nivel, el mensajero que trae las malas noticias cae de bruces para palpar la tierra persa y reconocerse vivo. Desde este concepto de puesta en escena necesitaba generar alturas para aumentar el dolor de la caída del imperio. Por eso, resulta conmovedor ver a la reina despojada de sus lujosos atavíos, implorando de rodillas a los dioses. Los telones aterciopelados con detalles dorados reflejan el poderío persa, pero la rampa es inquietante porque no se completa a ras del piso sino que queda trunca, y por debajo de esta estructura, hay un material volumétrico que deja entrever que los cimientos del imperio no son tan sólidos.

Buscamos inspiración para el diseño de las máscaras en algunas imágenes de cerámicas en las que pudimos apreciar el uso del color. Por eso, también el color del vestuario es vibrante. Los persas estaban signados por la magia, los rituales de invocación, las abluciones y la interpretación de los sueños. Por lo tanto, ese será un eje de este montaje y se verá reflejado en el uso de máscaras y maniquíes que cumplen una función simbólico-dramática, afectan la percepción del espectador y establecen un diálogo entre formas teatrales convencionales con otras más marginales, uniendo el teatro y las artes visuales con la música a través de la palabra, la música, la poética del espacio, la arquitectura escenográfica, el diseño de luces y el uso de los objetos.

Entendemos el uso de maniquíes como extensión del concepto de máscara y quedan integrados de tal forma al espectáculo que el público, aun viendo el artificio, los suma al coro de ancianos. De esta forma, logramos una expresión no verbal que nos permite trazar un arco entre la época de Esquilo y la nuestra. Para poner aun más en evidencia esta función de los maniquíes, utilizamos diferentes tipos: los corpóreos que lucen ropa en las vidrieras de tiendas de modas, las figuras típicas de cartón plastificado que se ubican en las veredas de los kioscos y las cabezas de telgopor de las peluquerías, adosadas a una estructura con rueditas.

El espectador identifica estos dispositivos como parte del vértigo cotidiano del siglo XXI, pero los admite como parte del relato porque desde su vestuario y caracterización dialogan con los actores. Trabajamos técnicas brechtianas de distanciamiento porque de esta forma las intervenciones del coro aumentado con los maniquíes, que también portan máscaras, lejos de ser estáticas y sentenciosas, permiten al público aceptar ciertas convenciones y entrar en el juego a tal punto que se sorprenden cuando en el saludo final para el aplauso, ven salir a tan pocos actores.

Parte de la ilusión radica en que los maniquíes portan máscaras enteras mientras que los actores llevan media-máscara pero de un diseño muy similar, todos surcados de líneas de expresión. Y también al servicio de esta construcción de imagen, la luz y los colores de filtros elegidos juegan un rol fundamental para modelar, ocultar, arrojar sombras dramáticas o destacar situaciones y personajes.

Los rituales de purificación, las ofrendas e invocación de los muertos, la decodificación de símbolos y la interpretación de los sueños aparecen en esta, la primera obra de teatro completa de la historia. Los nobles ancianos deben aconsejar a la reina ante perturbadores signos que se le manifiestan en sueños y en estado de vigilia. Esta consulta y la posterior amonestación de sus consejeros, que -según ella- no supieron interpretar los símbolos, son versiones arcaicas de problemas que diariamente en mayor o menor escala deben enfrentar nuestros actuales comunicadores y terapeutas.

Arrancarse los cabellos, tironearse la barba, rasgarse las vestiduras eran representaciones de dolor típicas de la cultura griega, sin embargo estos hábitos de entonces no comunican hoy en día estos extremos y pueden rayar lo cómico. ¿Cómo lograr que el final de la tragedia que enumera todas estas manifestaciones mientras los personajes se retiran del escenario tenga hoy en día fuerza dramática?

Nuevamente, recurrimos a herramientas operísticas yendo en contra del supuesto languidecer del personaje hacia su ocaso. De esta manera, regulamos la forma de decir el texto con articuladores musicales que van ascendiendo a un *fortissimo* y duplicando la velocidad en la cual la réplica del coro queda superpuesta y el ritmo no cede, a lo cual agregamos una banda de sonido casi cinematográfica. El efecto fue devastador. El público salía muy conmovido, algunos lagrimeando y con una necesidad de verbalizar sus emociones a la salida, lo cual nos hizo ver que habíamos logrado producir la famosa catarsis. Y un dato curioso: siendo este un espectáculo para adultos, a lo largo de estas funciones han venido personas con sus hijos pequeños, con el riesgo que eso significa, y sin embargo ni hablaban, ni pelaban caramelos, ni se movían. Las emociones de los personajes y la puesta altamente visual los dejaron mudos de asombro, y al salir ¡decían que les había gustado el espectáculo! ¡Quién sabe qué resabios de estas imágenes les quedarán en la memoria! Pero es indudable que los efectos constructivos de la *paideia* van pasando de generación en generación y no pueden sino ayudarlos a ser mejores personas y mejores ciudadanos.

No deja de maravillarnos la pavorosa vigencia de la obra de teatro más antigua de la historia.

Como éramos el grupo de teatro de la Facultad de Filosofía y Letras, nos planteamos en el año 2008 abordar no solamente material de teatro sino también temas filosóficos. Propuse a la facultad hacer un espectáculo con *El Banquete* de Platón, y no solo celebraron la idea sino que nos apoyaron económicamente para la realización de trajes y escenografía. Además, a diferencia de otros años, nos cedieron el gran salón del Centro Cultural Paco Urondo para montar el espectáculo.

Dado que nunca había sido utilizado para funciones de teatro tuvimos que adecuarlo técnicamente y dotarlo de iluminación teatral. A partir de entonces, ese salón inaugurado con nuestro *Banquete* pasó a ser un espacio teatral más de la Ciudad de Buenos Aires. De grandes dimensiones y con doble fila de columnas a lo largo del salón, presentaba dificultades para ubicar al público sin gradas que facilitaran la visión: demasiado angosto para plantear el área teatral en el fondo sin un escenario que elevara a los actores, y poco profundo para usarlo en forma apaisada.

Finalmente, la misma dificultad se transformó en metáfora y estructuró la dramaturgia en forma rizomática. Cada "compartimento" delineado entre columnas, servía para establecer historias paralelas.

Así, el texto filosófico que tenía el espacio central entre dos columnas era intervenido con escenas de dos comedias de Aristófanes que sucedían en un extremo y otro del salón, más otro espacio entre columnas adjudicado para que Palas Atenea observara toda la función

Y a esto se sumaba la aparición de las musas que, portando los símbolos que las diferenciaban, alentaban a cada uno de los oradores para que su discurso tuviera una u otra orientación. Los filósofos no las veían pero ellas les dejaban un detalle de su presencia.

Era divertido mostrar cómo, al mejor estilo de los jefes de relaciones públicas de hoy, los más célebres personajes de Atenas acuden a la invitación de Agatón para celebrar su triunfo como poeta trágico. Pero lo realmente interesante para nosotros era mostrar que tras el disenso amigable y la pluralidad ideológica, podían tanto exponer sus pensamientos más profundos en cordial conversación, bebiendo hasta altas horas de la madrugada, como también mantenerse expectantes y en silencio ante el gran discurso de Sócrates. Por lo tanto, en este espectáculo hubo momentos de danza, solos de flauta y canto, de video-arte, combinados con la filosofía como búsqueda de la verdad.

El discurso de Diotima decidimos volverlo completamente contemporáneo, y lo dividimos en varias escenas entre diferentes actrices, para que cada nueva etapa de esos conceptos fuera dicha por distintos personajes, una maestra de escuela, una vecina a otra, una estudiante hablando con otra a través de su iPod, para finalmente en los tramos finales del discurso, cuando se vuelve más abstracto, estos personajes desaparecen y una voz femenina grabada se funde sobre lo que dice el personaje de Sócrates, que concluye el discurso solo, abstraído de su entorno.

Los fragmentos elegidos de las obras de Aristófanes eran aquellos que tenían directamente que ver con lo que sucedía en *El Banquete*. Por ejemplo, en *Las Nubes* aparece Sócrates y sus discípulos en clave de comedia, y en *Las Tesmoforias* aparece una versión ridiculizada de Agatón.

Esta producción a sala llena cubrió los cinco sábados de noviembre de 2008 y se repuso al año siguiente en otro teatro (La Manufactura Papelera).

Un *trailer* de dos minutos de esta adaptación teatral subido a *Youtube* (disponible en <https://goo.gl/NnbXWU>) tiene –para mi sorpresa– veinticinco mil visitas.

El último espectáculo que hicimos con el Grupo de Teatro FyL fue *Mundo-Inframundo* de mi autoría, en 2014. Recordando la buena experiencia que tuvimos seis años antes con *El Banquete*, decidimos apostar nuevamente a un texto filosófico como punto de partida para un espectáculo contemporáneo.

Estábamos motivados porque en 2013, fui convocada para hacer una intervención teatral en el emplazamiento de una construcción de la artista plástica Marta Minujin que llamó "Ágora de la Paz" en la Plaza Alemania del centro de Buenos Aires, una de sus expresiones de arte efímero realizada con veinticinco mil libros que serían repartidos entre el público al finalizar la muestra.

Así, planteé la idea de que doce actores interpretando a los filósofos más representativos de la historia del pensamiento occidental, desde los presocráticos hasta Platón, hicieran pequeños discursos de no más de cinco minutos ante grupos de personas que quisieran escucharlos, y se quedaran caminando por la plaza y por el ágora, interactuando con el público. Fiel a mi estilo, allí también estuvieron las musas y Palas Atenea. La reacción del público fue de agradecimiento y entusiasmo por la experiencia.

Pero volvamos al último espectáculo del Grupo de Teatro FyL. Basándome en los *Diálogos de los Muertos* y los *Diálogos de las cortesanas* de Luciano de Samosata, compuse el texto de un espectáculo de gran escala donde -con humor filoso e irónico- se viera cómo las preocupaciones y los intereses mundanos resultan sin sentido al confrontarlos con la muerte.

Mi interés en Luciano deriva del trabajo de investigación para realizar la primera traducción mundial de *Dido, reina de Cartago* de Marlowe por encargo de un gestor cultural de Zaragoza, España.

Dicho sea de paso, tanto la traducción, edición y notas, y el montaje de *Dido* obtuvieron varios premios:

- El espectáculo *Dido reina de Cartago* fue declarado de Interés Cultural Nacional por el Ministerio de Cultura de la Nación Argentina, por Resolución 1139/2015.
- "Trabajo Destacado" en los Premios Teatro del Mundo, rubro: Traducción (UBA, 2014).
- "Trabajo Destacado" en los Premios Teatro del Mundo, rubro: Edición (UBA, 2014).

- Libro declarado "de interés" de la Honorable Cámara de Diputados de la Nación Argentina (2014).

Marlowe estuvo muy influido por la lectura de estos textos y también de los *Diálogos de los Dioses*, que eran libros escandalosos para la época isabelina. En resumen, habiendo indagado en estos diálogos entre filosóficos y humorísticos, preparé un texto que llamé *Mundo-Inframundo* con el cual cerró el ciclo del Grupo de Teatro FyL en la Facultad de Filosofía y Letras de la UBA.

La obra comienza con Diógenes recordándole a Pólux que no le toca resucitar ese día, sino al siguiente, porque es el turno de Cástor. Luego invita a Menipo a recorrer el Hades, asegurándole grandes diversiones, pero el Can Cerbero no le quita los ojos de ninguna de sus tres cabezas de encima.

Fue especialmente motivador para los actores trabajar estos personajes de la mitología, de la filosofía y de la leyenda, encontrar el registro de actuación para los dioses y para los muertos, y trabajar la farsa para los personajes vivos que aún seguían en el mundo.

La caracterización y el vestuario debían marcar una diferencia notable entre el mundo polvoriento de los muertos y el mundo vibrante y lleno de ambiciones de los vivos, la vocalidad también cambiaba de un ámbito al otro.

En su recorrido por el Hades, Menipo conocerá a la planta permanente del Inframundo, verá con sus propios ojos los destinos de las grandes bellezas, los reyes más poderosos reducidos a un puñado de huesos, qué quedó de los grandes héroes de la Antigüedad, y podrá enterarse de los secretos mejor guardados del Hades.

Menipo emprende el viaje pero no como Ulises, canta pero no como Orfeo, y dominará al feroz Can Cerbero pero no como Hércules.

Mientras tanto… el mundo sigue andando.

La mirada sarcástica de Luciano de Samosata nos muestra:

- a las madres induciendo a sus hijas a prostituirse para lucrar con su juventud;
- a esposas engañando a sus maridos mientras ellos están en el campo de batalla con las consiguientes situaciones de enredos;
- y a otros que, mientras, hacen negocios en el mercado donde también van las muchachas a buscar novio en tanto que los feriantes juegan a la guerra.

¿Y todo para qué? Para terminar en el inframundo sumados a una pila de huesos.

Además el Grupo de Teatro FyL también participó en mis puestas en escena de ópera (*La Flauta Mágica, Don Pasquale, Bastián y Bastiana, Carmina Burana, La Mano de Bridge*), pero también en una ópera de cámara de mi autoría titulada *El fin de Narciso*, basada libremente en un texto de Paul Valéry sobre el mito y con música original de Camilo Santostefano.

Desde el libreto se resignifica el mito de Narciso en una contraposición del universo atemporal de las ninfas enamoradas con el culto por la propia imagen característica del siglo XXI.

Desde el título juego con el doble significado de la palabra "fin" en tanto "finitud" o "finalidad". Así, *El fin de Narciso* alude tanto al término o final de su existencia, como al sentido último y definitivo de la misma (embellecer la tierra).

La puesta en escena minimalista, con escasos elementos de utilería, remitía al universo cerrado de Narciso y sus connotaciones psicológicas. El vestuario, en cambio, pleno de simbolismo y belleza plástica, diseñado junto con la escenografía por el prestigioso escenógrafo Sergio Massa del Teatro Colón, contraponía el mundo mítico y atemporal de las ninfas con el del siglo XXI de un Narciso actual (también la sociedad contemporánea, como él, vive en el éxtasis de la imagen y la autocontemplación. Sus "espejos" son el cine, la televisión o los "modelos" impuestos por los medios).

Aparecen dos modos discursivos diferenciados: las Ninfas -seres inmateriales- pertenecen a lo legendario e inmutable, y por su origen divino, se expresan en forma refinada y elegante; Narciso, en cambio -en tanto humano-, se manifiesta visceral y apasionadamente. El lenguaje de la Ninfa Joven adquiere gradualmente las características humanas del lenguaje de Narciso a medida que comienza a operarse su trasmutación en criatura material y mortal.

Narciso, duramente castigado, encontrará ante la muerte el sentido de su existencia. La Joven deambula extraviada entre las Ninfas sin conseguir integrarse nuevamente a un mundo del que ha sido definitivamente expulsada. Narciso regresa para cumplir el mandato divino: fue creado para embellecer la Tierra.

Las actrices del Grupo de Teatro FyL interpretaban a algunas de las ninfas y además conformaban la laguna viviente en la cual se ahogaría Narciso, pero también intervenían ejecutando elementos de percusión a modo de escenografía sonora incidental.

En 2009 *El fin de Narciso* obtuvo el 2º Premio del Concurso Internacional de Ópera de Cámara "Opera Vista", Houston, EE.UU.

En resumen, he intentado repasar los espectáculos basados en textos de la Antigüedad clásica con los que nos hemos planteado las eternas preguntas que acucian a la humanidad. ¿Cómo salir del *cul-de-sac* existencial del cual no parece haber escapatoria? ¿Cómo llegamos ahí en primera instancia? ¿Qué opciones tenemos? Detenernos en las bases del pensamiento occidental nos permite comprender la consecuencia de nuestras acciones y el hacernos preguntas nos va llevando hacia posibles soluciones.

# 7

# ¿Un héroe sin tacha?
# ¿Una reina sin honra?

*La polémica en torno a* Dido *de Juan Cruz Varela*

Luis Marcelo Martino

> Su último renglón es una hebra
> no interrumpida de hilo de oro [...]
> Juan María Gutiérrez

## 1. La acogida de Dido en Buenos Aires

Juan Cruz Varela, considerado el representante por antonomasia del neoclasicismo argentino, compone en la década de 1820 dos tragedias, tituladas *Dido* y *Argia*. La primera de ellas, dedicada a Bernardino Rivadavia, se basa en el episodio narrado en el libro IV de la *Eneida* de Virgilio. La importancia de esta tragedia -la primera que escribe Varela- se pone de manifiesto al hojear los periódicos más relevantes del momento. Tanto *El Argos de Buenos Aires*[1] como *El*

---

[1] Este periódico se publicó entre el 12 de mayo de 1821 y el 3 de diciembre de 1825, con algunas interrupciones. Fue creado por la Sociedad Literaria de Buenos Aires. Sus redactores fueron Manuel Moreno, Esteban de Luca e Ignacio Núñez (1821); Moreno, Santiago Wilde y Vicente López y Planes (1822) y Gregorio Funes (1823). Tras la disolución de la Sociedad Literaria en 1824, ocuparon la redacción Núñez (1824) y Domingo Olivera (1825).

*Centinela*,[2] en sus ediciones de julio a septiembre de 1823, se hacen eco de la aparición de la pieza a través de textos de diverso tipo: anuncios breves, ya sean independientes (*El Argos de Buenos Aires* n° 68, 23/8/1823, tomo segundo)[3] o insertos en un artículo de mayor extensión referido a cuestiones varias (*El Centinela. Periódico semanal* n° 59, 7/9/1823, tomo tercero);[4] una crónica de las lecturas privadas o declamaciones de las que es objeto la tragedia (*El Argos* n° 61, 30/7/1823); reseñas de la pieza (*El Argos* n° 72, 6/9/1823; *El Centinela* n° 60, 14/9/1823); una "contestación" de las reseñas a cargo del autor de la obra (*El Centinela* n° 61, 21/9/1823); textos de réplica a dicha "contestación", incluidos los avisos previos sobre la publicación de la respuesta (*El Argos* n° 77, 24/9/1823 y n° 78, 27/9/1823; *El Centinela* n° 62, 28/9/1823). Tanto las reseñas como las respuestas forman parte de la polémica propiamente dicha en torno a *Dido*, que analizaremos en este trabajo. El resto de los textos, dado que podrían considerarse satélites de la polémica, constituyen asimismo un elemento necesario para abordar la recepción de la obra en la prensa. Antes de abocarnos al análisis prometido, consideramos necesario decir algunas palabras sobre la publicación de *Dido* y sobre su representación.

---

Para mayor información sobre el periódico, consultar Antonio Zinny (1869), Gutiérrez (2006 [1877]: 320-328), Arturo Capdevila (1931), Jorge Myers (2004) y Mariana P. Lescano (2015).

[2] *El Centinela. Periódico semanal* apareció el 28 de julio de 1822 y cesó el 7 de diciembre de 1823. Sus redactores fueron Juan Cruz Varela y en 1823, Ignacio Núñez. Para más datos sobre este periódico, cfr. Zinny (1869) y el prólogo de la edición incluida en la Biblioteca de Mayo (1960).

[3] En adelante, *El Argos*. Todos los artículos de este periódico citados en el presente trabajo pertenecen al tomo segundo, por lo que dicha referencia se omitirá en lo sucesivo.

[4] En adelante, *El Centinela*. Todos los artículos de este periódico citados en el presente trabajo pertenecen al tomo tercero. Por tal motivo, no se indicará este dato en lo sucesivo.

## 1.1. Dido en las librerías porteñas

Las crónicas teatrales publicadas en los periódicos de la época consisten, por lo general, en críticas o advertencias sobre el comportamiento de los espectadores en el teatro y, fundamentalmente, en reseñas de las representaciones recientes de espectáculos dramáticos y musicales. En este último caso, los cronistas se detienen no solo en aspectos de la construcción de la pieza sino también en la versión representada en los escenarios locales, con particular atención al desempeño de actrices y actores, a la labor del director y productor e incluso a las estrategias publicitarias.

La pieza de Varela resulta un caso singular, ya que tiene presencia en las páginas de los periódicos incluso antes de que se pusiera a la venta. Tal como consta en un artículo de *El Argos*, la tragedia fue leída por el propio autor, los días 23 y 28 de julio de 1823, en tertulias celebradas en la casa de Bernardino Rivadavia, a quien estaba dedicada la pieza, entonces ministro de Gobierno y Relaciones Exteriores de Buenos Aires durante el gobierno de Martín Rodríguez, a las que asistieron miembros de la élite ilustrada y personalidades del ambiente de la política ("Comunicado. Teatro Nacional. Dido", *El Argos* n° 61, 30/7/1823, 3, cols. 1-2). Juan María Gutiérrez, en su sustancioso estudio sobre la vida y obra de Varela, caracteriza aquellas reuniones como un "espectáculo [...] nuevo en el país. Un poeta llamando la atención de los gobernantes" (1871: 48).[5]

Sobre la declamación de *Dido* existe además un "documento curioso" salvado por Gutiérrez, según Ricardo Rojas (1915: 17). Se trata de una invitación dirigida a Vicente López y Planes por Varela, anunciándole que Rivadavia "me

---

5   Cfr. también Gerardo Pagés (1961: 265-268).

ha ordenado que a las ocho de hoy vaya a leerla a su casa", y le transmitía el deseo del ministro de que el autor del Himno también estuviera presente (17-18).[6]

Según anota Gutiérrez, la tragedia "se puso a la venta por la primera vez el domingo 24 de agosto de 1823 al precio de seis reales de la moneda de entonces" y, al momento en que el crítico redacta su estudio, "no es fácil encontrar ejemplares de ella y por consiguiente puede considerarse ya como obra inédita" (1871: 59). Gutiérrez aporta otros detalles materiales sobre la edición: el volumen, de 96 páginas, "es una producción de las prensas rejuvenecidas de los *Niños Expósitos*" (73).[7]

Las primeras notas y artículos que dan cuenta de su recepción remiten al texto impreso de *Dido* (y, en algunos casos, a sus declamaciones, como vimos). Este fenómeno constituye un valioso testimonio de la importancia concedida a la práctica del teatro leído. En la prensa se promociona la venta del libro que contiene la pieza, se invita a su lectura, se alude a la experiencia placentera de recorrer sus versos. La instancia de la puesta en escena, no obstante, está siempre presente. Como veremos, el análisis de la pieza está orientado en gran medida por dicha instancia. Los comentarios y opiniones vertidos en las crónicas evalúan los defectos y virtudes de la pieza en función de su representación, juzgando la viabilidad dramática de su asunto o de algunos de sus personajes o escenas, así como los efectos sobre el potencial espectador.

### 1.2. Dido en las tablas

La representación de *Dido* ha constituido, curiosamente, un problema para la crítica. Gutiérrez, en el estudio ya citado, al resumir el argumento de la pieza -resumen no exento,

---

[6] Pagés también hace alusión a esta carta, pero sin mencionar a Gutiérrez, aclarando que fue transcripta por Rojas (268).
[7] Hemos optado por modernizar la ortografía de los pasajes citados. Las cursivas de todas las citas pertenecen al original.

sin embargo, de juicios de valor-, cita un monólogo de la reina, aclarando que "la Trinidad Guevara [lo] recitaba con una voz verdaderamente argentina" (1871: 58). Gutiérrez no aporta más detalles sobre la fecha de esta representación en que la famosa actriz habría desempeñado el papel de Dido. De todos modos, esta mención constituiría un índice de que la obra sí fue representada.

Sin embargo, Ricardo Rojas parece, en principio, no estar de acuerdo con esta inferencia. En la noticia preliminar que dedica a la publicación de las tragedias de Varela -incluidas en la colección "Biblioteca Argentina" a su cargo-, afirma que "Según mis investigaciones, entiendo que la *Dido* no llegó a representarse" (1915: 25). Rosalba Aliaga Sarmiento parece comulgar con esta afirmación de Rojas. En un texto biográfico sobre Varela, varios años más tarde, asegura que *Dido* no llega a representarse, pero recuerda la lectura de la pieza "en casa de Rivadavia ante un auditorio reducido" (1940: 68).

Arturo Berenguer Carisomo, en su libro consagrado a las ideas estéticas en el teatro argentino, hace explícita la controversia sobre la cuestión y declina ocuparse de ella: "Eludo toda investigación acerca de si *Dido* fue o no representada porque las fuentes se contradicen" (1947: 204). A continuación, menciona dichas fuentes, citando pasajes de cada una. En primer lugar, se refiere a la mención que hace Gutiérrez de Trinidad Guevara, pero la descarta como probatoria por su carácter literario y escueto: "sin adelantar más detalles, en verdad solo parece una frase literaria" (*ibid.*). Berenguer remite, en segundo lugar, a la autoridad de Rojas, de quien afirma que al respecto "es también, poco seguro" (*ibid.*) y cita dos pasajes que pertenecerían a dos tomos distintos de su *Historia de la literatura argentina*. El primer pasaje es el que citamos más arriba -"[...] entiendo que la *Dido* no llegó a representarse"-, tomado de la noticia preliminar a la edición de las tragedias de Varela. Berenguer, no obstante, señala como fuente de dicha cita el tomo "Los Coloniales", en una edición de 1924 del ensayo. Cabe la aclaración de que, al menos en la edición de 1957 a la que tuvimos acceso, Rojas no incluye las palabras citadas por Berenguer. Dentro del capítulo XV, titulado "El clasicismo de Juan Cruz Varela", Rojas consagra el apartado IV a las tragedias del poeta. Allí reproduce, al referirse a *Dido*, casi palabra por palabra, el contenido de la noticia preliminar sobre esta tragedia, a excepción de la frase citada: "Según mis investigaciones, entiendo que la *Dido* no llegó a representarse".

El segundo pasaje de Rojas que cita Berenguer pertenece al tomo "Los Modernos", concretamente al apartado II -que se ocupa de la tragedia *Molina*, de Manuel Belgrano- del capítulo XIX, titulado "Dramas en verso". En este sitio, Rojas asevera que "*Dido* impresa luego, fue representada con éxito en Montevideo varios años más tarde" (Berenguer, 1947: 204; Rojas, 1957b: 526), aunque sin proporcionar la fecha exacta de dicha representación. Esta afirmación, a diferencia de la anterior, sí está presente en la edición de la *Historia* del año 1957.

Podemos inferir que la contradicción que constata Berenguer entre ambos pasajes de la *Historia* de Rojas lo lleva a concluir que este constituye una fuente poco segura sobre la cuestión de la representación de *Dido*. No obstante, en la edición de 1957 a la que nos referimos, no se registra tal inconsistencia. Rojas, podemos conjeturar, habría avanzado tal vez en sus investigaciones y, al momento de publicar su historiografía literaria -o, al menos, alguna de sus ediciones-,[8] ya habría encontrado documentos acerca de la representación de *Dido* en Montevideo. Este nuevo

---

[8] Según consta Pablo Martínez Gramuglia, Rojas publicó su obra inicialmente con el título *La literatura argentina*, en cuatro tomos, que aparecieron en 1917, 1918, 1920 y 1922, respectivamente. Con respecto a las reediciones, el investigador señala que "La primera reedición, con varios cambios, tuvo lugar en 1924/1925, dividiendo en dos cada volumen para multiplicar el total a ocho. Hubo que esperar hasta 1948 para la tercera edición, donde cambia el título al conocido *Historia de la literatura argentina*" (Martínez Gramuglia, 2006: 314). La primera edición del tomo "Los Coloniales" correspondería entonces a 1918.

descubrimiento habría motivado que Rojas suprimiera su afirmación de que la tragedia no había llegado a representarse al transcribir el texto de la noticia preliminar en su *Historia*.

La última fuente que menciona Berenguer sobre la cuestión de la representación de *Dido* es el "periodismo argentino de la época", del cual asegura que "nada puede inferirse" (204). Consideramos que el crítico procede en este caso un tanto a la ligera. Como veremos más adelante, la prensa proporciona valiosas pruebas al respecto.

Con respecto a la crítica más reciente, podemos sostener, sin pretender esbozar aquí un panorama exhaustivo sobre la cuestión, que en líneas generales se acepta que *Dido* accedió a las tablas. Liliana López constituye una excepción, al declarar que "No hay noticias de que [*Dido*] fuera representada" (López, 2005a: 211). Su afirmación coincide con la ya citada de Rojas, a quien aparentemente habría seguido. En un artículo incluido en el mismo libro que la contribución de López, Alicia Aisemberg, por el contrario, registra que *Dido* se representó dos años después de su publicación (Aisemberg, 2005: 166), y la ubica, por lo tanto, en el "repertorio representado en 1825" (168). Klaus Gallo, a su vez, asevera, sin brindar mayores precisiones, que *Dido* fue "representada en el teatro ante concurrencias más amplias", con posterioridad a su lectura en casa de Rivadavia (2005: 131). Por su parte, Beatriz Seibel aporta el dato de que *Dido* "se estrena en Buenos Aires en 1825 y en Chile en 1828" (2007a: 21), y de que se repone, al igual que *Argia*, en 1831 (2007b: 7).

Casi dos décadas atrás, Raúl H. Castagnino ofrecía datos precisos con respecto a las funciones de 1831. En la "Tabla cronológica de las funciones teatrales realizadas en Buenos Aires desde el mes de septiembre de 1829 hasta enero de 1852" -incluida en su libro sobre el teatro en la época de Juan Manuel de Rosas-, el crítico registra el 9 de abril y el 10 de octubre de 1831 como las fechas en que *Dido* subió a escena en el Coliseo Provisional (1989: 618;

621). No obstante, deja constancia de la imposibilidad de constatar que se trata de la pieza de Varela, al anotar, a la par del título de la tragedia, el nombre del poeta entre signos de interrogación (618). En este sentido, hay que tener presente la declaración del propio Castagnino sobre sus fuentes: la tabla "registra aquellas funciones cuya realización puede ser documentada por anuncios, programas, referencias, etc. Algunos claros que se observan obedecen a falta de noticias sobre espectáculos ofrecidos" (611). Solo por citar un ejemplo aleatorio, una consulta de *La Gaceta Mercantil* del día 7 de octubre de 1831 permite verificar la presencia de un anuncio sobre la representación prevista para el 10 de dicho mes, de "la gran tragedia representada por segunda vez en este teatro. La Dido" (*La Gaceta Mercantil* n° 2303, 7/10/1831, 3, col. 2).[9] La mención de que se trata de la segunda ocasión en que se habría representado en el Coliseo permite suponer que la primera habría tenido lugar el 9 de abril, fecha registrada por Castagnino, aunque también podríamos pensar que hace alusión al estreno en 1825. Por otra parte, la ausencia de mención del autor de la pieza es uno de los claros a los que se refiere Castagnino, quien conjetura -creemos que acertadamente- que podría tratarse de Varela.

## 2. Dido polémica

Podríamos afirmar que *Dido* no careció nunca de la atención de la crítica literaria. Los trabajos ya mencionados de Gutiérrez y Rojas pueden figurar, al parecer, entre los primeros acercamientos, si exceptuamos las reseñas y críticas del año de su publicación. Años más tarde, Berenguer Carisomo, en su libro ya citado, y Pagés, en un extenso

---

[9] El aviso se repite en *La Gaceta Mercantil* n° 2304 y 2305, correspondientes a los días 8 y 10 de octubre respectivamente.

artículo consagrado a la presencia de Virgilio en las letras argentinas (1961), le dedican varias páginas a la tragedia. Más recientemente, los estudios de Marta Garelli (1996), María José Pena (1999) y Ángel Vilanova (2006) abordan de manera exclusiva el análisis de *Dido*.[10]

Sin embargo, la crítica se ha ocupado de modo dispar, en ocasiones incidentalmente, de la recepción de la tragedia. Las lecturas de *Dido* en casa de Rivadavia -y su repercusión en la prensa- constituyen una de las referencias privilegiadas de la crítica. Rojas menciona dichas tertulias, y anota que "La acogida debió ser favorable. La prensa comentó estas lecturas" (1915: 25). Esta es la única alusión del crítico a la recepción de *Dido* en la prensa.

Por su parte, Arturo Capdevila, en el prólogo que precede a la edición facsimilar de *El Argos* realizada por la Junta de Historia y Numismática Argentina, le dedica cierta atención a las crónicas teatrales publicadas en *El Argos*. Con respecto a *Dido*, sin embargo, apenas parafrasea aquel artículo del 30 de julio de 1823 que testimonia las lecturas privadas de las que fue objeto (1931: XXIX-XXX), sin mencionar el resto de las notas que se ocupan también de la obra.

La "Nota preliminar" sin firma que precede a la edición de *El Centinela*, incluida en la Biblioteca de Mayo, a cargo del Senado de la Nación, es todavía más vaga y general. Un escueto comentario da cuenta del interés del periódico por el teatro: "Las actividades teatrales encuentran acomodado comentario, así como destacadas las calidades de los intérpretes" (1960: 7644). Si bien las páginas de *El Centinela* constituyen uno de los campos privilegiados donde se dirime la controversia en torno a *Dido*, el autor de la nota no menciona ni la pieza ni los artículos que versan sobre ella.

López, al ocuparse de la crítica teatral de la época, destaca la importancia concedida por *El Argos* al comentario teatral, y menciona el "comunicado" publicado en el n° 61

---

[10] El artículo de Vilanova, en realidad, se ocupa de la producción dramática completa de Varela.

(30 de julio de 1823) (2005b: 557). Gallo también hace referencia a este artículo del periódico y a otro publicado el 6 de septiembre del mismo año, como evidencias del impulso otorgado por el gobierno al "teatro nacional" (131-132). Por su parte, Aisemberg evoca la lectura de la tragedia del 23 de julio, anotando que su información proviene de dos artículos: uno de *El Argos* (30 de julio) y otro de *El Centinela* (14 de septiembre) (166). La autora y Adriana Libonati, en un trabajo conjunto, hacen alusión también a la tertulia en casa de Rivadavia como una de las actividades en las que participaron los miembros de la Sociedad Literaria (2005: 155).

Por su parte, Aisemberg y Ana Laura Lusnich, en un artículo dedicado a *Dido* y *Argia* -a las que caracterizan como "las primeras tragedias sudamericanas"-, destacan la "lectura heterogénea" que realizaron los medios periodísticos de la primera pieza de Varela (1997: 19). Mencionan en este sentido tres artículos: la reseña de la declamación de *Dido* en casa de Rivadavia, el anuncio de la publicación de la obra -ambos textos aparecidos en *El Argos*, el 30 de julio y el 23 de agosto respectivamente- y la crítica de *El Centinela* del 14 de septiembre, a la que califican de "lectura adversa" de la tragedia (19-20).

Algunos críticos, a su vez, le otorgan visibilidad a la polémica suscitada tanto por las lecturas favorables como por las adversas de la pieza. Tal es el caso de Gutiérrez, quien, al ocuparse de la faceta como periodista de Varela, se refiere a "un análisis y defensa del plan de su Dido y del carácter de Eneas", publicado en *El Centinela*, que habría sido escrito por el poeta en respuesta a un "artículo crítico sobre aquella tragedia" aparecido en *El Argos* n° 72 (1871: 348).[11] Roberto Giusti también se refiere brevemente a la polémica, pero solo se limita a citar un pasaje de la crítica aparecida en *El Centinela* n° 60, y a mencionar la "extensa respuesta" de Varela (1939: 34-35). Por su parte, Pagés trae a colación -además del artículo de *El Argos* sobre las célebres

---

[11] Más adelante volveremos sobre esta referencia de Gutiérrez.

lecturas, al que caracteriza como "detallada y sabrosa noticia" (265)- "los dardos que contra la pieza lanzaron *El Argos* y *El Centinela*" (263). Dichos dardos habrían tenido su origen en el hecho de que "Varela escribió *Dido* como si se tratara de un trozo que hubiese de ensamblar en la totalidad de la *Eneida*" (*ibid.*). El crítico menciona también la defensa que articula Varela frente a estos ataques, pero sin indicar que dicha defensa se publicó en *El Centinela* n° 61. Resulta curioso el hecho de que Pagés, cuando cita pasajes de la respuesta de Varela (263, 270), remite a un documento manuscrito, como si no hubiera tenido acceso a la versión impresa en el periódico.

Rosanna C. de Barsotti también recuerda sucintamente la controversia. En un estudio que rescata los fragmentos conservados de la tragedia *Idomeneo* de Varela, hasta entonces inédita, anota que *Dido* "provocó una crítica anónima en *El Argos*", y se refiere asimismo a la respuesta de Varela -a la que llama la "Defensa de Dido"- publicada en *El Centinela* (1954: 13).[12] Podemos citar, por último, el artículo de Ángel Vilanova, quien menciona las críticas a *Dido* aparecidas en *El Centinela* y *El Argos*, pero lo hace de manera indirecta, acudiendo fundamentalmente a los aportes de Gutiérrez y Barsotti, entre otros críticos (Vilanova: 11-12, 19).

Como queda en evidencia, las referencias a la polémica que nos ocupa consisten en menciones breves o aisladas, que no abordan de manera profunda o exhaustiva el diálogo que se establece entre los distintos textos. La elaboración de un estudio sistemático y abarcador del material periodístico completo, que permita reconstruir de manera precisa cómo fue recibida la tragedia por la crítica y los letrados de la época, constituye todavía una tarea pendiente, en la que pretendemos avanzar con este trabajo.

---

[12] Barsotti cita pasajes de este artículo de *El Centinela*, indicando número de tomo (III) y de páginas, sin registrar número y fecha del ejemplar.

## 2.1. Dido en la avanzada del "teatro nacional"

El 30 de julio de 1823 se publica en *El Argos* un comunicado sin firma, bajo el encabezado "Teatro Nacional". El primer párrafo ya deja entrever el tono y las intenciones del artículo. Allí se hace referencia al proceso independentista y a la Revolución de Mayo -"el gran paso que dio [nuestra patria] en 1810" ("Comunicado. Teatro Nacional. Dido", *El Argos* n° 61, 30/7/1823, 3, col. 1)- y a algunos de sus beneficios: "un desarrollo más libre y concertado a nuestras facultades intelectuales, que ya estaban habitualmente restringidas" (*ibid*.). Tras esta introducción, se presenta la obra objeto del comunicado:

> La bella literatura que bajo el sistema antiguo fue rechazada en nuestro país, como todo lo que podía representar el talento, ha sido la que primero se ha presentado a acreditar la aptitud con que cuenta el país para sus empresas ulteriores. Un comprobante de esta verdad es la nueva tragedia titulada la Dido, que es el objeto de este artículo. Esta producción del joven compatriota nuestro D. Juan C. Varela hace realmente presentir que nuestro teatro nacional contará en breve con un capital que podrá vanagloriarnos (*ibid*.).

La tragedia de Varela es presentada, de este modo, como una prueba, un testimonio de la aptitud de la patria para producir "bella literatura", como un primer paso en el camino de la realización de "empresas ulteriores". Para el autor del artículo, *Dido* reviste un carácter inaugural y fundacional del teatro nacional. La tragedia de Varela resulta de este modo un instrumento al servicio de una operación política e ideológica de forja de un canon de la literatura argentina, que necesita, debido a la corta edad de la nación, producir e incorporar obras que demuestren las potencialidades de la nueva patria. En este sentido, *Dido* vendría a representar una promesa, un anuncio de lo que depararía el futuro.

Como prueba del valor de la pieza de Varela, el cronista revela que esta fue declamada en la casa del ministro de Gobierno y Relaciones Exteriores, Rivadavia, el día 23 de julio, donde se reunió "una sociedad distinguida y apreciadora de la literatura", con la asistencia del ministro de Hacienda, Manuel José García, y el ministro plenipotenciario del Perú, Blanco Encalada (3, col. 1). Dado que Rivadavia reconoció el mérito de la tragedia, "hizo que se repitiese su lectura el 28 del presente mes, convidando al efecto a un número más crecido de personas, y entre ellas una porción considerable de damas", que expresaron su aprobación por medio de un "tributo de lágrimas" (*ibid.*). El autor de la nota, al igual que el ministro y las damas, aprueba la pieza y saluda a su autor, señalando de paso que se trata de su primera incursión en el teatro: "Pero nosotros no podemos menos que felicitar al autor por esta producción, que es la primera que ha hecho en este género" (3, col. 2). Esta afirmación pretendería tal vez exaltar aun más las cualidades del poeta, pero también, podríamos suponer, justificar los eventuales defectos que la pieza pudiera tener y que la crítica pudiera detectar, como en efecto lo hizo.

El cronista testimonia -y suscribe con entusiasmo- la aceptación de la obra por parte de los expertos:

> Es ciertamente por primera vez, que hemos visto en nuestra patria un cuadro que no puede menos que excitar fuertemente la emulación y el deseo de obtener en cualquier género la admiración y el aprecio que los literatos tributan al mérito; pero también es en verdad muy imponente el sujetar una producción a la censura rígida de una sociedad ilustrada. Mas, nos lisonjeamos al anunciar, que al leerse la Dido todos simultáneamente dieron su voto de aprobación y reconocimiento al autor por la carrera brillante que ha abierto al teatro nacional (3, col. 2).

La lectura de *Dido* es presentada como una suerte de instancia de evaluación de la pieza por severos jueces que integran la "sociedad ilustrada". Al superar esta instancia, la calidad de la tragedia está garantizada, así como su ingreso al canon. Con estas palabras elogiosas como marco, el cronista vuelve a recordar el carácter pionero de *Dido* con respecto al teatro nacional.

Rojas afirma que la lectura en la casa de Rivadavia y los comentarios de la prensa sobre las dos tragedias de Varela (*Dido* y *Argia*), entre otros elementos, constituyen la prueba de que "las clases cultas de la sociedad argentina, que iban forjando la nacionalidad, prestaron su apoyo al teatro naciente" (1957b: 510). De modo semejante, Gallo considera que este artículo es una prueba del intento del gobierno por impulsar lo que llamaban "teatro nacional" (132). Sin embargo, no se trataba de un impulso y un apoyo otorgados de manera indiscriminada. Las lecturas de *Dido*, orquestadas directamente por el poder político, dejan en evidencia que Varela es un letrado oficialista, una suerte de intelectual orgánico, al que se le ha encargado la fundación del canon dramático de la naciente patria. Rojas caracteriza al poeta como "la figura mimada de los círculos porteños en aquel momento" (1957b: 526).

Para entender el alcance de la atención dispensada a Varela, resulta elocuente la comparación que establece Rojas entre la suerte de *Dido* y de otra tragedia contemporánea, *Molina*, de Manuel Belgrano (sobrino del célebre general):

> Contrasta con el éxito oficial y mundano de Varela, el silencio con que se recibió la tragedia de Belgrano. *El Argos*, en los meses siguientes, ni una palabra dice de él. [...] Nada parece que haya hecho Rivadavia por el *Molina*, que su autor le dedicara, y nada el cenáculo de los amigos de Varela, dueños de la prensa y de los salones. Desde aquella época, la fama acompañó a *Dido*, mientras *Molina* quedó casi del todo olvidada (1957b: 526).

La injusticia denunciada por Rojas se hace más patente si tenemos en cuenta que la tragedia de Belgrano se publica en junio de 1823, unos meses antes que *Dido*. En el texto de la dedicatoria de su tragedia, según registra Rojas, Belgrano se presenta a sí mismo como pionero del arte dramático de Buenos Aires (1957b: 525). Sin embargo, es *Dido* la elegida por el poder político, los letrados y la prensa para ser erigida como la pieza fundacional del "teatro nacional".

Para Rojas, la genealogía de la tragedia argentina arranca en realidad con *Siripo*, de Manuel José de Lavardén, el "primer poeta porteño", estrenada en 1789 (1957a: 465, 479; 1957b: 527).[13] El crítico ubica en el peldaño siguiente a los autores de *Dido* y *Molina*, ambos en el mismo nivel, estableciendo una tríada fundacional: Belgrano "ha sido, en pos de Labardén y a la par de Varela, uno de los fundadores del teatro argentino" (1957b: 516). No obstante, advierte que "*Molina* es anterior a *Dido*" y que "podemos considerarlo como el primer ensayo serio de tragedia en verso compuesto por un argentino después del *Siripo* de Labardén" (1957b: 526).[14]

La derrota de *Molina* y su autor en esta disputa por los lauros de la consagración admite varias explicaciones que remiten a la dinámica interna del campo intelectual, atravesada íntimamente, como vemos, por el poder político. Al ocuparse de la pieza de Belgrano, Berenguer Carisomo señala que "En el firmamento rivadaviano había estrellas de segunda y aun de tercera magnitud; por aquellos años el estar adscripto al engranaje oficial patentizaba el genio" (200). No obstante, tal vez no haya sido un motivo menor de esta derrota la temática incaica de *Molina*, que transcurre en Quito durante la época de la conquista española.[15] Existía una profunda distancia ideológica entre esta temática y el

---

13 Para un análisis más detallado de *Siripo*, cfr. también Rojas (1957a: 477-486) y Berenguer Carisomo (111-125).
14 Rojas escribe siempre con "b" el apellido del dramaturgo, aclarando que lo hace "por ser [la grafía] de su prosodia criolla y la de una autorizada tradición" (1957a: 465).
15 Molina es un oficial español que se enamora de Cora, una virgen del sol inca. Para un estudio de la tragedia, cfr. Rojas (1957b: 516-527) y Berenguer Carisomo (200-203).

ambiente y los ideales ilustrados, europeizantes y reacios a lo español, promovidos por el grupo rivadaviano. Ajeno a este tipo de razones, Gutiérrez, amigo personal de Varela, atribuye al "poder del estilo" la superioridad de *Dido* y *Argia*, que "erguirán siempre la cabeza" sobre *Molina* y *Siripo*, de Lavardén (1871: 74). Esta última tragedia, vale la aclaración, también basaba su trama en una leyenda americana de la época de la conquista.

El autor del artículo de *El Argos* del 30 de julio, orientado por la preocupación de establecer el carácter pionero de *Dido*, no brinda mucha información sobre las virtudes concretas de la tragedia. No obstante, se permite destacar "lo elevado de la empresa" de tomar como argumento el libro IV de la *Eneida*, y señalar además algunos rasgos de su estilo: la sencillez, unidad y fuerza de la acción y el patetismo -la capacidad de conmover-, y la majestuosidad del lenguaje (3, cols. 1-2). Esta parquedad del cronista responde al carácter de su texto, que, según se encarga de aclarar, no pretende ser una reseña, sino solo dar "una ligera idea de mérito" de la pieza, ya que el verdadero objetivo es "llamar la atención a la escena de su lectura" (3, col. 2). Sin embargo, el autor del artículo se justifica por no ofrecer una reseña, cuya publicación inminente anuncia a los lectores: "Nosotros nos tomaríamos el gustoso trabajo de hacer el análisis de esta obra, si no supiésemos que pronto se dará a luz por la prensa" (*ibid.*).

## 2.2. Dido a la venta

La promesa de *El Argos* de un análisis de *Dido* se hará efectiva recién a comienzos de septiembre de ese año. Sin embargo, el periódico vuelve a ocuparse de la tragedia aproximadamente un mes después. El 23 de agosto se publica en sus páginas un breve aviso, donde se anuncia la publicación de la "interesante tragedia" por la Imprenta de los Expósitos, y se brinda información práctica: dónde y cuándo se podrá adquirirla (desde el 24 de agosto), su precio y algunos datos materiales de la edición ("rústica, en papel fino") ("Buenos Ayres", *El Argos* n° 68, 23/8/1823, 4, col. 2). El anuncio explicita su articulación con el comunicado analizado más arriba: "la interesante tragedia [...] que se anunció en el Argos de 30 de julio último" (*ibid.*). Ambos textos, como resulta evidente, forman parte de la misma estrategia de promoción. Cabe destacar un dato no desprovisto de importancia: la tragedia y el periódico son impresos en la misma imprenta.[16]

La campaña de promoción de *Dido* no se restringe a *El Argos*. El 7 de septiembre aparece en *El Centinela* un anuncio sobre la publicación de la pieza de Varela. Este aviso, a diferencia del aparecido en *El Argos*, figura inserto en una crónica teatral, que se ocupa de las novedades del ambiente (la ausencia en las tablas de Trinidad Guevara y Juan Velarde, la interpretación del violinista Massoni en la obertura de *La muerte de la reina de Francia*, la representación de *El celoso y la tonta*, de Molière, y de *Misantropía y arrepentimiento*, de August von Kotzebue). A modo de cierre del artículo, el cronista, sin dar muchos detalles -otra diferencia con el anuncio de *El Argos*- le dedica un breve párrafo a *Dido*:

> Con este título se ha publicado pocos días ha una tragedia compuesta por nuestro paisano D. *Juan C. Varela*; y como las piezas que se imprimen, como las que se representan en las tablas, nos pertenecen de derecho, nos aprovecharemos de la primera ocasión favorable para dar nuestro parecer sobre esta tragedia original, empresa entre las más difíciles que conocen las bellas letras ("Teatro", *El Centinela* n° 59, 7/9/1823, 143; 8835).[17]

---

[16] No obstante, hay que tener en cuenta que *Molina*, de la que hablamos *supra*, pese a haber visto la luz también en la Imprenta de los Niños Expósitos (Rojas, 1957b: 518), no recibe por parte del periódico la atención dispensada a *Dido*.

[17] La primera referencia de números de páginas corresponde a la paginación original del periódico, mientras que la segunda, a la edición incluida en la "Biblioteca de Mayo" (1960). Este criterio se seguirá en adelante para todas las referencias a los artículos de *El Centinela*.

Este texto reviste relevancia, a nuestro entender, principalmente por dos motivos: la afirmación -semejante a una justificación- de que las obras de teatro impresas, al igual que las representadas, entran en la jurisdicción de la crónica teatral de los periódicos. Este dato podría ser tomado como un índice de que no era la práctica habitual ocuparse de piezas que aún no habían pasado por los escenarios de Buenos Aires. Por lo tanto, se trata de una valiosa referencia para entender cómo la crítica teatral de la época se definía a sí misma. Por otra parte, el anuncio contiene una promesa de reseña, al igual que el comunicado de *El Argos* que daba cuenta de las lecturas de *Dido* en la casa de Rivadavia. En este caso, el cronista se presenta como el autor de la futura reseña, que se publicaría la semana siguiente.

## 2.3. La inocencia de Dido y la ingratitud de Eneas

En su libro ya mencionado sobre Juan Cruz Varela, Gutiérrez dedica un apartado a la labor periodística del consagrado poeta.

> En medio de nuestra pobreza intelectual –afirma Gutiérrez– el periodista supo dar al elemento literario tal energía y tal brillo, en la discusión y en la polémica que logró caracterizar con formas bellas y delicadas la época, corta, pero brillante y radical en que militó como escritor el iniciador de nuestra buena prensa periódica (1871: 348).

En este punto, el crítico inserta una breve pero sustanciosa nota al pie para mencionar, como testimonio de "las calidades de su estilo en prosa", dos escritos de Varela: una carta a Rivadavia, fechada el 29 de abril de 1836, "acerca del modo cómo él creía que deben traducirse los clásicos latinos y especialmente Virgilio"[18] y "un análisis y defensa del plan de su Dido y del carácter de Eneas" (*ibid.*). Sobre

---

[18] Para un análisis de esta carta, cfr. nuestro trabajo "Reflexiones de Juan Cruz Varela sobre la traducción de la *Eneida*" (2017).

este último artículo, del que nos ocuparemos más adelante, Gutiérrez brinda referencias más bien imprecisas o incompletas. Solo indica que se publicó en el tomo tercero de *El Centinela* y menciona las páginas del mismo, sin señalar el número y fecha del ejemplar del periódico en cuestión.

Gutiérrez anota, además, que el artículo de Varela tiene su origen en una reseña crítica de su obra aparecida en *El Argos de Buenos Aires* n° 72, en 1823. Nuevamente, el crítico no se preocupa aquí por aportar la fecha exacta del ejemplar, que corresponde al 6 de septiembre. Sin embargo, realiza una valiosa contribución al indicar la autoría de la reseña, publicada sin firma. Gutiérrez ha tenido acceso, gracias a la casualidad, según sus palabras, al "original autógrafo de letra del doctor don Gregorio Funes, quien estaba por entonces encargado de la redacción del Argos como miembro de la sociedad literaria" (1871: 348). Barsotti, quien sigue a Gutiérrez, aporta, como dato adicional a la información que proporciona el crítico, el título del documento atribuido a Funes, "Fragmento de un juicio literario de la Dido por Juan Cruz Varela", y su ubicación precisa (en la Biblioteca Nacional Mariano Moreno) (Barsotti, 1954: 13).

El deán Funes, redactor permanente del periódico a partir de 1823 (Gutiérrez, 2006: 327), es una figura de importancia significativa en la época. Como rector de la Universidad de Córdoba, había tenido a su cargo la elaboración de un plan de estudios de carácter innovador (Martínez Paz, 1940: 8-10). Según registra Domingo F. Sarmiento, Varela habría sido su discípulo, cuando estudiaba en dicha universidad (1897: 397). Sin pretender trazar un perfil completo de Funes,[19] creemos importante destacar además su participación activa en las polémicas generadas en la prensa a raíz de la reforma eclesiástica impulsada por Rivadavia en 1821-1822, que el deán había apoyado en las páginas de *El Centinela* y *El Argos* (Lida, 2006: 187-197; Tonda, 1961:

---

[19] Para ello, remitimos al interesante libro de Miranda Lida (2006).

67-71). Por lo tanto, puede decirse, constituye un letrado oficialista, al igual que Varela, con quien comparte algunos espacios periodísticos.

La reseña de *Dido* que Funes publica en *El Argos* el 6 de septiembre es absolutamente elogiosa. Por este motivo, como veremos, su autor se sorprenderá ante la reacción de Varela. El texto se abre con una exaltación de la calidad del poeta:

> Hace mucho honor a Buenos Aires, y aun a toda la América la tragedia de Dido, que acaba de dar al público un hijo suyo el Sr. D. Juan Cruz Varela. Siempre se ha mirado una buena producción de este género por uno de los grandes esfuerzos del genio ("Buenos Aires", *El Argos* n° 72, 6/9/1823, 3, col. 1).

En concordancia ideológica con aquel artículo aparecido en *El Argos* el 30 de julio, tal vez escrito por la misma pluma, el autor destaca el prestigio que representa para la patria -en particular, para Buenos Aires- el hecho de haber engendrado un letrado tan virtuoso, capaz de producir una tragedia que represente un orgullo también para el continente americano.

El sustento del análisis de *Dido* desplegado en esta reseña está constituido por las reflexiones de Aristóteles sobre la tragedia, aunque en este artículo no menciona explícitamente esta fuente. Tras definir a la tragedia como "la representación de una acción heroica, destinada a infundir el terror y la compasión", ensalza a Varela por poseer "en un grado eminente" las siguientes dotes: "la elocuencia de las pasiones" y vestir "a la Musa trágica con todas las gracias de la sencilla naturaleza" (3, col. 1). Más que los aspectos que él llama "generalidades" -la versificación, el desarrollo de la acción, el trabajo de la forma o "arte"-, al autor de la nota le interesan algunos detalles de la pieza, relacionados concretamente con cuestiones argumentales y con la construcción de los personajes y de sus sentimientos.

Entre estos detalles, Funes se detiene particularmente en la construcción del personaje de Dido como una mujer inocente, rasgo que potenciaría el efecto de la tragedia sobre el auditorio. Así, pondera la

> sagacidad con que [Varela], habiéndonos asegurado que Dido se enlazó con Eneas por el lazo de un himeneo, tuvo gran cuidado de hacernos creer que su amor era casto y virtuoso y de presentárnosla primero inocente y amable, para mostrárnosla después sumergida en un mar de angustias y desdichas. Conocía bien el corazón del hombre, y sabía que era preciso inspirarle con anticipación el amor y la gratitud de la persona que destinaba a hacerlo llorar (3, col. 2).

Con la misma finalidad de conmover al espectador, Varela nos presentaría, según la lectura de Funes, un Eneas "infidente e ingrato", que abandona a Dido "después de haber gozado sus favores" (*ibid.*). Esta conducta del héroe troyano sería absolutamente apropiada para el género de la tragedia, que debe "encender en nosotros otras pasiones que nos preparen a sentir más vivamente las dos que deben dominar sobre la escena trágica, es decir, el terror y la compasión" (4, col. 1). El abandono de Dido por parte de Eneas para seguir la voluntad de los dioses provocaría, según Funes, la antipatía del espectador hacia el héroe y la empatía hacia la reina de Cartago, potenciando así el terror y la compasión (*ibid.*).

Otro de los méritos de la pieza señalado por Funes es la complejidad y riqueza del personaje de Dido en la tragedia, quien es capaz de rogarle a Eneas que se quede para rechazarlo a continuación, debatiéndose alternativamente entre el amor y el odio a su amado (4, col. 1). Esta forma de comunicar las "afecciones" que nutrían el alma de Dido tendrían la finalidad de interesar al auditorio en la compasión hacia ella (*ibid.*).

El ensayo se cierra con una demostración de modestia por parte de su autor y con una declaración de sus intenciones: "Si este débil bosquejo inspirase el deseo de leerla, estamos bien asegurados que el que lo consiga nos estimará la ocasión que le hemos dado de gozar un tan dulce placer" (4, col. 2). Esta invitación a la lectura de *Dido*, con la garantía de que resultará placentera, permite inscribir a la reseña de Funes en la campaña de promoción de la tragedia, a la que ya hicimos referencia.

## 2.4. La Dido histórica, la Dido poética y las falsedades de Virgilio

El 14 de septiembre, el cronista de *El Centinela* publica en la sección reservada a los comentarios teatrales una de sus "misceláneas semanales", como había designado anteriormente a sus escritos.[20] En dicho texto, tras anunciar las novedades teatrales de la semana -la reposición de *El sí de las niñas*, de Leandro Fernández de Moratín, y la representación de la tragedia francesa de Legouvé, *El severo dictador*-, el cronista concentra su atención en la tragedia de Varela: "Pasemos ahora a saludar a otra dama de los tiempos que fueron, y con quien tenemos una especie de comprometimiento; a Dido; aunque no se han dignado todavía sus plantas reales pisar en nuestras tablas" ("Teatro", *El Centinela* n° 60, 14/9/1823, 158; 8848). En este saludo, no exento de ironía, el cronista deja en claro que se ocupará de la pieza aunque esta no se haya representado hasta el momento. La declaración resulta acorde con la justificación que había esbozado antes, al anunciar la publicación de *Dido*: también las obras de teatro impresas son de la competencia de los críticos teatrales. En esta ocasión, sin embargo, existe un motivo adicional: el crítico ha contraído un compromiso con la pieza. Podríamos suponer que se refiere a la promesa que había hecho de reseñar la tragedia, pero tampoco

---

[20] "Las funciones se repiten con tanta rapidez, que una miscelánea semanal, como la de nuestro periódico, puede apenas ofrecer al público ni aun un ligero bosquejo de ellas" ("Teatro", *El Centinela* n° 59, 7/9/1823, 140; 8832).

sería absurdo imaginar que se trata de otro tipo de compromisos, tal vez con la redacción del periódico, de la que formó parte Varela.

La reseña en cuestión comienza narrando un relato sobre Dido, en el que está ausente el personaje de Eneas:

> Dido, hermana de Pigmalión, rey de Tiro, y esposa de Siqueo, sumo sacerdote de Hércules, después de verse privada de su marido, a quien asesinó Pigmalión por sus tesoros, huyó de Fenicia, y fundó en África, con los colonos que la acompañaron, el nuevo imperio de Cartago. Enseguida Yarbas, rey de Mauritania, solicitó su mano, amenazándola con el exterminio de su pueblo naciente si se la rehusaba. Instada por sus súbditos a precaver la guerra, consintiendo en este nuevo himeneo, hace construir y encender una pira funeral, y se da en ella la muerte, por guardar la eterna fe que había jurado a Siqueo (158; 8848).

El relato que narra el cronista se corresponde en todos sus elementos con la versión transmitida por el historiador griego Timeo en su *Historia de Sicilia e Italia* (siglo III a.C.), y recogida más tarde en las *Historiae Philippicae* de Pompeyo Trogo. Conocemos esta versión gracias a un resumen de la obra de Trogo escrito por Justino (s. II-III d.C.), titulado *Historiarum Philippicarum et Totius Mundi Originum, et Terrae Situs ex Trogo Pompeio Excerptarum Libri XLIV*. Posteriormente, los padres de la Iglesia (entre ellos, San Jerónimo) continuaron con esta tradición (Guillemin, 1982: 239-240; González Cañal, 1988: 26; Hernández Lorenzo, 2015: 55).

El cronista de *El Centinela*, sin embargo, no menciona ninguna de estas fuentes, aunque sí reivindica el carácter de verdad histórica de su relato, planteando una contraposición entre historia y poesía:

> Tal, en pocas palabras, es Dido, cual nos la ha transmitido la *historia*: mas la *poesía* nos la pinta con muy distintos colores; y el célebre autor de la Eneida... (¿qué reputación femenil podrá creerse al abrigo de la calumnia, después de tal difamación?)... el autor de la Eneida, decíamos, hace que esta

> viuda fiel a Siqueo se enamore perdidamente de Eneas, escapado del incendio de Troya con sus penates, su padre, y su hijo, y olvidándose de su mujer en el camino: y finalmente hace que Dido se dé la muerte porque este prófugo piadoso la abandonó a su turno, como era natural que lo hiciera (158; 8848-8849).

De este modo, pone en evidencia el carácter ficticio del episodio de Dido y Eneas, al atribuirlo a la imaginación de Virgilio. En este punto, el autor de la reseña toma posición en una cuestión que resulta controvertida para la crítica especializada. Si bien muchos estudiosos sostienen la versión del cronista (Echave-Sustaeta, 2000: 99; Lida de Malkiel, 1974: 3), existen opiniones en sentido contrario, que defienden la hipótesis de que en realidad la historia de estos amantes ya existía varios siglos antes de Virgilio, y que figuraba en el *Bellum Poenicum*, de Nevio (siglo III a. C.) (Galán, 2005: 38; Hernández Lorenzo, 2015: 52). No obstante, hay quien desestima esta teoría, dado que es imposible corroborar la presencia de Eneas en Cartago en el poema de Nevio, debido a los escasos fragmentos conservados (Gardner, 1995: 25), o bien basándose en el hecho de que Servio, en sus comentarios a la *Eneida*, no menciona el *Bellum Poenicum* como fuente de la epopeya (Hernández Lorenzo: 52).

Desde esta posición, el cronista denuncia la adulteración y falsificación perpetradas por Virgilio, y condena la difamación y las calumnias de las que hace objeto a Dido. Estas acusaciones no son, sin embargo, una originalidad del cronista. Existe una vasta tradición en la que se apoya, entre cuyos exponentes podemos mencionar a Petrarca y Torquemada (González Cañal, 1988: 28; Hernández Lorenzo, 2015: 57). La crítica a Virgilio, por otra parte, puede detectarse en un epigrama anónimo, de fecha desconocida y muy difundido durante el Renacimiento, donde la propia reina de Cartago increpa a las musas, culpándolas de inspirar al poeta los versos sobre ella, y lamentándose de las mentiras que aquel dijo sobre ella (González Cañal, 1988: 42; Lida de Malkiel, 1974: 64). Cabe destacar que en los versos finales de dicho epigrama -construido a la manera de los epitafios fúnebres en primera persona-, Dido le reclama al lector que, en lo relativo a su historia, les crea a los historiadores antes que a los poetas mentirosos, que cantan los amores de los dioses, mancillando la verdad en su poesía, al comparar a los seres humanos imperfectos con las divinidades. Werner Suerbaum señala aquí una conexión con el tópico de la contraposición entre la historia y la poesía -y los cultores respectivos de cada una de ellas-, que se vincula con el motivo de las mentiras de los poetas (*figmenta poetarum*), difundido desde el siglo VI a. C. a través de Jenófanes y su crítica a los mitos narrados por Homero y Hesíodo (Suerbaum, 1999: 221).

En la tradición mencionada, las acusaciones contra Virgilio van acompañadas de un gesto de reivindicación de la honestidad de Dido y de una denuncia de la traición de Eneas. Este tópico ha sido recogido por diversos autores a lo largo de la historia. Circunscribiéndonos al ámbito de la literatura española, podemos mencionar, entre otros, la *Primera Crónica General* y la *Grande e General Estoria*, de Alfonso X; los *Castigos e documentos del rey don Sancho*, de Arturo García de la Fuente; sonetos de Lope de Vega; *La Araucana* de Alonso de Ercilla, y algunas piezas teatrales del Siglo de Oro español con títulos por demás elocuentes: *La honra de Dido restaurada*, de Gabriel Lobo Lasso de la Vega, y *La honestidad defendida de Elisa Dido, reina y fundadora de Cartago*, de Álvaro Cubillo de Aragón (González Cañal, 1988: 45-46; Hernández Lorenzo, 2015: 56, 58-60).

Como prueba testimonial de los cargos que sostiene contra Virgilio, el cronista cita en francés unos versos de un poema de Jean-Baptiste Rousseau, sin dar mayores precisiones que el apellido de su autor (*El Centinela* n° 60, 158; 8849). En el pasaje citado -que pertenece a la oda VII del libro segundo de sus *Odes*, titulada "A une veuve" (Rousseau, 1799: 66-68; De Lille, 1830: 241)- se enfatiza el abandono por parte de Eneas de su esposa Creúsa durante la huida de Troya. Este poema del siglo XVIII constituye otro eslabón de los muchos que conforman la tradición que denosta al poeta latino.

En esa operación de falsificación, según el crítico, Virgilio habría incurrido también en un "anacronismo desmedido", justificado bajo "el blando nombre de *licencia poética*", al hacer que Eneas, quien había muerto dos siglos antes, conociera a Dido ("Teatro", *El Centinela* n° 60, 158; 8849). El cronista se indigna porque esta evidente adulteración de la "historia" no constituye un obstáculo para la veneración del poeta:

> Mayor respeto manifiestan los poetas modernos por Virgilio, que el que éste ha tenido por la reina de Cartago, y aunque se echa de ver que la Dido *histórica* es la verdadera heroína trágica, y que la *Dido* poética es una amante apasionada cualquiera, en que no se descubre traza alguna de la fundadora de un imperio, esta y no aquella es la que el abate Metastasio en italiano, el marqués de Pompignan en francés, y ahora nuestro apreciable Varela en castellano, han querido escoger para ejercitar su genio. ¡Tal es la influencia que ejercen los bellos versos sobre los que también los saben hacer! (158-159; 8849).

En este punto, el ataque cambia su blanco. De Virgilio y su irreverencia se desplaza hacia los "poetas modernos", quienes se dejan obnubilar por las bellezas estilísticas de la poesía, sin prestar atención a las faltas cometidas contra la verdad histórica. Este ataque a los poetas actualizaría el tópico ya mencionado de la oposición entre historia y poesía.

Haciendo gala de una gran erudición, el crítico señala una tradición de reapropiaciones del personaje e historia de Dido en distintas culturas e idiomas. Pagés menciona precisamente las piezas *Didone abbandonata*, de Metastasio, y *Didon*, de Lefranc de Pompignan, entre las influencias de la tragedia de Varela (263-264). El cronista ubica a Varela en esa genealogía descalificada y cuestionada, como vimos, que se remontaría a Virgilio, el primero en apropiarse de la historia de Dido y modificarla sin contemplaciones. Se perciben aquí varios niveles de la tradición clásica: la historia original, la reelaboración virgiliana de esa historia y las reapropiaciones de dicha reelaboración (Metastasio, Lefranc de Pompignan). Esa línea de reelaboraciones de un episodio clásico es rechazada por el cronista, aduciendo como motivo cuestiones de índole moral: la adulteración de la verdadera historia de la reina, según el razonamiento del crítico, habría manchado su reputación de mujer honrada.

El cronista plantea, por otra parte, la necesidad de reformular completamente el personaje de Eneas para que tanto él como Dido pudieran adquirir entidad trágica y dramática:

> ¿qué Metastasio, qué Pompignan, qué Varela, ni qué Shakespeare, qué Corneille, y qué Racine podría hacer algo en las tablas con ese *beato Eneas*, a menos de refundirlo totalmente? Héroe más insulso, y menos susceptible de excitar ni corresponder a un amor violento, más impasible y menos *dramático*, no lo hay en toda la antigüedad (159; 8849).

En este punto, los poetas que siguieron a Virgilio, Metastasio y Pompignan resultan exculpados, en algún sentido, ya que supieron superar en cierta forma las limitaciones del argumento original "estéril y defectuoso", mediante el agregado de algunos personajes: un ministro o Yarbas, quien "da ocasión para que parezca Eneas algo menos despreciable" (159; 8850). El cronista no exonera, sin embargo, a Varela, quien "no ha querido valerse de ninguno de tales arbitrios, prefiriendo la más rígida sencillez" (*ibid.*).

Esta sencillez es otro de los defectos que el crítico atribuye a la *Dido* argentina, que carecería de un enlace y un desenlace (*ibid.*). Estos defectos y esta "desnudez de su plan", en combinación con un factor en principio positivo, como "el talento bien conocido y la ternura del poeta", habrían dado como resultado "una bellísima elegía más bien que una tragedia" (*ibid.*). Esta crítica implica una fuerte descalificación de Varela como trágico, como dramaturgo. Recordemos que *Dido* es su debut en el género, su bautismo de fuego. Con este ataque, el cronista pretende demostrar que ser un buen poeta lírico no implica necesariamente poseer las cualidades y conocimientos necesarios para escribir una obra teatral. El menosprecio puesto de manifiesto hacia los poetas por el crítico cobraría, a la luz de este pasaje, un nuevo sentido, dejando entrever una competencia entre poetas líricos y dramaturgos. El cronista siente tal vez invadido su campo de expertica por alguien a quien considera advenedizo, novato, pese a que ya goza de consagración en el cultivo de otro género literario.

A continuación, y anticipándose a la representación de la pieza, el crítico se permite advertir a Varela sobre algunos defectos a corregir:

> Como es de presumirse que, luego que la interesante *Trinidad* pueda prestar sus dulces acentos a los conceptos patéticos del poeta, tendremos el gusto de ver en la perspectiva que le corresponde a la Dido argentina, notaremos a tiempo algunos defectillos que podrían perjudicar un tanto la pieza en la representación, y que tal vez el autor, si opinase como nosotros, podría remediar (159; 8850).

Mediante el empleo del diminutivo ("defectillos"), el autor del artículo pretende mitigar el efecto de su crítica, que se presenta como bienintencionada y constructiva, en tanto el poeta estaría a tiempo de efectuar los ajustes a su pieza. El cronista estaba, tal vez, en conocimiento de un plan de representación que incluyera a Trinidad Guevara en el rol protagónico. Tal vez se trate solo de una expresión de deseo, de un anhelo de que el personaje de Dido sea interpretado por esa actriz. Lo cierto es que este dato coincide con la mención de Gutiérrez ya citada referida a la declamación a cargo de Guevara de los parlamentos de la reina (1871: 58).

Uno de los defectos señalados es la ruptura del "enlace de la acción" entre las escenas primera y segunda del primer acto, provocada por la salida de los personajes de Sergesto y Nesteo, dejando vacío el escenario, que después será ocupado por Dido y Ana, sin que exista relación entre la partida de aquellos y la llegada de estas (160; 8850). Esta desocupación del escenario, según el crítico, "produce siempre en los espectadores (aun cuando no se note en la lectura) el efecto más frío" (*ibid.*). El cronista plantea aquí la contraposición entre el texto impreso y el texto representado, demostrando su pericia en la materia teatral y, por consiguiente, dejando expuesta la ignorancia e inexperiencia de Varela en la construcción de una pieza.

La sugerencia del articulista para paliar o disimular este defecto, en caso de que no fuera posible prescindir de Sergesto y Nesteo, consiste en hacer que estos personajes anuncien "la aproximación de la reina al salón como motivo para acelerar su retirada, y que la note *Dido* o *Ana*. Más valdría esta soldadura que nada; y los miopes, de que hay tantos en esta materia, no la descubrirían" (160; 8850). El cronista, consciente de la precariedad de la solución propuesta, expone los secretos y ardides de la construcción de una pieza, sin importarle menospreciar y ofender a los "miopes", muchos de ellos seguramente lectores de sus artículos. Establece así una distancia jerárquica entre el crítico experto y los ignorantes incapaces de reconocer un parche en el diseño de una pieza. Esta distancia se establece también con respecto a Varela, quien, dada su impericia en la materia, incurre en defectos de construcción. De este modo, Varela quedaría ubicado incluso debajo de los espectadores miopes, quienes sí reconocerían como un defecto la ausencia de enlace mencionada, aunque pudiera escapárseles la soldadura añadida.

El último defecto de construcción que señala el cronista es que el autor coloca a Eneas en el escenario junto a Dido en el momento de su suicidio. La presencia del héroe -dada su calidad de "ingrato", "pérfido", "beato" e insensible-, según el cronista, interferirá en el efecto deseado sobre los espectadores -la compasión para con Dido-, provocando su indignación con Eneas: "La indignación que excitará su presencia en este momento en los espectadores, solo servirá para distraerlos de la simpatía que debiera concentrarse sin mezcla en su moribunda víctima" (160; 8851). En este caso, el cronista también aporta un consejo para salvar el error: bajar el telón antes de que Dido pueda dirigir la palabra a Eneas. Dicha solución implicaría el recorte de varios versos de la pieza.

Resulta interesante contraponer estas reflexiones sobre los efectos de la pieza con aquellas planteadas por Funes en el artículo ya analizado. Mientras que para este la indignación del auditorio generada por la conducta de Eneas contribuiría a predisponerlo a favor de Dido, para el cronista de *El Centinela* dicho sentimiento ejercería el efecto contrario: entorpecer la compasión hacia la reina.

Cerca del final de su artículo, el cronista le indica a Varela otro error, aunque no de construcción de la pieza:

> Los versos de nuestro poeta son tan generalmente bellos, que poco nos dejan que hacer en el discurso de su pieza más que admirar su fluidez y naturalidad. Sin embargo, el verbo empleado en este verso, / *Mas el silencio del palacio crece,* / no parece exacto. El silencio es una pura negación; y una negación no parece susceptible de crecer (161; 8851).

El experto en materia teatral llega en este punto al extremo de criticar el estilo de Varela, marcándole un error semántico. Esta crítica tiene apariencias de provocación y de revancha. De este modo, el cronista, que ha sentido invadido su ámbito por un inexperto, le devuelve la atención al erigirse en crítico de poesía. No obstante, matiza su crítica con el elogio de los versos de Varela, a quien llama "nuestro poeta".

La reseña concluye con el deseo de éxito de público para la pieza, que el cronista acompaña de una nueva crítica, formulada también en forma de anhelo: "Deseamos que la

*Dido* logre en las tablas el mayor aplauso, y que su estimado autor escoja cuanto antes, para segunda pieza, un argumento más dramático y *nacional*, si se puede; o al menos alguno que aluda a nuestra situación y aspiraciones" (161; 8851). Este cuestionamiento recupera un aspecto que el cronista ya había mencionado -la inviabilidad dramática de la *Eneida* y del personaje de Eneas- y aporta uno nuevo, de singular importancia y que el crítico desliza casi al pasar: la desconexión y extrañamiento del argumento elegido por Varela con respecto a su contexto local y a los valores nacionales. En esta crítica, el cronista seguramente tiene en mente la producción lírica de Varela, de temática patriótica.

Las implicancias ideológicas de este cuestionamiento, que también es una solicitud de que el poeta reoriente su producción futura, son opuestas a las que deja entrever *El Argos*, al exaltar el carácter inaugural de *Dido* para la dramaturgia nacional. Al cronista parece incomodarle la elevación de una pieza de trasfondo clásico a la categoría de iniciadora del teatro nacional. Por el contrario, el grupo ilustrado al que pertenece Varela -entre ellos, su mecenas, Rivadavia- tiene en alta estima la cultura clásica. El poeta dedica al ministro su primera tragedia, y este alienta al primero, varios años más tarde, para que retome su traducción de la *Eneida*.[21] Resulta interesante destacar que ambas tendencias en tensión despliegan sus argumentos en el mismo periódico, *El Centinela*, considerado un medio defensor del proyecto de los letrados rivadavianos.

La exigencia del cronista pone de manifiesto la discusión sobre los requisitos que debe reunir una obra que pretenda ingresar al canon de la literatura nacional, y, por otra parte, sobre la necesidad y pertinencia de recuperar valores y contenidos de la tradición clásica. El comentarista pertenecería, a nuestro entender, al linaje de aquellos críticos, denunciados por Rojas, "que han escrito sobre el

---

21 Sobre la traducción de la epopeya virgiliana por Juan Cruz Varela, cfr. nuestro artículo "Traduciendo al héroe. Eneas en el Río de la Plata" (2014).

teatro argentino con simpatía criolla" y que han incurrido en el error de "creer que lo 'nacional' de dicho teatro hállase representado exclusivamente por el realismo gauchesco y lo que de él se deriva" (1957b: 514). En consecuencia, Rojas rechaza la negación del "carácter de argentinidad a la tragedia clásica de nuestros primeros dramaturgos", entre los que cita a Lavardén y Varela (1957b: 515).

Al analizar el comentario de *El Centinela*, Aisemberg y Lusnich señalan de modo semejante que este cuestionamiento de "la elección de un argumento foráneo y distante en el tiempo" y de "su inadaptación al contexto político local" "anticipa el juicio de los primeros estudiosos de teatro nacional" (20). Entre estos estudiosos, las autoras mencionan a Ernesto Morales -quien afirma que Varela "como hombre de teatro [...] huye de su momento" (cit. por Aisemberg y Lusnich: 21)-, a Berenguer Carisomo -que sostiene que *Dido* y *Argia* "son la máxima expresión del rompimiento de una cultura con su medio vital" (Berenguer Carisomo, 1947: 191; Aisemberg y Lusnich: 21)- y a Ricardo Rojas -para quien es en sus tragedias "donde se muestra su autor más ajeno a su tierra, a su tiempo y a su pueblo" (Rojas, 1957a: 653; Aisemberg y Lusnich: 22)-. Resulta interesante detenernos en este último caso. Como vimos *supra*, Rojas defiende en "Los Modernos" el carácter argentino de las tragedias de Varela. Ahora bien, la cita del crítico que Aisemberg y Lusnich traen a colación, perteneciente a "Los Coloniales", plantea una suerte de contradicción con aquella afirmación. No hay que olvidar, no obstante, que entre la publicación de uno y otro tomo transcurren cinco años aproximadamente, lapso en el que Rojas podría haber revisado y/o modificado algunos de sus juicios.

## 2.5. La defensa de un héroe

La réplica de Varela -cuyo estilo, como vimos, había sido destacado por Gutiérrez (1871: 348)- se publica en *El Centinela*, a la semana siguiente de aparecido el artículo del cronista. El texto, firmado por "El autor de Dido", se abre con un epígrafe en latín -que analizaremos más adelante-, perteneciente a una epístola de Horacio: "Est quoddam prodire tenus, si non datur ultra" ("Correspondencia. Centinela", *El Centinela* n° 61, 21/7/1823, 166; 8856). Más adelante volveremos sobre este epígrafe.

Varela inicia su respuesta identificando a sus interlocutores: "El *Argos* en su núm. 72 del tomo 2°, y vos, *Centinela*, en vuestro número 60, habéis tenido la dignación de abrir dictamen sobre la tragedia que poco ha se publicó con mi nombre, y bajo el título de *Dido*" (166-167; 8856). Su artículo, entonces, consiste en una respuesta unificada en un solo texto a dos ensayos aparecidos en periódicos diferentes (uno de ellos, el mismo donde se publica la réplica). Resulta significativo que se dirija en segunda persona a *El Centinela*, empleando la tercera cuando menciona a *El Argos*. Este dato permite conjeturar que el primero es el interlocutor principal, lo que queda en evidencia también en la extensión de los pasajes en que se ocupa de responder a uno y otro. Una explicación de esta diferencia de trato podría inferirse del tono y tenor de cada uno de los artículos que se ocuparon de *Dido*, que Varela explicita al comienzo de su ensayo: "El *Argos* solo ha hecho un breve análisis de ella; vos habéis hecho la crítica, y yo estoy tan agradecido a los elogios que aquel me dispensa, como a la sinceridad amistosa con que habéis manifestado vuestra opinión sobre este drama" (167; 8856). Dando muestras de cortesía, el poeta agradece no solo los elogios sino también las críticas, a las que reconoce dictadas por la franqueza propia de un amigo. Pero agradecer no implica guardar silencio:

> Sin embargo, así el *Argos* como vos, me obligan a una contestación. Nada quiero menos que suscitar una cuestión literaria sobre el mérito o demérito de mi *Dido*; pero creo hallaréis justo que procure desvanecer algunos reparos que me parecen hechos o con demasiada escrupulosidad, o con poca exactitud (*ibid.*).

Varela se siente forzado, así al menos lo declara, a responder y defenderse de los "reparos", advirtiendo, no obstante, que no es su intención iniciar una polémica en torno a su tragedia. Solo desea que los receptores puedan disponer de su versión antes de formar su opinión: "De todos modos, de vuestra crítica y mi contestación sacará el público, o los conocedores, algunos datos para el juicio, favorable o adverso, que deben formar sobre la tragedia en cuestión" (167; 8856). Con esta afirmación, erige en árbitros y jueces de la disputa –que, sin embargo, no pretende iniciar– al público y a los expertos en materia literaria.

Tras esta introducción, el poeta responderá a *El Argos*, transcribiendo pasajes de la reseña de Funes para luego plantear sus reparos. Basándose en la fidelidad de su pieza con respecto a la *Eneida* –"Todo esto es sacado de Virgilio" (168; 8857)– y apoyándose en citas de la epopeya en latín sin traducir, Varela se concentra en rebatir algunas de las virtudes señaladas por la reseña, en un intento por restituir la interpretación correcta de su tragedia (y, en consecuencia, de la *Eneida*).

En primer lugar, el poeta se distancia de la "sagacidad" que le atribuye Funes en la presentación del personaje de Eneas: "Esto es una equivocación, y tal que, si no lo fuera, quedaba destruida la pieza; más bien no podía haberla. *Dido* no estaba ligada a *Eneas* por el matrimonio" (167; 8856-57). Defiende así la tesis de que la reina es culpable y que trata de disimular su culpa con el nombre de matrimonio (167; 8857).

A continuación, el poeta se ocupa del elogio que hace *El Argos* de la construcción negativa del personaje de Eneas, lo que provocaría, según Funes, la compasión del espectador con la reina de Cartago y su indignación con el troyano: "En mi tragedia, *Eneas* ni es infidente ni ingrato [...] No se finge instrumento de los Dioses; lo es en efecto: así está pintado en la pieza, y suponer lo contrario es hacer odioso un personaje que yo no he querido hacer tal" (167; 8857).

Con esta reivindicación de Eneas concluye la parte de la réplica del análisis de *El Argos*, a quien dedica -como veremos- menos atención que a su otro interlocutor. Después de todo, aquel solo había cometido inexactitudes en el elogio de su pieza.

Una de las virtudes del texto de Varela es su prolija organización y su claridad expositiva. Antes de cambiar de interlocutor, el poeta lo anuncia explícitamente, para que la lectura de su texto no presente complicaciones ni aliente malentendidos: "y aquí, *Centinela*, me contraigo a vuestra crítica, separándome del *Argos*" (168; 8857).

Varela vuelve a declarar, antes de abordar la reseña, la fidelidad con respecto a su fuente: "Mi tragedia no tiene más personas ni más acción que las que proporciona el libro IV de la Eneida: no me he valido absolutamente de más, y deseara que esto no se olvidara en la lectura de esta contestación" (*ibid.*).

La dicotomía entre una "Dido histórica" y una "Dido poética" que planteaba el cronista es agudamente refutada por Varela, al poner en cuestión la naturaleza "histórica" de los héroes y plantear la dificultad de determinar objetivamente su existencia:

> A esto podía contestarse que tal vez no hay más *Dido*, ni más *Eneas*, como ni otro Agamennon, Ulises, Aquiles, ni otro Príamo, ni otro Héctor, que los puramente *poéticos*. A la historia costaría mucho averiguar el día de hoy no solo la época precisa en que vivieron, pero acaso su misma existencia: y es absolutamente fuera de duda que sin Homero y Virgilio, que no son más que poetas, nada se sabría ya de todos aquellos personajes (168; 8857).

De este modo, Varela desecha como irrelevante el cargo de anacronismo en el que habría incurrido, según el cronista, al hacer convivir a personajes separados por dos siglos de distancia. Al mismo tiempo, reivindica la labor de los poetas, gracias a los cuales la posteridad ha podido conocer a determinados personajes "históricos".

A continuación, el autor de *Dido* denuncia como "calumnia" la indiferencia que *El Centinela* atribuye a Eneas, quien habría descuidado a su esposa Creúsa en la huida de Troya (168; 8857-8858). Antes de emprender su defensa del héroe, Varela brinda los argumentos sobre la necesidad de dicha actitud:

> debo defender a *Eneas*: la razón es sencilla: vuestro periódico es acreditado, se lee por todos, pero no todos leen a Virgilio; y el carácter odioso y ridículo que habéis querido atribuir a *Eneas*, bastaría para hacer caer la tragedia en la representación, desde el momento que aquel personaje se asomara a las tablas. Es preciso, pues, que lo conozcamos cual es en sí; quiero decir, cual lo ha descripto Virgilio, único por quien Rousseau, y vos, *Centinela*, tenéis noticia de aquel troyano (168; 8858).

La desacreditación de Eneas, sostiene Varela, podría afectar la representación de la pieza, ya que es más probable que los eventuales espectadores conozcan al héroe a través del periódico a que lo hagan recurriendo a la *Eneida*. El conocimiento y la opinión de los espectadores acerca de Eneas, por lo tanto, estarían mediatizados por la prensa. La defensa que se propone Varela, como queda en evidencia, no es desinteresada, en tanto pone de manifiesto una preocupación por la suerte de la representación de su tragedia.

El poeta acusa a *El Centinela* y a Jean-Baptiste Rousseau, a quien el periódico había citado, de una mala lectura de la epopeya latina:

> ¿Cómo es posible que habiendo leído a Virgilio, y habiendo sacado de él el pasaje de la pérdida de Creúsa no se haga a *Eneas* la justicia que se le debe en tal lance, y se diga que no reparó, que no se le dio cuidado de esta pérdida? ¿Rousseau y el *Centinela* se valen de Virgilio para acriminar al troyano, y se olvidan de lo que el mismo poeta dice en su favor? (168; 8858).

Con la exhibición, a modo de pruebas, de citas de la *Eneida* en latín, sin traducir, Varela reconstruye la huida de Troya de Eneas, con su padre Anquises, su hijo Ascanio, y su esposa Creúsa, para demostrar que la pérdida de esta última no se debió al descuido o indiferencia de Eneas, quien había regresado infructuosamente a buscarla al notar su ausencia (169-170; 8858-8859). Varela se manifiesta incapaz de comprender por qué Rousseau y *El Centinela* aborrecen a Eneas y no lo ven como un "buen esposo", es decir, como lo presenta la *Eneida*, la única fuente antigua, según Varela, que menciona al troyano (170; 8859).[22] El poeta se erige entonces en abogado de Eneas: "no llamaréis injusto que yo haya emprendido su defensa con mi texto en la mano. Vos habéis hecho la de *Dido*, y ya os he dicho que en vuestro mismo mérito se funda mi resolución de sostener al pobre *Eneas*" (*ibid.*).

Nuevamente, Varela expresa claramente cuál es su interés en dicha defensa: "¡Infeliz de mi tragedia, si al representarse, los espectadores no tienen otra idea de aquel troyano que la que vos les habéis dado! Soy un autor novel; pero, si no deseo un patio parcial, tampoco lo quiero prevenido. Perdonadme" (8859; 170).

El éxito de *Dido* le preocupa a su autor, quien confiesa su condición de principiante y expresa al mismo tiempo su miedo de contar con un público mal predispuesto contra Eneas, en la suposición, tal vez, de que una tragedia con un héroe con tantos defectos resultaría inmoral e indecente y, por lo tanto, se atraería el repudio del potencial auditorio. Con respecto a la autocaracterización de Varela como "autor novel", cabe recordar que en la dedicatoria de *Dido* a Rivadavia se expresa con palabras semejantes: "olvidándose [mi Musa] que, cuando más, solo puede serle permitido el

---

22 Cabe aclarar que el personaje de Eneas figura tanto en la *Ilíada* como en la *Heroida* VII de Ovidio.

tocar la lira, ha tenido la audacia de aspirar a mayor sublimidad, y se atreve a ofrecer a V. S. su primer ensayo en la tragedia" (Varela, 1915: 3).

En su calidad de defensor de Eneas, Varela intenta demostrar que el troyano no fue ingrato ni infiel, ya que no abandona a Dido porque no la ama, sino por seguir el mandato divino. En la Antigüedad, explica, era verosímil que los hombres creyeran en los oráculos y la voluntad de los dioses (170; 8859). De este modo, aboga por una interpretación de las piezas teatrales según los criterios, valores y expectativas del universo representado.

A continuación, Varela apela a la autoridad de Alfieri -quien se habría pronunciado a favor de las "acciones trágicas, pero sencillísimas"- para refutar el cargo de simplicidad de su tragedia (170-171; 8860). Adoptando una actitud modesta, declara que esta sencillez no es necesariamente un defecto. Si bien asume que su pieza tal vez no sea perfecta, rechaza con firmeza la acusación de haber compuesto una elegía en lugar de una tragedia (171; 8860).

Al referirse a la acusación de *El Centinela* de la "rotura de la acción" entre las escenas primera y segunda del primer acto, Varela hace una concesión al cronista, y acepta su sugerencia: "Yo convengo ciertamente en que era mejor que estas dos escenas estuvieran enlazadas del modo que proponéis, cosa bien fácil, variando los dos últimos versos de *Sergesto*" (172; 8861). No obstante, no concuerda con el crítico en que allí, con la partida de los hombres de Eneas, concluyera un acto, ya que la misma acción continúa con la llegada de Dido y Ana (172-173; 8861). En una muestra de honestidad y humildad, Varela opta por reconocer el defecto: "Yo podría cohonestar esta falta con muchos ejemplos de los mejores trágicos: pero ya os he dicho que convengo en que es mejor remediarla" (173; 8862).

Varela apela al efecto sobre la audiencia para defenderse de otra de las acusaciones: la presencia de Eneas en el momento del suicidio de Dido. En este caso, confiesa que su plan original coincidía con la opinión del cronista, pero que cambió de parecer por consejo de "personas que para mí tienen voto y discernimiento en esto", quienes pensaban que de ese modo el efecto sobre el espectador sería más fuerte (173; 8862). Esta alusión a expertos en materia teatral constituye una suerte de respaldo, de credenciales, que Varela -en tanto autor novel de obras dramáticas- considera necesario exhibir en la defensa de su tragedia frente al cuestionamiento de un crítico perito en la cuestión.

La figura de los espectadores es invocada también en la refutación de la última crítica de *El Centinela*, quien ve con malos ojos que la tragedia no termine con la muerte de Dido, sino con la partida de Eneas. Si la pieza concluyera como el cronista sugiere, declara Varela, la acción parecería incompleta, y los espectadores sentirían el deseo de saber qué pasó con Eneas tras la muerte de Dido (173; 8862).

Ya sobre el final de su respuesta, Varela acusa al cronista de parcialidad:

> Yo creo que este reparo [al modo en que concluye la pieza], y el de la presencia de *Eneas* cuando *Dido* se mata, nace, más que de todo, del odio que tenéis a este último. A la verdad, *Centinela*, vos quisiérais, no solo que no se mostrara nunca, sino que ni su nombre se oyera (173; 8862).

Esta actitud parcial, según Varela, resulta tan evidente que "Lo conocerá cualquiera que lea vuestra crítica" (*ibid.*). El poeta, a continuación, manifiesta su deseo de haber defendido adecuadamente al héroe troyano: "Yo quisiera haber conseguido desvanecer las ideas que, con ella [la crítica], habréis hecho formar de este personaje" (*ibid.*).

Además de las razones aducidas por Varela, existen otros motivos, podríamos suponer, por los que se embarca en la defensa de Eneas. Una clave reside en la misión acordada a este héroe, la fundación del linaje latino, destinado a gobernar el orbe. La tarea de Eneas revestiría, en el contexto de la publicación de *Dido*, un valor simbólico, en tanto remitiría a la misión, asignada por la crítica a la tragedia de Varela, de inaugurar el canon y el linaje ilustre del teatro nacional.

Por otra parte, hay otro aspecto de Eneas que a Varela le habría interesado resaltar: su vocación de servicio a la patria, o a un proyecto de ella, mandato de los dioses mediante. En este sentido, resultan interesantes las palabras de Davidson de Oliveira Diniz y Marcela Croce, quienes identifican una "trabajosa épica vareliana", expresada en parte de la producción lírica del poeta, cuya "culminación poética" serían *Dido* y *Argia* (2016: 117). Los autores sostienen que "La acción de *Dido* [...] está dedicada al culto del héroe" y que la figura de Eneas "es el perfeccionamiento de los militares que reclaman devoción en los poemas patrióticos" (*ibid.*). De este modo, en el proyecto escriturario de Varela, su producción dramática se articularía de modo armónico con sus odas y poemas.

La respuesta de Varela publicada en *El Centinela* concluye con la manifestación del deseo de que el público se interese en su pieza. Para reforzar sus palabras, acude a la autoridad de Voltaire y de Horacio, a quien cita en latín:

> Por lo demás, yo no estaré tan descontento si el público, en la lectura de *Dido*, encuentra interés. *Este* (dice Voltaire) *es la base eterna de la buena tragedia*; y en efecto, yo creo que hay tragedia donde hay aquello que / ... *pectus inaniter angit, / Irritat, mulcet, falsis terroribus implet* (173-174; 8862).

Resulta interesante destacar que Varela se refiere aquí a la lectura de su obra, en concordancia con la estrategia de promoción de esta, recientemente publicada. En su artículo, por otra parte, como vimos, las referencias al efecto sobre el espectador para refutar algunas críticas remiten directamente a la instancia de la representación, a la que Varela evidentemente otorga importancia.

El artículo de Varela, podríamos decir, tiene una estructura circular: se abre y se cierra con citas en latín, sin traducir, ambas tomadas de epístolas de Horacio. La cita final, desprovista de cualquier referencia, pertenece al poema dos del segundo libro de las cartas del poeta latino (versos 211-212), y alude de manera elogiosa a los efectos que saben provocar los buenos autores de piezas teatrales, al igual que la frase de Voltaire.

La primera cita, por su parte, funciona a manera de epígrafe, y pertenece a la primera carta del primer libro, dedicada a Mecenas. El verso que cita Varela (v. 32) recoge el siguiente consejo: el hecho de no poder alcanzar la perfección en una disciplina, arte o habilidad física no debe constituir un impedimento para no llegar hasta el límite permitido. Podemos aventurar que Varela elige este verso como una demostración de modestia, tono presente también en algunas afirmaciones de su respuesta (por ejemplo, cuando el poeta asume su responsabilidad en los defectos de la pieza). Esta actitud humilde, por otra parte, sería la apropiada para alguien que se presenta como un "autor novel", como es el caso de Varela. El epígrafe de Horacio debe leerse, además, en relación con la dedicatoria de su pieza a Rivadavia, donde manifiesta que intenta suerte en el género trágico porque "Mi pobre Musa ha sido envuelta en esta revolución general" de progreso y marcha hacia la perfección que caracteriza a su época, y confiesa que "hay algo de temeridad en haber emprendido esta obra [*Dido*]" (Varela, 1915: 3). Esta temeridad, precisamente, lo habría llevado a seguir el consejo de Horacio y probar sus propios límites.

## 2.6. ¿"Buen trágico" o autor censurable?

Pese a las declaradas intenciones de Varela, se suscita una "cuestión literaria". *El Argos*, en efecto, no espera demasiado para responder. El 24 de septiembre de 1823 se publica en sus páginas un brevísimo comunicado, donde se anuncia que "Tenemos concluidas las reflexiones que hemos hecho sobre la equivocación que nos atribuye el autor de la Dido. Por no caber en este número las daremos en el siguiente" ("Buenos Aires", *El Argos* n° 77, 24/9/1823, 4, col. 2). Las reflexiones prometidas se publican tres días después. Dado que aparece sin firma, al igual que el primer artículo analizado, y que Gutiérrez no lo menciona –tal vez porque no tiene en su poder una copia manuscrita–, desconocemos el nombre del autor de la respuesta. Podríamos conjeturar que se trata del mismo Funes, debido a que asume como propias las palabras de la reseña de *Dido* que provocan la reacción de Varela.

El desconcierto parece embargar al autor de esta respuesta. *El Argos*, podemos imaginarnos, no se esperaba una reacción semejante de Varela, dado el tono encomiástico de su comentario: "Hemos leído con no poca sorpresa, que el autor de la Dido califique de equivocación haber creído el Argos que fue sagacidad suya suponerla enlazada con Eneas, por medio del himeneo" ("Buenos Aires", *El Argos* n° 78, 27/9/1823, 4, col. 1). El crítico se encarga de aclarar que la atribución de este mérito a la pieza se enmarca en su consideración de Varela como "buen trágico", ya que, gracias a dicha sagacidad, lograba "excitar la compasión a favor de Dido con su inculpabilidad, así como excitaba el terror con su atroz muerte" (*ibid.*). Si *El Argos* estuviera equivocado, continúa el crítico –y aquí se percibe un dejo de malestar y una intención revanchista–, entonces la Dido de Varela sería defectuosa. En este punto, recurre a las propias palabras del poeta, quien al defender a Eneas había afirmado que si esa crítica elogiosa estuviera en lo cierto quedaría "destruida la pieza". En un hábil movimiento argumentativo, el crítico asume que puede haberse equivocado, y pasa entonces a demostrar que, si ese fuera el caso, *Dido* no cumpliría con los requisitos de una buena tragedia. Como intenta dejar en claro el crítico, su apreciación original sobre la pieza de Varela y sobre su autor como poeta dramático había sido positiva. Se ubicaría, por lo tanto, en las antípodas de la valoración del cronista de *El Centinela*, quien adjudica a *Dido* el rótulo de "bellísima elegía", como vimos.

La réplica del autor de la nota se basa, como el primer artículo de *El Argos*, en la teoría aristotélica de la tragedia, sobre todo en los pasajes relativos a los efectos sobre el espectador: compasión y terror. El crítico sostiene que, si el matrimonio entre Dido y Eneas no se encuentra legitimado en la obra, entonces Dido no sería inocente. *Ergo*, sería caracterizada como una criminal, en cuanto se deja arrastrar por la pasión. En ese caso, el efecto que despertaría en el auditorio sería "una compasión débil", porque "Las desgracias de los culpados no tienen fuerza para movernos mucho" (4, col. 1). Por otra parte, afirma *El Argos*, "sería censurable el autor de la Dido queriendo captar la benevolencia a favor de una criminal" (*ibid.*). De este modo, se pone a Varela en una encrucijada: si el crítico se equivocó en su observación, entonces el poeta incurrió en un defecto, al no observar las reglas de la tragedia. Si las observaciones del crítico no fueran erradas, entonces la pieza sería una tragedia con todas las de la ley.

En su respuesta, el crítico persiste en la defensa de Dido y en la defenestración de Eneas, a quien el poeta se obstinaba en justificar aduciendo que el motivo del abandono de la reina fue la obediencia del héroe a la voluntad de los dioses. *El Argos* niega este móvil en la conducta de Eneas, quien,

> para lograr a un tiempo los favores de Dido, y ser el instrumento de esos altos destinos, bien pudo suceder que se desposase con Dido, y que por satisfacer su excesivo amor a la gloria, negase después la celebración del contrato (4, col. 2).

Funes, como vemos, insiste en su condena de la actitud de Eneas, desconfiando de la sinceridad de sus intenciones al abandonar a Dido: no lo hizo tanto por un sentido de la responsabilidad sino para satisfacer ambiciones y pasiones personales. En este punto, el autor de la nota se opondría no solo al tratamiento de la figura del héroe troyano en la pieza de Varela, sino también a la imagen que Virgilio ofrece de él como obediente y respetuoso de la voluntad de los dioses.

Al final de su artículo, el crítico recurre a un juicio autorizado para respaldar sus afirmaciones: "No somos nosotros los únicos que hemos creído a Eneas culpable de esta ingratitud, y a Dido inocente. Oigamos cómo se explica Marmontel, buen juez en esta materia; y cómo por esto mismo halló en este hecho un asunto mas trágico" (4, col. 2). Jean-François Marmontel se ocupa del género de la tragedia en su obra *Éléments de Littérature* (1787). Constituye, por lo tanto, un "buen juez" en materia teatral. Pero no solo por su faceta de crítico literario. Como dramaturgo, Marmontel es el autor del libreto de la tragedia lírica *Didon*, con música de Niccolò Piccinni. En el pasaje que transcribe el crítico, el dramaturgo francés compara argumentos de distintas tragedias en función de la eficacia o ineficacia para producir compasión y dolor en el auditorio. El episodio de Dido y Eneas, según Marmontel, en tanto narra la historia de una mujer traicionada y deshonrada por un héroe ingrato, produciría un fuerte efecto sobre el espectador (*ibid.*). Tras la extensa cita –que ocupa casi todo el párrafo–, el crítico retoma la palabra para reafirmar su postura, envalentonado por el fuerte respaldo de Marmontel, y para restarle méritos a la pieza de Varela, en el hipotético caso de que sus propias observaciones elogiosas fueran erróneas.

## 2.7. Que Eneas salga a las tablas

El 28 de septiembre, al día siguiente de que se publicara la respuesta de *El Argos*, aparece en *El Centinela* un artículo referido también a la reacción de Varela. El texto sin firma, incluido en la sección de crónicas teatrales, apenas les dedica tres párrafos a *Dido* y su autor. El resto del artículo está consagrado al comentario de las novedades teatrales.

El artículo arranca manifestando la generosidad de *El Centinela* y su deferencia para con Varela al acoger en sus páginas la respuesta de este, actitud de la que parece arrepentirse:

> No obstante que en este periódico no solemos admitir *comunicados*, sino cuando parece que la justicia clama por su inserción, y son al mismo tiempo cortos, dimos un lugar ilimitado al del *autor de Dido* en nuestro último número, aunque la sensibilidad paternal parece haber inducido a extenderlo demasiado ("Teatro", *El Centinela* n° 62, 28/9/1823, 195; 8882).

Tras la crítica a la extensión del artículo de Varela, el cronista aclara que su intención no era incidir en la suerte de la representación de Dido, y se refiere de manera casi casual a la reseña de *El Argos*:

> Si hubiéramos podido prever tal resultado, o que el estimado autor pudo figurarse que la crítica que había hecho el *Centinela* de Eneas era capaz de hacer caer la pieza en la representación… (pero los elogios son los que se deben temer: véanse los del Argos)… nos hubiéramos abstenido por ambos motivos de anticipar una sola palabra respecto de aquel héroe, a quien por lo tanto dejamos por ahora, para que salga a las tablas con todas las ventajas que le puedan resultar de una defensa intachable. Si, pues, en el presente artículo, hallamos necesario, continuando nuestro objeto, aludir a dicha defensa, nos ceñiremos a aquellos puntos que tocan solo al arte dramático en *general* (195-196; 8882).

El crítico revela su conocimiento del artículo de Funes, al que pone como ejemplo de la máxima que advierte acerca del peligro de los elogios. Dicha sentencia, suponemos, se refiere al daño que causan los aduladores al envanecer a los artistas. La crónica de *El Centinela*, en contraposición, sería una crítica franca y, por lo tanto, útil y beneficiosa. El mismo Varela había destacado la "sinceridad amistosa" de dicho comentario ("Correspondencia. Centinela", *El Centinela* n° 61, 21/9/1823, 167; 8856). El cronista, con cierta ironía, manifiesta su intención de no volver a ocuparse específicamente de Eneas, para no perjudicarlo, ni de la respuesta de Varela, a la que califica de "defensa intachada". Este juicio, como quedará en evidencia después, responde solo a un gesto de cortesía, ya que dicha defensa sufrirá la descalificación por parte del cronista, disfrazada y justificada por el manto de una crítica del "arte dramático en general".

A continuación, el cronista plantea una declaración de principios de la crítica teatral de *El Centinela*, y, de modo más amplio, explicita la política editorial del periódico:

> Nuestro objeto en escribir no solo los artículos del *teatro*, sino también todos los demás, es la *mejora* del ramo de que respectivamente traten: y sentimos hallarnos en la necesidad de asegurar a la mitad de nuestro tercer tomo lo que nos lisonjeábamos que ya sería patente desde los principios del primero. Respecto al *teatro* en particular nuestros artículos tienen solo por blanco el que no se vuelva a fastidiar al público segunda vez con la representación de las piezas malas; que las defectuosas y *corregibles* se corrijan; que las buenas se conserven libres de las interpolaciones y truncamientos imprudentes y atrevidos a que a veces se hallan expuestas en el archivo; que los literatos del país, que se animen a emprender obras dramáticas originales, no carguen más cadenas que las que la razón y la naturaleza del drama les imponen; y finalmente que los actores no destruyan de golpe por su inaplicación, lo que cuesta tantos desvelos idear y perfeccionar ("Teatro", *El Centinela* n° 62, 196; 8882-8883).

La actitud que asume el cronista hace suponer que ocupa una posición importante, un cargo de peso en la redacción del periódico. Tal idea se desprende también del pasaje inicial del texto, donde exponía los criterios del diario para la admisión y publicación de comunicados.

El cronista no se limita a esta declaración general de la nobleza de sus críticas teatrales, que perseguirían solo la mejora de la calidad de las obras representadas y de las interpretaciones actorales, en aras de la satisfacción del público. Como había advertido, aprovecha la ocasión para ocuparse nuevamente, sin mencionarlo, del autor de *Dido*:

> ¿A quién interesa más este objeto que a aquel que tan valerosamente ha tomado en el país la vanguardia en una carrera tan difícil? Muy en estado de ayudarnos en nuestra tarea, sírvase al menos, cuando crea conveniente combatir nuestras opiniones, hacerlo con *razones* y no con *autoridades* (196; 8883).

En coincidencia con los artículos de *El Argos* sobre *Dido*, el crítico reconoce el carácter de pionero que reviste -o que se pretende que revista- el poeta para la dramaturgia nacional. Pero el elogio se torna pronto un reproche: Varela no debería oponerse a una causa -la sostenida por *El Centinela*- a la que debería en realidad contribuir, dada su posición y condiciones privilegiadas.

Su respuesta, tal como había prometido al principio de su artículo, no consiste tanto en una refutación de los puntos señalados por el poeta. Se trata más bien de una reafirmación de los términos de su crítica a *Dido*, sin retractarse de los defectos que le señala a la pieza, aunque exhibe una ligera y burlona preocupación por los efectos negativos que su crítica pudiera tener en la instancia de la representación. Por otra parte, el artículo avanza un paso más allá, al descalificar la respuesta de Varela por carecer de argumentos racionales y sostenerse solo en el criterio de autoridad. Luego de despachar el asunto, pasa a ocuparse, sin solución de continuidad, de las piezas representadas recientemente en Buenos Aires.

## 3. Las hebras de la tradición

Según entendemos, y tal como se desprende de nuestra exposición, la polémica analizada constituye un testimonio valioso a la hora de abordar las reapropiaciones de la tradición clásica en la Argentina de las primeras décadas del siglo XIX. La publicación de *Dido* pone en movimiento -y deja al descubierto- una operación intelectual que involucra a la prensa, a los letrados y al poder político, que apunta a instituir la pieza como el punto de arranque del teatro nacional. Vale recordar que dicha pieza es en ese momento solo un texto impreso, sin un historial previo de representaciones y sin los lauros que le confiere el favor del público. Este hecho habla por sí solo de la importancia conferida a las prácticas del teatro leído, que involucran la promoción y crítica de los guiones dramáticos.

En esta operación para entronizar a *Dido* y a su autor, las reseñas y análisis aparecidos en la prensa cumplen un rol fundamental. Uno de los periódicos que comulgan de buen grado con dicho objetivo, *El Argos de Buenos Aires*, articula en sus páginas toda una batería de textos producidos para tal fin. No obstante, la reseña de la pieza publicada en el periódico incurre inocentemente en una interpretación desviada y no del gusto del autor, que genera sorpresa y rispideces, y que, tal vez, podría poner en peligro la operación mencionada o bien disminuir su eficacia. El artículo del deán Funes pone de manifiesto una postura de recuperación de la cultura clásica -más específicamente, del episodio de Dido y Eneas- que entra en colisión con otra línea, representada por Varela.

El otro gran periódico de la época, *El Centinela*, también afín, en principio, a los valores implícitos en la promoción de *Dido*, interviene, con menos inocencia que *El Argos*, para marcar los defectos de una obra producto de un poeta inexperto en materia teatral. Esta intervención constituye una suerte de sabotaje a la campaña a favor de *Dido*, en tanto cuestiona no solo su viabilidad como obra dramática sino también su valor representativo de la cultura nacional y su condición de pieza fundacional de su teatro. El cronista de *El Centinela*, además, pone al descubierto en sus artículos la vinculación con otra línea de la tradición clásica, que rechaza textos considerados fundamentales e incuestionables, como la *Eneida*, para remitirse a un corpus anterior y supuestamente legítimo.

Si bien tanto Funes como el cronista de *El Centinela* ofrecen o recuperan una imagen negativa de Eneas y una positiva de Dido, existe entre ambos una diferencia fundamental. El cronista ataca decididamente a Virgilio, a quien atribuye la buena reputación de Eneas y a quien responsabiliza por la perversión de la reina africana. Con este gesto, se inscribe en una tradición historiográfica y literaria que arranca varios siglos antes de Virgilio y que atraviesa todas las épocas, y según la cual Dido nunca conoce a Eneas. El deán, por su parte, se erige en paladín de la reina inocente pero sin remitir a la tradición historiográfica que sostiene el discurso del cronista ni atreverse a cuestionar a Virgilio. En un movimiento peculiar, simula encontrar esa Dido casta y pura de la versión histórica en la pieza de Varela, y, más interesante aun, procura convencer de ello a su autor, como si este no fuese un experto conocedor de la obra del poeta latino. Con este gesto, Funes inscribe subrepticiamente a Varela en una tradición anterior a Virgilio -tradición que este había falsificado, según sus detractores-, alienándolo así de la *Eneida*.

En la defensa de su obra y del héroe troyano, Varela reacciona, por un lado, expresando su fidelidad con respecto a la epopeya virgiliana, en un intento por dejar en claro qué tradición pretende continuar con su tragedia; y, por el otro, descalificando la versión histórica de Dido como una leyenda y reafirmando el valor de la poesía y los poetas, que son los encargados de recuperar y transmitir los motivos sustraídos de un fondo remoto y nebuloso.

La polémica también resulta significativa, por último, en tanto ofrece una instantánea de un momento de la trayectoria de Varela. Poeta lírico ya consagrado por sus cantos a la patria, debe luchar, sin embargo, por un lugar en un ámbito nuevo, ajeno a su experiencia. La publicación de *Dido* constituye un desafío para Varela, quien, en la defensa de su heroína, pelea por su consagración como poeta dramático y por su condición de iniciador de una nueva y promisoria tradición: la del teatro nacional.

Gutiérrez, al referirse al último verso de *Dido*, emplea la metáfora, citada en el epígrafe de este trabajo, de "una hebra no interrumpida de hilo de oro". Según el crítico, la tragedia de Varela, que condensa en su seno distintas épocas y culturas, actúa como vínculo y sustento de "una escuela literaria poderosa que supo hallar la originalidad en la imitación, y [...] su fuerza en el sometimiento respetuoso a las tradiciones, usos y creencias del tiempo pasado" (1871: 73-74). Podríamos añadir que, en las páginas de la polémica analizada, este hilo se desmadeja, dejando al desnudo sus fibras microscópicas, que casi invisible y calladamente sustentan el tejido múltiple de la tradición.

## Referencias bibliográficas

Fuentes primarias[23]

*El Argos de Buenos Aires*

Sin firma. "Comunicado. Teatro Nacional. Dido", *El Argos* n° 61, 30 de julio de 1823, p. 3, cols. 1-2.

S/f. "Buenos Ayres", *El Argos* n° 68, 23 de agosto de 1823, p. 4, col. 2.

---

[23] El dato que se indica como título corresponde en realidad, en la mayoría de los casos, al encabezado de la sección del periódico.

S/f. "Buenos Aires", *El Argos* n° 72, 6 de septiembre de 1823, p. 3, col. 2 y p. 4, cols. 1 y 2.
S/f. "Buenos Aires", *El Argos* n° 77, 24 de septiembre de 1823, p. 4, col. 2.
S/f. "Buenos Aires", *El Argos* n° 78, 27 de septiembre de 1823, p. 4, cols. 1 y 2.

*El Centinela. Periódico semanal*

S/f. "Teatro", *El Centinela* n° 59, 7 de septiembre de 1823, pp. 139-143.
S/f. "Teatro", *El Centinela* n° 60, 14 de septiembre de 1823, pp. 156-161.
El autor de Dido. "Correspondencia. Centinela". *El Centinela* n° 61, 21 de septiembre de 1823, pp. 166-174.
S/f. "Teatro", *El Centinela* n° 62, 28 de septiembre de 1823, pp. 195-197.

*La Gaceta Mercantil*

S/f. "Avisos Nuevos". *La Gaceta Mercantil* n° 2303, 7 de octubre de 1831, p. 3, col. 2.

## Fuentes secundarias

Aisemberg, A. (2005). "Teatros, empresarios y actores". En O. Pellettieri (dir.). *Historia del teatro argentino en Buenos Aires. Vol. I. El período de constitución (1700-1884)*. Buenos Aires: Galerna, pp. 159-173.

Aisemberg, A. y Libonati, A. (2005). "Contexto socio histórico. Campo de poder y teatro". En O. Pellettieri (dir.). *Historia del teatro argentino en Buenos Aires. Vol. I. El período de constitución (1700-1884)*. Buenos Aires: Galerna, pp. 143-159.

Aisemberg, A. y Lusnich, A. L. (1997). "*Dido* y *Argia*: las primeras tragedias sudamericanas". En O. Pellettieri (ed.). *De Esquilo a Gambaro. Teatro, mito y cultura griegos y teatro argentino*. Cuadernos del GETEA n° 7. Buenos Aires: Galerna, pp. 13-24.

Aliaga Sarmiento, R. (1940). "Juan Cruz Varela". *Monitor de la Educación Común*, pp. 60-70.

Berenguer Carisomo, A. (1947). *Las ideas estéticas en el teatro argentino*. Buenos Aires: Comisión Nacional de Cultura – Instituto Nacional de Estudios de Teatro.

*Biblioteca de Mayo. Colección de Obras y Documentos para la Historia Argentina. Periodismo. Tomo IX. El Observador americano. El Independiente. La Estrella del Sud. El Centinela*. Primera parte (1960). Buenos Aires: Senado de la Nación.

Capdevila, A. (1931). "*El Argos de Buenos Aires* y aquellos claros tiempos de Rivadavia". En AA.VV. *El Argos de Buenos Aires. 1821*. Reproducción facsímile. Buenos Aires: Atelier de Artes Gráficas Futura, pp. XIX-XXXII.

Castagnino, R. H. (1989). *El teatro en Buenos Aires durante la época de Rosas*. Tomo II. Buenos Aires: Academia Argentina de Letras.

De Barsotti, R. C. (1954). *Una tragedia inédita de Juan Cruz Varela*. Buenos Aires: Librería El Ateneo.

De Oliveira Diniz, D. y Croce, M. (2016). "Arcadia indigenista en Brasil / Neoclasicismo romanista en Argentina". En M. Croce (dir.). *Historia comparada de las literaturas argentina y brasileña. Tomo I. De la Colonia a la organización nacional (1808-1845). Prolegómenos e inflexiones mayores de la literatura independiente*. Córdoba: Eduvim, pp. 93-123.

De Lille, J. (1830). *Oeuvres complètes*. Amsterdam: Diederich Frères.

Echave-Sustaeta, J. de (2000). "Libro IV. Preliminar". En Virgilio. *Eneida*. Barcelona: Gredos, pp. 99-101.

Galán, L. (2005). *Eneida. Una introducción crítica*. Buenos Aires: Santiago Arcos.

Gallo, K. (2005). "Un escenario para la 'feliz experiencia'. Teatro, política y vida pública en Buenos Aires. 1820-1827". En G. Batticuore, K. Gallo y J. Myers (comps.). *Resonancias románticas. Ensayos sobre historia de la cultura argentina (1820-1890)*. Buenos Aires: Eudeba, pp. 121-133.

Gardner, J. F. (1995). *Mitos romanos*. Madrid: Akal.

Garelli, M. (1996). "La tragedia *Dido* de Juan Cruz Varela (su relación de hipertextualidad con el Canto IV de la *Eneida*)". *Praesentia. Revista Venezolana de Estudios Clásicos*, n° 1, pp. 137-148.

Giusti, R. (1939). "Juan Cruz Varela y la generación poética de la Revolución". *Boletín de la Academia Argentina de Letras*, tomo VII, núms. 25-26, pp. 17-51.

González Cañal, R. (1988). "Dido y Eneas en la poesía española del Siglo de Oro". *Criticón*, n° 44, pp. 25-54.

Guillemin, A. M. (1982). *Virgilio. Poeta, artista y pensador*. Buenos Aires: Paidós.

Gutiérrez, J. M. (1871). *Estudio sobre las obras y la persona del literato y publicista argentino D. Juan de la Cruz Varela*. Buenos Aires: Imprenta y Librería de Mayo.

—– (2006 [1877]). "La Sociedad Literaria y sus obras". En J. M. Gutiérrez. *De la poesía y elocuencia de las tribus de América y otros textos*. Caracas: Fundación Biblioteca Ayacucho.

Hernández Lorenzo, L. (2015). "Dido: el personaje virgiliano y su transmisión en la literatura española". *Philologia Hispalensis*, n° 29/1-2, pp. 51-65.

Lida, M. (2006). *Dos ciudades y un deán. Biografía de Gregorio Funes*. Buenos Aires: Eudeba.

Lida de Malkiel, R. (1974). *Dido en la literatura española: su retrato y su defensa*. London: Tamesis Books Limited.

Lescano, M. P. (2015). "La prensa durante el período rivadaviano: *El Argos de Buenos Aires* (1821-1825)". *Almanack. Guarulhos*, n° 9, pp. 136-152.

López, L. (2005a). "La tragedia". En O. Pellettieri (dir.). *Historia del teatro argentino en Buenos Aires. Vol. I. El período de constitución (1700-1884)*. Buenos Aires: Galerna, pp. 207-215.

–– (2005b). "La crítica (1700-1884)". En O. Pellettieri (dir.). *Historia del teatro argentino en Buenos Aires. Vol. I. El período de constitución (1700-1884)*. Buenos Aires: Galerna, pp. 551-569.

Martínez Gramuglia, P. (2006). "Ricardo Rojas: Una modernidad argentina". *Anuario del Centro de Estudios Históricos "Prof. Carlos S. A. Segreti"*, vol. 6, n° 6, pp. 313-354.

Martínez Paz, E. (1940). "El 'Plan de estudios' del deán Funes. Disertación preliminar". En G. Funes. *Papeles del deán Gregorio Funes. Plan de estudios para la Universidad Mayor de Córdoba por el Dr. Gregorio Funes. Córdoba. Año 1813*. Buenos Aires: Biblioteca Nacional, pp. 7-33.

Martino, L. M. (2014). "Traduciendo al héroe. Eneas en el Río de la Plata". *Praesentia. Revista Venezolana de Estudios Clásicos*, n° 15, pp. 1-19.

–– (2017). "Reflexiones de Juan Cruz Varela sobre la traducción de la *Eneida*". *Anuario de Estudios Filológicos*, vol. XL, pp. 99-116.

Pagés, G. (1961). "Virgilio en las Letras Argentinas. De Lavardén a Juan Cruz Varela. (Conclusión)". *Boletín de la Academia Argentina de Letras*, tomo XXVI, n° 100, pp. 217-310.

Pena, M. J. (1999). "La *Dido* de Juan Cruz Varela". En J. V. Bañuls Oller, J. Sánchez Méndez y J. Sanmartín Sáez (eds.). *Literatura iberoamericana y tradición clásica*. Valencia: Universitat Autònoma de Barcelona – Universitat de València, pp. 327-332.

Myers, J. (2004). "Identidades porteñas. El discurso ilustrado en torno a la nación y el rol de la prensa. *El Argos de Buenos Aires*, 1821-1825". En P. Alonso (comp.). *Construcciones impresas. Panfletos, diarios y revistas en la formación de los estados nacionales en América Latina*. Buenos Aires: Fondo de Cultura Económica, pp. 39-63.

Rojas, R. (1915). "Las tragedias de Varela. Noticia preliminar". En J. C. Varela. *Tragedias*. Buenos Aires: La Facultad, pp. 11-30.
— — (1957a) [1918]. *Historia de la literatura argentina. Ensayo filosófico sobre la evolución de la cultura en el Plata. Vol. IV. Los Coloniales. II.* Buenos Aires: Kraft.
— — (1957b) [1922]. *Historia de la literatura argentina. Ensayo filosófico sobre la evolución de la cultura en el Plata. Vol. VIII. Los Modernos. II.* Buenos Aires: Kraft.
Rousseau, J.-B. (1799). *Odes, cantates, épîtres et poésies diverses.* Tome premier. Paris: Impremerie de P. Didot L'aîné.
Sarmiento, D. F. (1897). "Los emigrados". En D. F. Sarmiento. *Obras.* Tomo XIV. Buenos Aires: Imprenta y Litografía Mariano Moreno, pp. 359-403.
Seibel, B. (2007a). "Prólogo". En AA.VV. *Antología de obras de teatro argentino desde sus orígenes a la actualidad. Tomo 2 (1818-1824). Obras de la Independencia.* Buenos Aires: Instituto Nacional del Teatro, pp. 5-24.
— — (2007b). En AA.VV. *Antología de obras de teatro argentino desde sus orígenes a la actualidad. Tomo 3 (1839-1842). Obras de la Confederación y Emigrados.* Buenos Aires: Instituto Nacional del Teatro, pp. 5-32.
Suerbaum, W. (1999). *Vergils "Aeneis". Epos zwischen Geschichte und Gegenwart.* Stuttgart: Reclam.
Tonda, A. A. (1961). *El deán Funes y la reforma de Rivadavia. Los regulares.* Santa Fe: Castellví.
Varela, J. C. (1915). *Tragedias.* Buenos Aires: La Facultad.
Vilanova, Á. (2006). "La Tradición Clásica y el teatro rioplatense de las primeras décadas del siglo XIX: la obra de Juan Cruz Varela". *Praesentia. Revista Venezolana de Estudios Clásicos*, n° 7, pp. 1-35.
Zinny, A. (1869). *Efemeridografía Argirometropolitana hasta la caída del gobierno de Rosas.* Buenos Aires: Imprenta del Plata.

# 8

# La tradición clásica en la *Revista de Derecho, Historia y Letras* en sus primeros años (1898-1900)

*Tensiones entre alta cultura y cultura popular*

ANA MARÍA RISCO

## Introducción

El modelo del reconocimiento de los clásicos grecolatinos en la cultura escrita hispánica y latinoamericana tiene como primera fuente de inspiración los trabajos de María Rosa Lida. Su esposo, Yakob Malkiel, valora su labor al respecto recordando que no buscaba fuentes o antecedentes como los *Neuphilologen*, sino que, dado que ella provenía de la filología clásica, "reconocía instantáneamente, en textos medievales, renacentistas y modernos, los reflejos dispersos de modelos clásicos que le eran familiarísimos" (Malkiel, 1975: 12); de este modo, no solo extrae

> pasajes típicos para ilustrar o recalcar una semejanza o continuidad [...] que forma parte -a veces ínfima- de una poderosa y duradera tradición cultural, sino que se empeña en brindar al lector verdaderos tesoros de documentación, fruto de una detenida y concienzuda lectura de autores de primera, segunda y tercera categoría (1975: 13).

En el presente trabajo se plantea la focalización de una compleja manifestación de la (des)articulación de la tradición clásica en la cultura argentina, siguiendo hasta cierto punto las coordenadas del modelo de análisis de Lida, es decir, rastreando los "hilillos" (Malkiel, 1975: 13) que permitan establecer esa suerte de conexión intencionada que se articula con un concepto de alta cultura o cultura letrada y luego su posible articulación conflictiva o bien desarticulación también intencionada de la construcción cultural nacional de base nativista/criollista argentina. Concretamente, durante el período de transición del siglo XIX al XX, se percibe dicha (des)articulación como una tensión particular entre *alta cultura* y *cultura popular* en las páginas de la *Revista de Derecho, Historia y Letras*,[1] publicación fundada y dirigida por Estanislao Zeballos (1898-1923). Esta tensión se pone de manifiesto desde un principio en el prospecto de la revista y en un primer recorrido por sus páginas entre 1898 y 1900. Como hipótesis central, se sostiene que la *RDHL*, en sus primeros tres años de vida pública, revela que dicha tensión es producto de las interpretaciones personales y vínculos académicos del propio Zeballos, que responden a su particular interés erudito de letrado de la Generación del 80.

De este modo, en el ámbito de la "alta cultura", la revista otorga un espacio significativo en sus páginas a la tradición clásica y la pureza del castellano. En el terreno de la "cultura popular", más complejo, se sitúa un cancionero popular, que se publica desde el primer número de la revista y que luego será compilado y editado como un volumen separado en 1905. La complejidad de lo que se configura en la revista como "cultura popular" se manifiesta en el propio concepto de "popular", ya que, en tanto memoria colectiva de una comunidad, en este caso, de Argentina, se verifica la presencia de un ideal (personal) de base nacional que busca contribuir a la construcción de un patrimonio cultural

---

[1] En adelante *RDHL*.

argentino que contrarreste el efecto considerado pernicioso de la diversidad cultural producto de la inmigración, y de la literatura masiva de folletines considerada sensacionalista.

Por otra parte, el propio "Cancionero Popular" que compagina Zeballos recoge textos de una tradición patriótica con elementos de múltiples tradiciones, entre las que predominan la clásica (mitología, referencias a autores latinos y griegos, etc.), la anglosajona, la francesa y la española. De la primera tradición mencionada, foco del presente trabajo, se puede adelantar, tras una primera mirada, que se percibe en la incorporación de los textos anónimos y de los de autores identificados con una firma -que no siempre remite a una identidad real- la articulación con epígrafes escritos completamente en latín que suponen un acervo anclado en la tradición occidental eurocéntrica, mezclado con un incipiente nativismo "patricio" propio de la elite local y de base colonial.

## 1. Hojeando la revista: ¿predominio de contenido académico o de interés personal?

En un primer recorrido por las páginas del volumen inicial de la *RDHL*, se percibe un marcado interés por el contenido académico y de la *alta cultura*. Gregoria Celada Domínguez y Rita Giacalone, en un estudio preliminar sobre la *RDHL*, señalan que ese marcado afán académico (básicamente jurídico, histórico y social) inspira probablemente a Estanislao Zeballos desde la concepción de la publicación en tanto empresa personal (2007: 3-4).

A partir de una nota aclaratoria del prospecto del número inicial titulado "REVISTA de Derecho, Historia y Letras" (año I, tomo I, julio de 1898: 5-7), las autoras observan un primer cambio de nombre de la revista, denominada aparentemente en un principio como *La Revista* (Celada Domínguez y Giacalone, 2007: 3). En la nota mencionada, correspondiente al momento de su edición definitiva, se aclara: "Impreso y distribuido el prospecto tuvimos noticia de la existencia de otra publicación moral y religiosa titulada *La Revista*. Hemos, modificado, pues, el nombre de ésta" (1898: 5).[2]

Como puede observarse, en la nota citada no solo se consigna un cambio de nombre de la publicación, definido en las instancias finales de su primer impreso, sino que también se establece el contenido priorizado en sus páginas desde la selección del título (derecho, historia y letras) y una perspectiva concreta no moralizante ni ligada a ninguna doctrina religiosa. Esta distinción resulta significativa para la expectativa del lector de la época, ya que permite diferenciar públicos en función de sus fines. Probablemente, esta necesidad de distinción de contenido no se debe solamente a una coincidencia de títulos de publicaciones periódicas, sino de posturas enfrentadas entre un positivismo academicista y una perspectiva escolástica persistente en publicaciones de orientación católica. Además, hay que tener presente una posible coherencia en la postura de Zeballos sostenida desde la tribuna parlamentaria a favor de una laicización del matrimonio civil extensible a la formación cultural de los individuos (cfr. Ferrari, 1995; Punzi, 1998; Bonaudo, 2011), en coincidencia con el pensamiento positivista vigente en la época y con su formación cientificista (cfr. Fernández y Navarro, 2011). No obstante, este aparente alejamiento de una orientación moral y religiosa no impide encontrar, entre el contenido privilegiado por la revista, notas, artículos y documentos escritos con alto valor moralizante. Además, la compleja articulación de la mística cristiana heredada de la época colonial deja su impronta en textos cuya escritura entrelaza

---

[2] En el presente trabajo, los fragmentos citados de la *RDHL* respetan la puntuación, la gramática y la ortografía del original, así como las posibles erratas gráficas. El remarcado en cursiva de las citas pertenece al original salvo indicación en contrario.

conflictivamente un pasado y un presente que combinan de modo híbrido, dentro de la cultura letrada en la que se inscribe esta publicación, tradiciones clásicas, nativistas y cristianas. Se presupone, entonces, que la distinción hecha sirve para diferenciar exclusivamente perspectivas y fines orientadores de dos publicaciones periódicas diversas: una apunta a la formación espiritual y religiosa del individuo, y la otra se enfoca en la formación laica, liberal e integral del ciudadano.

El prospecto de la revista de Zeballos toma como punto de partida la identificación de una necesidad de los pueblos latinoamericanos de construir y alcanzar un grado de civilización mayor que reúna sus dos principios básicos, la libertad civil y política. Por esta razón, el juicio de su director sobre dicha cuestión en América Latina es implacable: "La civilización del Nuevo Mundo está retardada" (Zeballos, *RDHL*, año I, tomo I, 1898: 5).

Acudiendo a la retórica civilización-barbarie, el editor sostiene una esperanza de salvación de la civilización de los países latinoamericanos: "Pero el desgobierno, que á veces se asemeja al estado ordinario en estas sociedades, no ha podido barbarizarlas, ni sofocar la vitalidad bondadosa de su índole. Ella persiste" (*id.*: 5).

Continúan las referencias a momentos históricos diversos de batallas internas, anarquía, gobiernos personalistas, etc., previos a la construcción efectiva de una nación republicana. Entre dichas referencias se percibe una postura crítica con respecto a los ideales del progreso basados en un sentido particular de civilización, el promovido por la política liberal de la primera presidencia del general Roca, a la que Zeballos, en principio, apoya:

> Durante las luchas, largas y cruentas, el fracaso y el sufrimiento difunden la anarquía entre las fuerzas sanas y fundadoras. *Las instituciones pierden terreno, aunque lo ganen el progreso material. Los héroes del desgobierno y de la licencia social alimentan el egoísmo, generado por la abundancia ó las facilidades*

*económicas*. El carácter de los hombres se debilita y aparece la indiferencia cívica cediendo á los elementos inferiores y parasitarios la suerte y el gobierno común (*ibid.*).[3]

Para el editor, la mayor responsabilidad de este mundo caótico recae en el derecho, ya que en Sudamérica la ley no tiene valor suficiente como para impartir normas de justicia y orden que aseguren la libertad (cfr. *id.*: 6). Sin embargo, esta práctica de corrupción que domina los ámbitos civil y político no es exclusiva del sur, sino que también se percibe en la América del Norte, "cuyo funcionamiento político y social no está libre de profundos vicios" (*ibid.*). Como puede observarse, estas afirmaciones y valoraciones se inscriben dentro del terreno de la moral democrática, reclamando su coherencia entre una acción cívico-política y una moral no religiosa en todo el continente americano, de norte a sur:

> Crecen en estas sociedades el abandono ó la confusión de las ideas de Dios y de Moral. Se debilitan en ellas la guía y el amparo de la Virtud, del Patriotismo y de la Ley. La cultura de las masas es lenta y los hombres conscientes están dispersos, sin honrarse recíprocamente y á las veces ni á sí mismos. Se vive sin Religión y sin Filosofía. La Educación adopta direcciones peligrosas y en algunas partes funestas para el porvenir de los individuos, de las instituciones y de los pueblos.
> 
> Lo han demostrado escritores notables y lo advierten los grupos dirigentes en la República Argentina y en el Nuevo Mundo; pero sus fuerzas están desalojadas ó dispersas. Es necesario contribuir á la disciplina y á la resistencia.
> 
> La Revista nace de estos anhelos sociales, especialmente sentidos en la República Argentina (Zeballos, *RDHL*, año I, tomo I, julio de 1898: 6).

Como se advierte en la cita precedente, entre los objetivos propuestos por la revista, los de orientación y guía cívico-política y democrática coinciden con el ideal ilustrado que inspira las publicaciones periódicas argentinas a lo

---

[3] El resaltado me pertenece.

largo del siglo XIX. Por otro lado, a través de los propósitos de disciplina y de resistencia se busca recuperar una fuerza de control social que un sector de la elite dirigente del momento ("grupos dirigentes en la República Argentina") siente que ha perdido. Se percibe, en este punto, el retroceso de dicho sector en el dominio del poder hegemónico.

En la exposición del plan de la revista, que se especifica según las tres grandes áreas temáticas privilegiadas (derecho, historia y letras), se insiste en el ideal de su alcance latinoamericano, y en especial de su abordaje de la realidad de Argentina. Su propuesta de acción en materia de derecho e historia está relacionada con sus funciones y perspectivas orientadoras:

> [...] contribuirá a vigorizar en materia de Derecho y del Deber en el hogar, en la educación, en las asambleas legisladoras, en la administración de la justicia, en el funcionamiento administrativo y en el ejercicio de las libertades políticas y civiles [...]. Los estudios históricos están incorporados a las grandes escuelas jurídicas. Su enseñanza es virtud fundadora (*ibid.*).

En cuanto al área de las letras, por su proximidad con las artes, la intención orientadora se complementa con la correccional y protectora de los peligros de las influencias mercantilistas y extranjerizantes:

> Los países nuevos, formados por la combinación de los elementos propios con las tendencias, con el capital y con los brazos extranjeros, no pueden abandonar sus orígenes, ni su marcha á influencias eventuales. Es necesario encauzarlos y defenderse de la vulgaridad utilitaria persiguiendo un ideal en el Arte. Consideramos por eso un deber y un honor ofrecer estas páginas á todos los espíritus selectos que contribuyen á la civilización argentina y americana con una brillante y severa devoción á las Letras (*ibid.*).

En el pasaje citado, se evidencia un plan en relación con la tensión entre cultura letrada y popular que se resuelve en las páginas de la revista hacia lo letrado, subordinando, o más bien, construyendo un sentido alternativo de lo popular -ni vulgar por utilitario; ni masivo por lento-, en armonía con los postulados de la alta cultura propios del grupo generacional de los ochenta en el que se inscribe Zeballos (Rojas, [1922] 1957: 389 y 430; Biagini, 1995: 75; Punzi, 1998: 33; Barcia, 1999: 145; Sáenz Quesada, 2012).

## 2. "*Scribere est agere*": más que un lema, una postura ético-política

Una observación importante que realizan Celada Domínguez y Giacalone en su estudio preliminar de la revista de Zeballos gira en torno al lema con el que se identifica: *"Scribere est agere"*. Según las autoras, Rodolfo Rivarola, en un discurso de homenaje a la labor de Zeballos y en referencia a la revista, traduce dicha frase como "escribir es acción" ("Discurso", *La Prensa*, 7/11/1923: 19, cit. por Celada Domínguez y Giacalone, 2007: 3). No obstante, ellas señalan que, visto desde una perspectiva histórica, una traducción más adecuada del lema sería "escribir es guiar", dados los objetivos orientadores fijados por la publicación en su prospecto inicial en calidad de "tribuna donde expresaron sus opiniones los hombres más conspicuos de la vida pública argentina y americana, verdaderos guías de la cruzada empeñada" (*id.*: 3-4). Según las autoras, la revista cumple con este objetivo en su integridad a lo largo de los años.

Cabe señalar que el sentido performativo de la escritura observado por Rivarola en su lectura del lema de la revista es uno de los ya establecidos en el área del derecho, lo que al momento de la publicación de la revista, y dentro del ámbito jurídico en el que se desempeñan su director y sucesivos editores interinos, no resulta extraño, sino que incluso podría presuponer una referencia -o guiño- a la comunidad letrado-jurídica. En efecto, en el siglo XIX en diccionarios y libros de derecho que compendian las frases del latín jurídico, encontramos este significado sin la asociación a un autor concreto del mundo romano como primer referente. Se puede mencionar, a modo de ejemplo, entre otros textos: *A translation of all Greek, Latin, French and Italian quotations wich occur in Blackstone's commentaries on the Laws of England* (Blackstone y Jones, 1823: 215), y *A Law Dictionary, Adapted to the Constitution and Laws of the United States* (Bouvier, [1839] 1855: 146).

Sobre esta situación se podría conjeturar que la frase "*scribere est agere*" y su traducción "escribir es actuar" o "escribir es acción" (traducida en el siglo XIX de modo similar en todos los idiomas oficiales respetando la performatividad del sentido) es una creación de la modernidad, probablemente inspirada en las leyes romanas, lo que resulta acorde con el tono del prospecto de la *RDHL*, enfocado desde un principio en la ley y en el derecho. Sobre este tema se regresará más adelante en el presente trabajo.

Por su parte, Dora Battistón y Carolina Domínguez adhieren a la interpretación de dicho lema propuesta por Celada Domínguez y Giacalone, y confirman la elaboración en equipo, corporativa, de la revista, siguiendo las palabras de uno de sus directores interinos Carlos F. Melo ("De la Dirección Interina", *RDHL*, XXVI, 1907: 3, cit. por Battistón y Domínguez, 2011: 82).

Del mismo modo, Camila Bueno Grejo, en su tesis doctoral, vincula los propósitos de la revista de Zeballos enunciados desde sus orígenes con el lema sostenido desde un principio:

> Defendemos, ainda, a hipótese de que o surgimento da *RDHL* se deu como uma resposta ao panorama político e social apresentado pela Argentina no final do século XIX e tinha como propósito seguir o princípio enunciado em seu

primeiro número: *scribere est agere*, apontando soluções para transformar a política, a cultura e a sociedade argentina de seu tempo (Bueno Grejo, 2016: 17).

Como puede observarse, resulta significativo el empleo del latín como herramienta prestigiosa que colabora en la construcción de una identidad nacional, lo que se evidencia en su articulación con la cultura letrada argentina representada por la revista. En este sentido, Battistón y Domínguez señalan:

> El examen de la variante traductológica en el contexto rioplatense finisecular permite reflexionar acerca del proceso de legitimación/deslegitimación y puesta en valor de las lenguas clásicas en el ingreso a la modernización cultural a través de las actitudes lingüísticas que manifiestan los grupos letrados. En tal sentido, Pierre Bourdieu (1985), analizando el valor social de la lengua, afirma que, si bien los defensores del latín le atribuyeron "virtudes intrínsecas" por considerarlo capital lingüístico amenazado, lo cierto es que su legitimidad dependía de las leyes del mercado. El prestigio no es una condición inherente o natural a la estructura de una lengua, sino que se adquiere a partir de las representaciones simbólicas que los hablantes depositan en ella; de hecho, el prestigio (o el desprestigio) de una lengua se corresponde directamente con el de sus usuarios, en consonancia con el lugar que éstos ocupan en el ámbito socio-político, económico y cultural (Battistón y Domínguez, 2011: 81).

Cabe recordar, por otra parte, que, como sello que imprime un valor altamente simbólico y duradero en el tiempo, el empleo institucional de frases en latín es frecuente en la Argentina de entresiglos, lo que se constata en los escudos de los centros universitarios y científicos creados entre fines del siglo XIX y principios del XX, siguiendo la tradición europea. En este sentido cabe recordar dos ejemplos: el lema de la Universidad Nacional de La Plata, "*Pro Scientia et Patria*" (cfr. Passarella, 2012) y el de la Universidad Nacional de Tucumán, "*Pedes in terra ad sidera visus*".

No sorprende, por esta misma razón, encontrar el empleo de lemas similares en publicaciones periódicas de índole académica dependientes o relacionadas con las instituciones universitarias. En este sentido, el latín aparece circunscripto al mundo universitario como resabio escolástico y como lenguaje especializado académico y científico según el modelo europeo. Su prestigio también depende de un "mercado", pero circunscripto casi exclusivamente al mundo académico y científico donde se ha establecido esta lengua muerta como idioma franco, y se mantiene, perdiendo adeptos con el tiempo, hasta muy entrado el siglo XIX.[4]

Peter Burke señala que "En la Edad Moderna, el latín expresaba y contribuía a la cohesión de dos comunidades internacionales concretas: la Iglesia católica y la República de las Letras" (2006: 54). Además, recuerda que esta lengua era empleada por notarios, comerciantes, abogados y viajeros. En el caso de los abogados, su importancia se deriva, según Burke, del derecho romano. El historiador señala que el latín constituía, por un lado, un lenguaje especializado (lenguaje formulario según cada caso) en actas notariales, en los documentos de la administración y de la justicia; por otro lado, durante la época de los Hasburgo, en el siglo XVII, un lenguaje burocrático por excelencia:

> En ese imperio multilingüe, el uso de la lengua muerta tenía la ventaja de resultar políticamente neutral y de funcionar como una *lingua franca* que permitía a los hablantes de alemán, de checo, de húngaro, de croata y de otras lenguas comunicarse en los mismos términos, con la única condición de que hubieran recibido educación clásica" (*id.*: 54-55).

---

[4] Recuérdese que las tesis doctorales, los tratados científicos, las monografías y los ensayos de aprobación de carreras se escriben y publican en latín como regla general en el siglo XVII, hasta la normalización de las lenguas romances vernáculas como las más apropiadas para su difusión local.

En tercer lugar, Burke destaca el empleo del latín como "lengua principal de la diplomacia" (*id.*: 55) y remarca el conocimiento entre fluido y de mera comprensión del idioma de las principales figuras reales imperiales (Isabel, Enrique VIII, Isabel la Católica, Felipe II, Margarita de Austria, y en menor medida, Carlos V). Si bien funciona como lengua de comunicación europea, no tiene éxito en las relaciones con el mundo oriental (*id.*: 55-56). Burke señala, en este contexto, tres características asociadas a la lengua: elitismo (frecuente entre los miembros de la clase alta), prestigio (por provenir de la tradición clásica), y neutralidad frente a las múltiples lenguas vernáculas culturalmente dominantes en la época -italiano, español y francés-. De este modo, se configura como una lengua sin territorio concreto apta para su uso internacional, lo que persiste, según el historiador, en el siglo XVIII para redactar tratados de índole internacional. Asimismo, se emplea como *lingua franca* o más bien *pidgin* de los viajeros, en el amplio y completo espectro del territorio europeo (*id.*: 56-57).

Como se sabe, su traslado al ámbito universitario latinoamericano y, en particular, argentino, se deriva de su importación europea, por un lado, gracias a su importancia como lengua oficial de la Iglesia católica, involucrada no solo en la Conquista y colonización de América Latina, sino en su proceso evangelizador, que se cristaliza posteriormente en su dominio casi exclusivo de la educación entre los siglos XVI y XVIII. Burke observa los casos de Brasil, México y Perú: "Se fundaron escuelas de latín en Ciudad de México, en Michoacán y, la más famosa de todas, en Tlatelolco, donde en 1536 se fundó el Colegio de Santa Cruz. En este colegio los niños indios aprendían latín (en náhuatl) y también algo de español" (Burke, 2006: 57-58). El latín era la lengua oficial de las universidades de México y de Lima (siglo XVI), fundadas en coincidencia con la proliferación de universidades europeas en la Edad Moderna, que favorece la creación y sostenimiento de una red de centros donde se habla el latín. El latín oficial en las universidades

[...] permitía que estas funcionaran como un sistema paneuropeo en el que los estudiantes podían desplazarse de un país a otro con relativa facilidad -costumbre esta conocida como *peregrinatio academica*-. El derecho de los doctores a "enseñar en cualquier parte", el *ius ubique docendi*, amplió las posibilidades del latín (*id.*: 65).

Asimismo, el uso especializado del latín crea diferencias excluyentes entre los que sabían latín (*litterati*) y los que no lo sabían y lo empleaban de modo difuso (*ilitterati*) (Burke: 59), lo que genera diversas reacciones en su contra y una serie de cuestionamientos a su hegemonía como *lingua franca* en el propio siglo XVI -Burke recuerda el caso de Romolo Amaseo de 1529 (*id.*: 65)-. La lucha por el empleo de las lenguas vernáculas, en este contexto, surge como un modo de aproximación, de conexión entre el mundo de la academia de los doctos y de la vida cotidiana de la gente común, siguiendo el modelo de los reformistas cristianos en relación con la enseñanza de la doctrina religiosa.

Por otra parte, resulta relevante la observación que hace el historiador con respecto a las variedades del latín escrito empleado en la Edad Moderna. La mayoría de los textos, provenientes de las universidades, emplean un latín escolástico o "jerga escolástica", y, entre los propios del mundo humanista, se busca respetar el latín clásico -según tres modelos: el de Cicerón, el del Clásico tardío de Séneca y Tácito, y el Ático, más simplificado (*id.*: 68)-. Otros textos fuera del terreno académico emplean simplificaciones del latín plagadas de neologismos. El panorama de las ediciones en latín, según Burke, muestra que algunas de estas impresiones se encuentran lejos del empleo de un latín clásico en la práctica escrituraria. Se constata una diversidad de escritura que genera confusiones. Proliferan, así, discusiones sobre las distintas versiones de las ediciones de textos clásicos, que siguen modelos diversos, así como sobre su traslado a las lenguas vernáculas, entre las que se encuentra una multiplicidad de traducciones y variantes interpretativas muy disímiles de la versión original.

La explicación que sostiene Burke de la insistencia por el latín entre los humanistas se encuentra en su valor distintivo dentro de la "República de las letras", ya que, según señala el historiador, teniendo en cuenta que *litterati* significa "letras" y representa al mismo tiempo sabiduría y literatura, "Esta expresión latina apareció en el siglo XV, se hizo corriente en la época de Erasmo y siguió usándose hasta el siglo XVIII" (Burke, 2006: 68-69).

El repaso por estas observaciones de Burke resulta significativo para comprender la complejidad del traslado a América Latina del latín como la pretendida *lingua franca* académica, litúrgica y cultural dominante en la época colonial, desde el siglo XVI. Asimismo, este recorrido permite repensar la llamada tradición clásica como una construcción particular conflictiva al intentar imponer el latín como lengua oficial a otras culturas con las que entran en contacto sus usuarios, dejando a la vista no tanto modelos excluyentes, sino modalidades de apropiación y articulación con cierto grado de libertad.

Por otra parte, el prestigio del latín como lengua distintiva de la comunidad letrada persiste en el siglo XIX en Argentina, tal como puede verificarse en la contratación de docentes y especialistas en la materia formados en universidades europeas, durante la presidencia de Sarmiento -como es el caso de Matías Calandrelli, analizado por Battistón y Domínguez (2011: 80, nota 3); y el caso de José Tarnassi, docente de latín en la Facultad de Filosofía y Letras de la Universidad de Buenos Aires, según consta en la *RDHL* (año I, tomo III, mayo de 1899: 360)-.

## 2.1. Otra posible lectura de "*Scribere est agere*" en la *RDHL*

En el volumen de julio de 1900 -de acuerdo con el material consultado en la Biblioteca Nacional Mariano Moreno- aparece dicho lema como sello de la revista en la página de presentación editorial. En una nota biográfica sobre Miguel Cané a propósito de la recuperación de un texto literario suyo publicado en este ejemplar, el editor señala un punto de referencia que podría ser el inspirador de dicha frase sin indicar que se toma como signo identitario de la revista. Hablando de Cané, afirma

> Temperamento, además de político, por excelencia artístico y literario, creció en una época en que la República Argentina veía extinguirse, como un arco iris desvanecido en el espacio infinito, la generación de talentos y escritores que luchó contra la tiranía de Rozas, consagrando la verdad del lema *scribere est agere* ( "La vuelta", *RDHL*, año III, tomo VII, julio de 1900: 5, nota 1).

Tal como se deriva de esta observación del propio editor, el sentido del lema se encuentra en directa conexión con la Generación del 37.

En este punto, cabe retomar la traducción que Rivarola propone de la frase como "escribir es acción", aludido y corregido por Celada Domínguez y Giacalone. Al respecto, resulta significativo, además, recordar el vínculo estrecho entre Zeballos y Rivarola, establecido no solo por las labores editoriales, sino también por el fundado a través del interés común por la profesión del derecho y la docencia, ya que ambos son abogados y se desempeñan como docentes de la Universidad de Buenos Aires.[5]

---

[5] Rivarola es profesor de Derecho Civil en la Facultad de Derecho y de Filosofía en la Facultad de Filosofía y Letras de la misma universidad entre 1896 y 1921, además de ejercer cargos docentes en la Universidad de La Plata y ocupar el puesto de rector de dicha institución sucediendo a Joaquín V.

El sentido jurídico del término aludido más arriba se entronca con la tradición clásica presente en la disciplina del derecho romano dentro del ámbito universitario argentino. Además, se encuentra estrechamente vinculado con el eje temporal Mayo-Caseros, en cuyo amplio período resulta decisiva la labor de los exiliados argentinos durante el gobierno de Juan Manuel de Rosas.

Ahora bien, el sentido democrático atribuido al término proviene, probablemente, del interés por contextualizar su significado en la época rosista por parte del editor de la revista, es decir, de recolocar en el terreno local una reinterpretación de la antigua *Lex Iulia Laesae Majestatis*, proveniente de la Inglaterra del siglo XVII. Específicamente, en ese momento se emplea esta ley para condenar el crimen de traición contra la autoridad del rey o del emperador, a partir del cuestionable juicio realizado al político Algernon Sidney por conspirar contra el rey Charles II. Sidney fue condenado a muerte y ejecutado en 1683 bajo el argumento de *"scribere est agere"*, acusado por tener en su residencia una serie de escritos de su autoría nunca publicados que lo comprometían en una aparente conspiración contra el rey (cfr. Baker [trad. Gasave], 2011).

En pleno siglo XIX, el sentido de "escribir es actuar", relacionado con el compromiso político de los autores y escritores, ya se ha establecido como de uso frecuente y su referencia al caso de Sidney es insoslayable. Cabe citar dos ejemplos. El primero es de Isaac D'Israeli, quien en *The literary character illustrated by the history of men of genius, drawn from their own feelings and confessions* (1818) contextualiza el caso de Sidney como una muestra extrema de persecución y de muerte a un escritor por temor al alcance de sus escritos y su posible influencia en la opinión pública. En una nota se aclara:

---

González (cfr. "Rodolfo Rivarola" en la sección "Biografía" de la Biblioteca Digital de la Corte Suprema de Justicia de la Nación, en <https://goo.gl/weJ7X3>).

> Algernon Sydney was condemned to death for certain manuscripts found in his library; and the reason alleged was, that *scribere est agere* -that to write is to act. The papers which served to condemn Sydney, it appears, were only answers to Filmer's obsolete Defence of Monarchical Tyranny- The metaphysical inference drawn by the crown lawyers is not a necessary consequence. Authors may write that which they may not afterwards approve; their manuscript opinions are very liable to be changed, and authors even change those opiniones they have published. A man ought only to lose his head for his opinions, in the metaphysical sense; opinions against opinions; but not an axe against a pen (1818: 355).

El segundo ejemplo proviene de A. M. Kazlitt Arvine, quien afirma en el apartado sobre la persecución a escritores en *The cyclopaedia of anecdotes of Literature and the Fine Arts* (1852):

> 298. HARRINGTON AND SYDNEY.
> Cromwell was alarmed when he saw the Oceana of Harrington, and dreaded the effects of that volume more than the plots of the royalists; while Charles II. trembled at an author only in his manuscript state; and in the height of terror, and to the honor of genius, it was decreed that "scribere est agere."
> Algernon Sydney was condemned to death for certain manuscripts found in his library; and the reason alleged was, that scribere est agere -that to write is to act. The papers which served to condemn Sydney, it appears, were only answers to Filmer's obsolete Defence of Monarchical Tyranny (1852: 67).

En ambos ejemplos citados, el caso resonante de Algernon Sidney resulta extremo, ya que el castigo de muerte del escritor se fundamenta en la existencia de sus libelos, aunque no estuvieran publicados. Los ejemplos presentan el caso a modo de anécdota que, tanto para un ensayista como para el otro, forma parte del legado literario en el sentido más abarcador del término, es decir, de los escritores-letrados. El segundo caso, *The cyclopaedia...* constituye un compendio de curiosidades anecdóticas de la vida de los escritores orientada a los amantes de la literatura. En ambos textos, el sentido de *"scribere est agere"* está desplazado de su contexto legal concreto para ejemplificar excesos de la Corona contra los autores y sus escritos durante las tiranías inglesas.

Por otra parte, la importancia del caso de Sidney reside en la recepción de sus *Discursos* por parte de políticos norteamericanos como Benjamin Franklin, quien detalla la cuestión con más detenimiento y presenta los argumentos de defensa del propio acusado:

> He denied that *scribere est agere*, but allowed that writing and publishing is to act (*Scribere et publicare est agere*), and therefore he urged that, as his book had never been published nor imparted to any person, it could not be an overt act, within the statutes of treasons, even admitting that it contained treasonable positions; that, on the contrary, it was a *covert fact*, locked up in his private study, as much concealed from the knowledge of any man as if it were locked up in the author's mind. This was the substance of Mr. Sidney's defence: but neither law, nor reason, nor eloquence, nor innocence ever availed where *Jefferies* sat as judge. Without troubling himself with any part of the defence, he declared in a rage, that Sidney's *known principles* were a *sufficient* proof of his intention to compass the death of the king (Franklin, 1839: 80).

En este sentido, cabe la aclaración de Baker de valorar a Sidney no solo por su "traición" que lo condena a muerte, sino también por la repercusión de sus ideas en otros ámbitos, a pesar de ser una figura opacada por filósofos contemporáneos a él como Locke (2011: s/p).

Entre los hechos propiamente dichos que conducen a la ejecución de Algernon Sidney en 1683 y la recuperación de su caso como anécdota literario-histórica y política a lo largo del siglo XIX, se encuentra una particular postura polémica en la prensa británica del siglo XVIII que vincula las ideas que se desprenden de tales relatos: la libertad de expresión y de opinión y la persecución a los escritores por parte de reyes o emperadores autoritarios y tiránicos, enfocados desde una reinterpretación de las leyes romanas a partir de la época de Augusto.

Según Howard D. Weinbrot, el republicano clásico inglés Algernon Sidney sigue una línea instaurada por Macchiavello, a la vez antiaugustal y anticesareana (1978: 38), inspirada en las lecturas de Tácito y de Tiberio (45). Su condena remite directamente a una interpretación de la *lex laesae majestatis* derivada de la época de Augusto: atentar contra la autoridad y/o la majestad por medio de la escritura y de los libros.

La continuidad de esta tendencia antiaugustal llega a la prensa inglesa durante el siglo XVIII, donde conviven diferentes posiciones respecto a la polémica figura de Augusto y el grado de su responsabilidad en la caída y disolución del Imperio romano. Esta perspectiva provee una lectura metafórica de la política inglesa de Walpole y de George II de la época. Esta es la postura adoptada por el periódico *The Craftsman* (1726-1752), también nombrado como *The Country Journal or, The Craftsman* or *The Craftsman: Being a Critique on the Times*:

> The themes of Augustus as violent usurper, greedy acquirer of power, and creator of subsequent tyranny, are unified in the *Craftsman*'s outrage regarding possible censorship of the press. Augustus provides all too obvious a paradigm for the similarly inclined court party of Walpole and George II.
> Drawing upon Tacitus, the *Craftsman*, n° 4, 16 December 1726, explains how Augustus "was the first person in *Rome*" who interpreted the *lex laesae majestatis* to allow punishment of words as well as deeds. This action was both bad in its own right and supplied the precedent for Tiberius "to prosecute the most *innocent books* and destroy entirely" Rome's freedom. Consequently, all the arts declined, and the *Craftsman* quotes Seneca's familiar lines from the *Controversiae* claiming that all genius died after Cicero's death due to "such Methods of punishing ingenious men". Neither liberty nor letters

can flourish under rules in wich words are considered high treason. "*Scribere est agere* will always be esteem'd, by Men of Sense and Probity, as a most unjust, arbitrary and tyrannical Interpretation".

Augustus does not get off with these few censures. As one further example, in n° 21, 17 February 1727, the *Craftsman* also turn to Tacitus and also portrays the princeps as a Walpolean figure lusting for authority: "He grew *insolent* by Degrees, and at length *engrossed* the whole Power of the Empire in his own hands" (1978: 110).

El pasaje de los *Anales* de Tácito citado por *Craftsman* corresponde al libro primero y concierne al momento en que Tiberio restablece la aplicación de la vieja *lex majestatis*, similar al método de Augusto. Tácito, en dicho pasaje, advierte la variedad de interpretaciones de dicha ley a lo largo del tiempo, lo cual da lugar a condenas arbitrarias (1990: 46). Sobre la arbitrariedad de la aplicación de dicha ley, Luis Gil sostiene que su marco contextual es la *Lex Cornelia de iniuris*:

> La aplicación de la *lex Cornelia* para la difamación privada condujo lógicamente a la repristinación de la *lex maiestatis* para las ofensas contra el emperador toda vez que una *iniuria* contra un magistrado con *imperium* o potestad tribunicia pasaba automáticamente a convertirse en un caso de *maiestas*. Augusto, como hace constar Tácito, fue el primero en perseguir en virtud de esa ley los libelos difamatorios. Claro está que lo que se entendiera por tal se nos escapa y no podemos precisar cuál era la índole de estas obras condenadas al fuego en las antedichas cremaciones. Epístolas, panfletos, versos injuriosos…, pero ¿no perecería también alguna obra de mérito? Este parece haber sido el caso de la producción literaria de Tito Labieno, la primera víctima en el campo de las letras de la *lex maiestatis* (1985: 138-139)

Como puede observarse, el historiador latino que sirve de enlace con el caso de Algernon Sidney y la prensa inglesa del siglo XVIII es Tácito. Baker señala la defensa del carácter republicano de gobierno que postula Sidney en sus *Discursos* publicados póstumamente (1698) y su pasión por la historia de Roma, entre cuyos autores más leídos destaca a Tácito (2011 s/p), de modo que los argumentos expuestos por Sidney y destacados por Franklin posteriormente apuntan a esta relación de censura y condena a muerte arbitraria aplicada por un gobierno tiránico contra su persona.

Por otra parte, cabe recordar el abordaje de *"scribere est agere"* por otro influyente ensayista inglés en el mundo de habla hispana, Jeremy Bentham (Stoetzer, 1965: 167). En el texto *Deontology or The Science of Morality* (1834), se postula un razonamiento en torno a la veracidad de dicha frase, a través del cual se desvelan como infructuosos los escritos tanto de las artes como de las ciencias:

> Last of all come a band of men, whom, supposing them to exist, he calls theoretics. These men look to contemplation alone for the summum bonum.
>
> Contemplation? To reach the summit of human felicity, a man has nothing to do but to contemplate. Who would not be a theoretic? Crede quod habes et habes. Believe you have it, and it is yours; and if there be any case in which the truth of this maxim is exemplified, it is this; for between being happy, and fancying one's self happy, where, as long as the fancy lasts, where, what is the difference?
>
> Of these men surely may be said, and with no less propriety, what Cicero said of another set of men. "Istos viros sine contumelia dimittimus: sunt enim boni viri, et quandoquidem ita sibi ipsis videtur beati". They are a good set of men; and forasmuch as they are blessed in their own opinion, -blessed are they.
>
> Not so our moralist. Happy though they may dream themselves, it is all a mistake of theirs. He will show them why.
>
> Why then? "We are born for action", he says; for action; and in order to prove it, he summons "the fabric of our nature" to give evidence: whereupon he observes, that "if" in our actions no action– "no action of offices (or duties) takes place, then the highest knowledge on arts or sciences is in a certain sort defective, and will be of little service to mankind". This is

rather a roundabout way of coming at a matter of fact. If *scribere est agere*, better proof was he giving while scribbling his philosophy. And there are only two objections to be urged the first, that all this means nothing; the second, that if it did, it is nothing to the purpose (Bentham, 1834: 54-55).

La autoría de Bentham de este texto publicado póstumamente, traducido al español dos años después de su edición inglesa, en 1836, ha sido puesta en cuestionamiento por distintos estudiosos, basados en aspectos de su razonamiento que no serían coherentes con el pensamiento del filósofo y serían propios del recopilador de su obra, John Bowring (Schofield, 2012: 2, nota 3). Al ser una recuperación de razonamientos originales del autor, la cuestión gira en torno a si debe ser coherente toda escritura manuscrita no publicada ni revisada en vida por el propio autor.

Independientemente de esta problemática, la obra y su pensamiento circula entre los diferentes circuitos políticos y académicos de América Latina. Es conocida su influencia en el mundo de habla hispana, sobre todo en relación con las ideas sobre colonización e inmigración, muchas de las cuales fueron puestas en práctica o inspiraron proyectos migratorios concretos, como por ejemplo, el de Bernardino Rivadavia (Gallo, 2002). El interés de Bentham por el proceso de emancipación de América Latina se constata en estudios sobre Simón Bolívar y Bernardino Rivadavia, con quienes mantenía una correspondencia fluida (cfr. Schwartz y Rodríguez Braun, 1992: 46, 49 y 51; Gallo, 2005: 125, nota 14).

Teniendo en cuenta estas relaciones histórico-político-literarias, la conexión de la frase empleada como epígrafe de la *RDHL* con la generación de los exiliados durante la época de Rosas, presente en la nota aclaratoria del volumen de julio de 1900 mencionado más arriba, no resulta casual. El segundo sentido de la frase abordado por Bentham, ligado al utilitarismo inglés, en el contexto de la Argentina finisecular, resalta por su cuestionable aplicación a la política de modernización del Estado argentino desde la época romántica hasta la propia de entresiglos. De este modo, el valor del lema *"scribere est agere"* como escribir para hacer y/o actuar conduce a reflexionar sobre el pragmatismo de la escritura pensada en función de la construcción activa de una identidad nacional o de la organización administrativa y política del país en el contexto de la inmigración masiva. Este sentido coincidiría con los principios avalados por Zeballos durante los dos gobiernos de Roca, a pesar de las crecientes tensiones con el presidente por cuestiones de relaciones internacionales con Chile (Ferrari, 1995: 31). Además, remite a la idea de la función de los letrados -o intelectuales- de orientar y guiar las acciones del gobierno, en la medida en que este los reconoce como orientadores. En este marco, el lema implica ambos sentidos al mismo tiempo: escribir es actuar y escribir es guiar.

Por otra parte, cabe observar que dicho lema, tal como se desprende de lo expuesto, admite dos perspectivas. Por un lado, hace alusión a la censura. Precisamente porque "escribir es actuar" y la acción influye en la opinión pública -o conspira- contra la dictadura, el autoritarismo y el despotismo, se busca la aniquilación de la obra, manuscrita o impresa. Por otro lado, la frase remite al programa de acción política ideado y apoyado por el grupo de intelectuales asesores de la autoridad gobernante, sentido anteriormente mencionado.

## 3. Textos de la tradición clásica en la cultura argentina: discusiones, enseñanza, traducciones, imbricaciones literarias. Mundo académico y cultura letrada

Dentro de la línea académica de la *RDHL*, entre los textos de la tradición clásica que se articulan con la cultura argentina en tanto problemáticas, contenidos temáticos y curriculares, se encuentran los provenientes del terreno de la traducción y de la enseñanza de las lenguas y literatura clásicas. En este terreno, Dora Battistón y Carolina Domínguez (2011) estudian el caso de Matías Calandrelli en la *RDHL* entre 1899 y 1900, quien ejerce como profesor proveniente de Italia y radicado en Argentina a pedido de Domingo F. Sarmiento (2011: 80, nota 3). Además, analizan sus discusiones de las traducciones de Horacio de Eduardo de la Barra -por entonces también radicado en Argentina (*ibid.*, nota 4)- publicadas en *La Revista de Chile*, su crítica sobre las "versiones académicas" de la producción literaria de Horacio y su postura acerca de la enseñanza del latín en el nivel superior (2011: 80). El claro tono satírico y provocador de otros textos del profesor europeo en la revista de Zeballos es una muestra de su intención polemista (2011: 83).

Tal como aclaran las estudiosas, el área de las letras aparece representada en la *RDHL* por medio de

> [...] dos modalidades: los artículos acerca de temas literarios y la transcripción de textos. Así, la Revista contribuyó a difundir a los poetas modernistas, especialmente sudamericanos (Leopoldo Díaz, José Santos Chocano, Max Chávez, entre otros), e incluyó composiciones de tema heroico o patriótico y traducciones de autores clásicos (Battistón y Domínguez, 2011: 82-83).

En efecto, a partir de lo señalado por las investigadoras mencionadas, se constata que, durante los tres primeros años de vida, la *RDHL* otorga un espacio destacado al modernismo literario con publicaciones de representantes de distintos países sudamericanos (Chile, Perú y Argentina, fundamentalmente). Sobre todo, es significativa la presencia regular de poemas de Leopoldo Díaz.

En el terreno de la tradición clásica propiamente dicha, además de los artículos en tono de diatriba de Matías Calandrelli, se encuentran los textos de José Tarnassi -abogado y profesor proveniente de Italia que ejerce la docencia en la Universidad de Buenos Aires en el área de clásicas-, algunos de los cuales representan una respuesta a Calandrelli como "Prelusión al curso de literatura latina del año 1899" (*RDHL*, tomo III, mayo de 1899: 360-383) (cfr. Domínguez, 2013: 312, nota 282), y otros promueven sus propias traducciones originales, como la de un poema atribuido a León XIII "Deo et Virgini Matri. Extrema leonis vota" / "A Dios y a la Virgen Madre. Votos extremos de León" (*RDHL*, año I, tomo II, febrero de 1899: 518-520).

Con motivo de la presentación de la poesía de Leopoldo Díaz, la revista publica un artículo de análisis literario de Matías Calandrelli en el mes de septiembre de 1898. Al mes siguiente, se publican en la revista las contribuciones del poeta con una biografía sobre el autor. En el artículo de Calandrelli, la revista incluye en una nota aclaratoria información sobre la trayectoria del profesor:

> El profesor Matías Calandrelli nació en la Provincia de Salerno (Italia), en 1845. Hizo en Nápoles sus estudios de ciencias sociales y de filosofía y letras en las facultades respectivas, dedicándose contemporáneamente á la enseñanza de las lenguas latina y griega. Estudió lenguas y literaturas orientales con los célebres profesores Kerbaker y Lignana, especializándose en la filología clásica y en la lingüística, que no ha abandonado hasta ahora. Formó parte en Italia, desde 1868 hasta 1871, del cuerpo docente del renombrado Instituto Marotta-Del Vecchio en compañía de los profesores Bovio, Del Vecchio, Marcheroni, etc. Vino á la República Argentina en 1871. A los dos meses de llegado, empezó á dar una serie de conferencias públicas, en el Colegio Nacional de esta ciudad, sobre literatura comparada, crítica literaria, filosofía de la historia, filosofía racional, historia de la filosofía, etc. En marzo de 1872 fué nombrado profesor de historia antigua, y en 1873, profesor de latín en la Universidad de Buenos Aires, en la cual estableció, en 1874, las clases de filología clásica -latín y griego comparados- por iniciativa del ilustre Rector doctor Vicente Fidel López, cuyas clases dictó hasta la nacionalización de la Universidad en 1882. Fue sucesivamente miembro de la Facultad de Humanidades y Filosofía y representante de la misma ante el Consejo Superior, desde su

creación en 1874, hasta su extinción en 1883. Desde 1872 ha publicado: una *Gramática latina*, de acuerdo con los principios de la lingüística; una *Gramática comparada* de las lenguas latina y griega; *Ejercicios de traducción* de ambas lenguas al español y vice-versa; un ensayo de *Gramática de la lengua castellana*, para uso de las escuelas comunes; un *Tratado de ortografía española*, siguiendo los principios de la lingüística; un *Manual de literatura* latina y griega; varios folletos sobre enseñanza de las lenguas clásicas y finalmente un *Diccionario filológico-comparado de la lengua castellana* (en curso de publicación). *El doctor Calandrelli no reposa. Trabaja metódicamente en sus estudios predilectos, con disciplina de estudiante. Es uno de los espíritus distinguidos que la República Argentina ha asimilado, que contribuyen á su cultura, que debieran ocupar la cátedra permanentemente y que si no han recibido la nacionalidad política de nuestro país, tienen la carta de naturalización social por sus vínculos de familia, por sus amistades y por sus nobles servicios*[6] (Calandrelli, "Literatura Argentina", *RDHL*, año I, tomo 1, septiembre de 1898: 338-339, nota aclaratoria indicada por un asterisco en el nombre del autor analizado, Leopoldo Díaz).

Como puede observarse, en dicha nota, luego de destacar los puntos más significativos de la historia y trayectoria académica de Calandrelli, el editor señala su valioso aporte a la cultura argentina bajo su condición privilegiada de ser uno de los "espíritus distinguidos" "asimilado" al país, lo que desvela su extranjería. Asimismo, justifica su falta de nacionalización política por una naturalización social, legitimando su ciudadanía cultural. Por esta razón, el editor considera a Calandrelli una voz autorizada y legítima para tratar temas de literatura argentina y dar cátedra en instituciones del país a partir de su especialidad en filología clásica.

---

[6] Lo remarcado en cursiva de las dos últimas oraciones me pertenece. Considero necesaria la transcripción de la nota completa -a pesar de su extensión- por razones expositivas y para hacer accesible al lector el contexto original de las afirmaciones basadas en este texto en el razonamiento que sigue a continuación.

De acuerdo con lo observado, esta defensa de Calandrelli es coherente con la postura de Zeballos sobre la inmigración selectiva, la naturalización y la cuestión de la extranjería, temas abordados por la *RDHL* en diversas oportunidades (cfr. índice de Celada Domínguez y Giacalone, 2007: 15-144). En este punto, cabe recordar que Zeballos, tanto en calidad de funcionario público durante la presidencia de Juárez Celman, como de diplomático, congresista y legislador, adhiere a una política inmigratoria selectiva de modo consistente (Punzi, 1998: 17, 24, y cfr. ídem "Debate sobre la inmigración – 1886": 70-76; Ferrari, 1995: 54). Al respecto, Marta Bonaudo señala:

> ¿Qué significaba para Zeballos "legislar sobre la naturalización"? Significaba complejizar y modernizar las estructuras del Estado para hacerlo más eficiente en el tratamiento de la inmigración y colonización pero también para consolidar el acceso de aquélla a la tierra pública. Evidentemente compartía, con otros intelectuales de su generación y de la que lo precedía, la idea de que era imprescindible crear para estos hombres y mujeres condiciones reales de inserción en el espacio productivo a fin de que, desde ese lugar, se interesaran por la *cosa pública*. Zeballos, evidentemente, había sido un excelente lector de Sarmiento aun cuando no compartiera totalmente la visión política de este (2011: 87).

Dentro de la cuestión de la extranjería, su preocupación por el tema de la naturalización de los extranjeros valiosos para la construcción del país (cultural, organizativa, social, etc.) se ve claramente plasmada en el fragmento citado, en la aclaración sobre el otorgamiento de *autoridad* cultural para opinar sobre materia local a un profesor italiano con aparente derecho natural a la ciudadanía argentina. En este sentido, el carácter selectivo de Zeballos se manifiesta no solo en el fomento de la distinción de extranjeros virtuosos, laboriosos y con cierto capital económico, a saber, la burguesía europea a la que señala como ideal para poblar la Argentina (Punzi, 1998: 17), sino también de aquellos con adecuado capital cultural y simbólico[7] para el desarrollo modernizador de la ciudad letrada.[8]

Por otra parte, la presentación del profesor José Tarnassi también se encuentra en nota aclaratoria pero de un artículo escrito sobre la enseñanza del latín en el nivel medio y en la universidad firmado por el propio docente: "Prelusión al curso de literatura latina del año 1899" (*RDHL*, año I, tomo II, febrero de 1899: 360-383). El modelo de dicha presentación es similar al de Calandrelli (una reseña biobibliográfica del autor) pero más acotada:

> Nació el doctor José Tarnassi en Roma, el 21 de Marzo de 1863. Estudió retórica y humanidades en Umbría y filosofía en Roma, dónde también fué laureado en derecho por unanimidad de votos, en 1885. Su vida literaria se redujo en Italia á la colaboración en prosa y en verso en la prensa. Miembro del partido monárquico constitucional, salió de la patria demasiado joven para haberla servido con notoriedad. Vinculado desde 1883 á 1889 á numerosos y distinguidos viajeros argentinos, resolvió trasladar sus penates á la metrópoli del Plata. Fue hospitalariamente acogido en ella y ha seguido con éxito el ejercicio de la profesión de abogado, interviniendo en causas graves, que requerían idoneidad y discreción. Su acertada labor literaria se ha hecho sentir útilmente en el profesorado, en la prensa y en la tribuna. Podría llamarlo "el orador de los italianos", pues ha dicho palabras elocuentes en diferentes ocasiones solemnes y en varias fiestas internacionales. Es profesor de latín en el colegio nacional de la Capital hace nueve años y de literatura latina en la Facultad de Filosofía y Letras, desde su fundación. Ha publicado con este motivo un compendio de la vida de Cicerón que fué recibido con favor en Italia y entre nosotros, y varios folletos sobre derecho y letras (*RDHL*, año I, tomo II, febrero de 1899: 360).

---

[7] Los términos "capital cultural" y "capital simbólico" se emplean siguiendo el modelo teórico de Pierre Bourdieu (1994).
[8] En el sentido propuesto por Ángel Rama (1998).

Como puede observarse, la presentación del Dr. Tarnassi contiene diferencias significativas con la de Calandrelli. Se destaca, básicamente, la trayectoria literario-periodística y como abogado profesional. Si bien ocupa cargos docentes en el terreno de las áreas clásicas, tanto en el colegio nacional como en la facultad, salta a la vista la diferente formación y especialización de cada profesor, así como la implicancia sobre la idoneidad profesional de cada uno en su puesta en práctica. En el caso de Tarnassi, se observa una distancia afectiva del tono de la presentación, en la cual, si bien se señala su origen italiano, no se enfatiza su aporte a la cultura argentina, como sí sucede en la reseña de vida de Calandrelli. Asimismo, se detalla su escueta participación política en su país de origen, del cual, aparentemente, emigra por sus contactos amicales con letrados argentinos. Su compromiso con eventos internacionales y la publicación de un libro con repercusión en Italia y en Argentina dejan en evidencia su preocupación por mantener una doble ciudadanía italiano-argentina, en contraste con Calandrelli.

Por otra parte, la revista de Zeballos, al margen de la competencia por el capital cultural de la correcta y/o adecuada enseñanza del latín en la Argentina, apuesta por traducciones de estudiantes de la Facultad de Filosofía y Letras de la Universidad de Buenos Aires, provenientes de otras latitudes del país. Tal es el caso de la escritora Celestina Funes de Frutos, oriunda de Rosario -ciudad natal de Zeballos-. El caso de Funes resulta llamativo, ya que se trata de una de las primeras camadas de maestras que obtiene reconocimiento por su escritura. Logra ingresar, por el estudio literario y por su participación en conocidos periódicos de su ciudad natal, a los círculos intelectuales porteños durante su permanencia en Buenos Aires con motivo del cursado en la Facultad de Filosofía y Letras. Es reconocida, por otra parte, en los periódicos universitarios (cfr. Giusti, *Verbum*, nº 33/34, 1916: 81-82) y por su versión en verso de la leyenda de Lucía Miranda (1883), basada en los escritos del deán Funes (D'Anna, 1991: 52-56).

Con ocasión de la publicación de sus versiones de Horacio, la nota de presentación[9] de los textos traducidos revela la consideración especial del editor hacia la escritora:

> La Facultad de Filosofía y Letras, resistida al principio por la frivolidad y el positivismo en boga, está arraigada. Era un complemento urgentemente pedido del sistema universitario; y los que enseñamos derecho, medicina ó ingeniería en los cursos superiores, sabemos con pena, lo que puede esperarse de numerosísimos graduados que ignoran el lenguaje y son incapaces de redactar una frase con propiedad. Pero la necesaria y saludable institución nació, por desgracia, con los vicios del medio que la engendrara; y el "empeño" -la más poderosa, sino la única fuerza moral que nos gobierna- perjudicó hondamente su partida. No faltó en su seno quien tuviera la clara visión de las necesidades y de los medios; pero fué desoído. El pecado original puede ser, sin embargo, rescatado y debiera estimularnos á la enmienda, el éxito del ensayo aun sin todos los buenos elementos requeridos. Un grupo intelectual modesto, reunido en la Facultad, revela inteligencia y aplicación. Con profesores eminentes en todos los cursos el grupo sería la base de una revolución educacional. Las mujeres, aquí como en los Estados Unidos, descuellan por su talento, disciplina y aplicación; y como por fortuna las que frecuentan la facultad han salido de nuestro distinguido magisterio, no existe el peligro de que degeneren en *blue stokes*, sino hay, al contrario, la esperanza de que lleven á la instrucción primaria y segundaria (*sic*), un caudal de vida y de útiles tendencias reaccionarias. Los últimos exámenes, en cuya intimidad estoy, justifican estas líneas. Como estímulo al grupo y á una de sus sobresalientes abejas, publico

---

[9] Se opta por la transcripción completa de la nota de presentación de los textos traducidos por Funes de Frutos, a pesar de su extensión, por cuestiones expositivas relevantes para la argumentación que le sigue y para que el lector pueda constatar las afirmaciones hechas, confrontando con el texto íntegro del original.

estas traducciones de Horacio, ejercicio de aula compuesto por la alumna de primer año de latín, señora Celestina Funes de Frutos. Nacida en la ciudad de Rosario de Santa Fe, la prensa local publicó en años pasados escritos y versos de la señorita de Funes. Si no eran un éxito literario, resultaron sávia que buscaba discreta y bien dirigida aplicación. Dedicada al magisterio nobilísimo, en sus tareas concentró una actividad intelectual de caracteres no comunes. No es ciertamente recomendable como método de estudio comenzar los primeros ejercicios de la latinidad por la traducción del sublime Horacio; pero es notable que una alumna del primer año pueda darnos versiones como las siguientes, que alcanzan y á veces superan á otras publicadas aquí mismo. No digo que sean irreprochables, ni pudiera decirse eso de la interpretación de Horacio, tan escabrosa como debatida entre los maestros. Pero es justo reconocer la vocación de la señora Funes de Frutos y la espontaneidad y galanura de su versificación castellana ("Horacianas" *RDHL*, año II, tomo V, febrero de 1900: 587, nota 1).

Por las palabras del editor, la versión de Funes de Frutos publicada en este ejemplar de la *RDHL* pareciera ser un original cuya exclusividad tiene la revista. Sin embargo, algunos estudiosos datan las traducciones de Celestina Funes en el año 1889 (D'Anna, 1991: 52).

De la extensa nota, cabe señalar dos cuestiones personalmente relevantes para Zeballos: por un lado, la crítica a la Facultad de Filosofía y Letras de la Universidad de Buenos Aires, de la que también forma parte como docente; y, por otro lado, el valor de las letras en la formación de los universitarios (de disciplinas afines y no afines) enfocada en el empleo correcto de un idioma castellano adecuado al país. Como puede observarse, hasta el momento, las tres notas aclaratorias relacionadas con el terreno de las letras y del área de las clásicas se presentan bajo la óptica de lo que se podría llamar un "utilitarismo humanista", pensado en función de una formación integral del ciudadano argentino y del extranjero naturalizado y asimilado a la cultura nacional.

Por otra parte, cabe destacar la valoración de Zeballos del mundo de las letras desde una posición intermedia entre el campo literario propiamente dicho -es profesor que evalúa los exámenes de latín de la Facultad de Filosofía y Letras y tiene la sensibilidad suficiente como para considerar valiosa una traducción de una estudiante-, y el campo del derecho, desde donde, como autoridad con conocimiento vasto de la vida universitaria en general, juzga las necesidades y las deficiencias de una institución recientemente creada. Dentro del terreno literario propiamente dicho, recuérdese que Zeballos forma parte de la pléyade de escritores que impulsan la modernización del país, apoyando el proyecto de los estadistas del ochenta como continuidad de las bases sentadas durante las presidencias de Sarmiento y de Avellaneda.

Ricardo Rojas, en el volumen dedicado a "Los Modernos" de su *Historia de la Literatura Argentina* (1922), tiene en cuenta a Zeballos entre los forjadores de una cultura nacional e impulsor de la organización del cuerpo científico del país a través de la creación de la Sociedad Científica Argentina (Rojas, [1922] 1957: 63, 607), pero no le dedica un apartado especial, como sí lo hace con otros letrados inscriptos al mismo tiempo en los sistemas culturales y científicos finiseculares, como Florentino Ameghino (*id.*: 55). Sin embargo, Rojas no destaca solamente el rol de organizador y promotor cultural de Zeballos, sino que, además, reconoce dos títulos literarios de dicho autor entre la producción de los textos del momento de "Formación del género novelesco": *Painé* y *Relmú* (*id.*: 389), a los que considera parte de sus "relatos patagónicos", sin tener en cuenta otro título, *Callvulcura o la dinastía de los piedras*, que constituye una trilogía con los mencionados.

Dentro del ámbito de las empresas editoriales, Rojas destaca dos publicaciones, la *RDHL* y la revista *Nosotros*, y las coloca en el mismo nivel de aporte cultural, como fuentes fundamentales que testimonian la dinámica literaria argentina de la época:

> Viven hoy en Buenos Aires dos grandes periódicos mensuales […]: La *Revista de derecho, historia y letras*, del doctor Estanislao S. Zeballos, y la revista *Nosotros*, de Alfredo Bianchi y otros jóvenes escritores. Ambas han alcanzado persistencia y difusión continental, cada una en esfera propia. Treinta años hace que se publica la de Zeballos y doce la de Bianchi; aquélla más sesuda, ésta más juvenil, y las dos, útiles fuentes para la historia literaria de las últimas décadas (Rojas, [1922] 1957: 597).

Esta consideración positiva de Zeballos, de su revista y de la difusión literaria con el tiempo se torna más específica y se circunscribe al sector de la crítica que trabaja la prensa literaria argentina. Según Héctor Lafleur, Sergio Provenzzano y Fernando Alonso, el aporte fundamental de la publicación corresponde al terreno del derecho y la historia, y destacan que no constituye una revista literaria propiamente dicha para el período de las vanguardias en que tiene vida pública:

> Desde julio de 1898, Estanislao S. Zeballos venía publicando su Revista de Derecho, Historia y Letras, solemne, escolástica, ortodoxa, pero permeable a todos los valores de la inteligencia. Constituyó durante un cuarto de siglo la sesuda analecta en donde se publicaron los trabajos fundamentales sobre legislación, historia, jurisprudencia, economía política y criminología. No fue una revista literaria, ni trascendió del reducido ambiente universitario al que estaba destinada. Cuando desapareció, en diciembre de 1923, su colección comprendía 76 gruesos volúmenes (Lafleur, Provenzzano y Alonso, 2006: 55).

Esta apreciación de los autores justifica la escueta información -si no mínima- que incluyen sobre dicha publicación en su entrada correspondiente en la "Guía hemerográfica" que confeccionan a modo de registro de las publicaciones literarias del período 1893-1914 (cfr. *id*.: 71). Allí se consigna únicamente el título de la publicación, el nombre y apellido de su director y la fecha del primer y del último ejemplar publicado. No se proporcionan detalles sobre su contenido, sus objetivos, ni sus colaboradores, tarea que contrasta con la presentación de las fichas hemerográficas de otras publicaciones del período.

Si para Rojas la *RDHL* y *Nosotros* son complementarias como fuentes literarias, aunque de visiones literarias contrapuestas, para Lafleur, Provenzzano y Alonso el aporte de la *RDHL* es insuficiente como para considerar su contenido literario, ya que no se trata de una revista literaria propiamente dicha.

A pesar de la apreciación excluyente y severa de Lafleuer, Provenzzano y Alonso, desde los estudios del periodismo literario, Néstor Auza aporta una perspectiva más integral para la valoración de la revista de Zeballos. La incluye en el "ciclo de las grandes revistas culturales" -siguiendo en este punto los lineamientos de Rojas-, que continúa la propuesta de la *Nueva Revista de Buenos Aires*, luego de su cierre, junto con la *Revista Nacional* (1886-1908) (Auza, 1999: 30).

## 4. Un cancionero popular letrado: la tradición clásica entre romances, vidalitas, cielitos e himnos patrios

Un aspecto de la *RDHL* que llama la atención es la incorporación de un cancionero popular con elementos de la tradición clásica en cantos, romances, poemas épicos, etc. No se trata solo de menciones de autores del mundo grecolatino, sino de la apropiación y asimilación de imágenes mitológicas y heroicas del mundo clásico, así como del empleo de frases en latín, probablemente provenientes del ámbito escolástico y/o eclesiástico.

En efecto, en los tres primeros años de publicación de la revista, el cancionero que aparece publicado desde el primer número por entregas -material que luego se reúne en un volumen independiente en 1905- se presenta dividido en épocas. La primera corresponde al período de las

Invasiones Inglesas (1806-1807), en la cual el editor selecciona una serie de romances y coplas (algunas transcriptas en inglés con su traducción al castellano) sobre el triunfo de los argentinos en las batallas contra el ejército británico. Entre los textos seleccionados se encuentra "Pintura de Marte, derrotado en las riberas del Río de la Plata", una composición "copiada" de un libro del doctor Rivarola, "capellán del Fijo y profesor de Filosofía del Colegio de San Carlos", según se informa en la nota aclaratoria ("Cancionero Popular", *RDHL*, año I, tomo II, diciembre de 1898: 329). En el texto, la alusión al dios Marte es evidentemente metafórica. Otra incorporación de dioses antiguos se encuentra en "Oda al comercio", donde se invoca a Mercurio como dios representante del comercio ("Cancionero Popular", *RDHL*, año I, tomo II, febrero de 1899: 645).

Entre otros ejemplos de la integración de la tradición clásica en los poemas transcriptos en el "Cancionero Popular" de la *RDHL*, se pueden mencionar, dentro de esta primera época, "Anacreóntica", poema firmado por Antón Martín de Atocha, según la nota aclaratoria, atribuido originalmente a José Prego de Óliver y tomado del *Telégrafo Mercantil* de 1801. Su composición se asemeja por sus características a las poesías parnasianas y modernistas que circulan a fines del XIX:

> Anacreóntica
> *Carta á la Señora Blanca de la Fuente de la Puerta del Sol*
> En el cielo Latona,
> I en los bosques Diana,
> ¡O que de condiciones
> Tan opuestas enlazas!
> Esquiva á tus amantes
> El bosque te proclama.
> Acteón lo publica
> Despojo de tu saña.
> El dia que en el baño
> De lexos te acechaba
> Absorto en tu hermosura

> Y ardiendo en tiernas ansias;
> Pero cuando en Latona
> Te busco transformada
> Hallo que el cielo dexas
> Por los montes de Cária,
> Dónde á Endymión visitas
> Tan ciega amartelada,
> Que del decoro pierdes
> Lo que en amores ganas,
> Si Diosa te veneran
> Por estas circunstancias,
> En el mundo hay mil Diosas,
> Pues yo conozco varias,
> Con unos ¡que Latonas!
> Con otros ¡que Dianas!
> ("Cancionero Popular", *RDHL*, año I, tomo IV, julio 1899: 147).

Por otra parte, también se encuentra este tipo de integración de elementos de la tradición clásica dentro del corpus seleccionado por Zeballos en textos satíricos, como la "Historia del Dr. Buñelos. Escrita en francés por Mr. Boudein y Traducida al castellano por Sancho Rabioles", también transcripta del *Telégrafo Mercantil*. En la nota aclaratoria se informa:

> Según tradiciones y documento de respetable origen, de mi archivo, el *doctor Buñuelos*, era el doctor don Manuel Belgrano, que en 1794 había regresado á Buenos Aires con las ideas, iniciativas y horizontes intelectuales, de un joven educado en Europa. El autor de la sátira es, á lo que parece por el estilo, el mismo coronel Cabello, director del periódico ("Cancionero Popular", *RDHL*, año II, tomo IV, julio 1899: 148).

En el texto se intercalan jocosamente elementos de la tradición cristiana colonial con la clásica, en un juego donde ambas se integran en un híbrido confuso hilarante.

Asimismo, este juego irónico deja entrever una crítica a la educación escolástica en el contexto americano, tal como se percibe en el siguiente fragmento:

[...]
Mi padre puso en mi crianza
Todo su mayor empeño,
y, así empecé á escribir
á los veinte años y medio,
después de haber aprendido
un poco del Padre nuestro,
púsome á estudiar latín
en casa de un zapatero,
y á los doce años salí
tan ladino como el maestro.
[...] (*id.*: 149)

Dentro de esta misma tonalidad, se seleccionan del *Telégrafo Mercantil* otros textos satíricos con elementos de la tradición clásica, como las "Letrillas satíricas", composición cuya voz lírica está a cargo de la musa griega Terpsícore. Según la nota aclaratoria, se trata de uno de los pasatiempos de la época ante la falta de luchas políticas ("Cancionero Popular", *RDHL*, año II, tomo IV, septiembre de 1899: 453).

El corpus del "Cancionero Popular" de Zeballos incluye textos de un tono más severo y grave, que combinan versos en latín de tipo escolástico-eclesiástico y en castellano, propios de las plegarias, lamentos, elegías, décimas y oraciones fúnebres, como las composiciones en torno a Josef Antonio de San Alberto, obispo de Tucumán durante la época colonial ("Cancionero Popular", *RDHL*, año II, tomo IV, octubre de 1899: 615; tomo V, enero de 1900: 466-468, y febrero de 1900: 624-627). Asimismo, transcribe las poesías inéditas del doctor Baltazar Maziel, con combinaciones de las dos tradiciones, católico-colonial y clásica, asimiladas, tal como puede observarse en el siguiente fragmento de la composición "Representación que hace el diablo á la majestad divina" ("Cancionero Popular", *RDHL*, año II, tomo V, enero 1900: 463-464):

> […]
> Bajó al Infierno Teseo
> á Proserpina á robar,
> mas no pudo executar
> tan depravado deseo:
> si fuera Francia yo creo,
> segun lo que acá discierno,
> á pesar del fiero Averno,
> el robo fuera evidente
> y así temo que esta gente
> no me quite mi govierno.
> […] (*id.*: 464)

La otra división del corpus de textos del "Cancionero Popular" de Zeballos que abarca el período analizado en el presente trabajo (1898-1900) corresponde a una segunda época, denominada "La Patria", fechada a partir de 1810 ("Cancionero Popular", *RDHL*, año II, tomo VI, abril de 1900: 244). En algunos himnos y cielitos, se intercalan figuras de la mitología clásica, aunque en menor proporción que en la primera época de las Invasiones Inglesas:

> Los *chanchos* que Vigodet
> Ha encerrado en su chiquero,
> Marchan al son de la gaita
> Echando al hombro un *fungueiro*.
> *Cielito de los gallegos*
> *Ay! cielito del dios Baco,*
> *Que salgan al campo limpio*
> *Y verán lo que es tabaco.*
> ("Cancionero Popular", *RDHL*, año III,
> tomo VII, julio de 1900: 126).

Asimismo, aparece la mitología grecolatina en la solemnidad de los versos de los himnos patrios, como los compuestos por fray C. J. Rodríguez, en los cuales se hace alusión al dios Marte, al "Júpiter tonante", a Apolo y a Orfeo, entre muchos otros ("Cancionero Popular", *RDHL*, año III, tomo VII, agosto de 1900: 266-267). También se encuentra presente en fragmentos de piezas teatrales, tales como "La libertad civil. 1816", en la cual se hace referencia a la diosa romana Belona observando el campo de batalla de América del Sur ("Cancionero Popular", *RDHL*, año III, tomo VIII, diciembre de 1900: 257).

Por otra parte, se seleccionan textos donde se identifica a algunos "héroes" independentistas con dioses de la mitología clásica. Tal es el caso de Belgrano identificado con Marte ("XL. Glosa", en "Cancionero Popular", *RDHL*, año III, tomo VII, octubre de 1900: 601).

Como puede observarse, el contenido del "Cancionero Popular" de la *RDHL* responde a la selección de un corpus de textos que no proviene directamente del patrimonio oral colectivo propiamente dicho, sino que responde más a una selección orientada por una impronta personal. En efecto, en diversas notas aclaratorias publicadas en diferentes oportunidades se puede reconocer la tarea de selección realizada por el propio director de la revista, lo que conduce a un concepto muy personalizado de lo popular, a pesar de que declara ser representativo de una memoria colectiva. En este punto, es necesario regresar al primer número de la revista, y observar la sección del "Cancionero Popular". En dicho ejemplar, en la nota de presentación del cancionero se afirma:

> Comienza a publicar la Revista una serie de cantares conservados en las colecciones de impresos raros de épocas pasadas ó en la memoria popular. La Dirección ha escogido las composiciones ó romances, que, destituidos de todo artificio literario, revelan genuinamente los sentimientos, los anhelos, las alegrías, las pasiones, las angustias y los triunfos del pueblo

argentino, expresados en su lengua sencilla, graciosa y rica en vigorosos neologismos ("Cancionero Popular", *RDHL*, año I, tomo I, 1898: 266).

En este sentido, la contribución de Zeballos se insertaría dentro de la línea de la elite cultural letrada que ha comenzado a recibir el impacto del desarrollo de la literatura popular (Prieto, 2006: 19). Sin embargo, de acuerdo con el fragmento citado, para la *RDHL* la selección de cantares se realiza precisamente siguiendo el criterio de que los versos estarían despojados de vestigios literarios. De este modo, presenta al cancionero no dentro del ámbito propio de las letras, sino más bien en el área testimonial de la historia correspondiente a la memoria nacional. A pesar de las declaraciones citadas de Zeballos, un recorrido por las páginas del cancionero permite vislumbrar que la selección del material incluye composiciones anónimas y de autor con diverso grado de estilización literaria -según las diferentes épocas-, y que responden a los géneros convencionalmente aceptados como literarios en conexión con los clásicos y modernos (romances, piezas teatrales, plegarias, elegías, etc.). En este sentido, cabría preguntarse si resulta válido colocar el cancionero de la *RDHL* en el escenario de la tensión entre cultura letrada y de la apropiación de lo popular por su desarrollo contracultural, o en el marco de la construcción de un corpus de cantares y de una cultura popular que deben ser asimilados por el heterogéneo pueblo. En este punto, cabe recordar el interés casi permanente de Zeballos por la asimilación e integración de la multietnicidad de la Argentina cosmopolita de entresiglos.

Cabría pensar, en el contexto mencionado, la validez de la inclusión del cancionero de Zeballos en el escenario del criollismo en el momento de construcción de la Argentina moderna. Por un lado, por el hecho de que el corpus seleccionado contiene algunas características propias de un folklore nativista incipiente. Entre estas, se puede mencionar la publicación de partituras musicales, lo que aproxima a este cancionero letrado a los modelos de cancioneros que proliferan entre fines del siglo XIX y mediados del XX, como por ejemplo, el confeccionado por Robert Lehmann-Nitsche, "Folklore Argentino" (1905) (Chicote y García, 2008: 53-71) y los famosos cancioneros de las provincias argentinas a cargo de Juan Alfonso Carrizo. En los tres primeros años aquí analizados, la *RDHL* publica dos partituras: "Yupanki, solo de quena" de Arturo Beruti ("Cancionero Popular", *RDHL*, año II, tomo V, enero de 1899: 354-355) y "Canción patriótica" (*RDHL*, año II, tomo VI, junio de 1900: 595-596).

Por otro lado, considerar el "Cancionero Popular" de la *RDHL* en su relación con el criollismo finisecular podría derivarse del hecho de su inclusión en el repertorio de catalogación de la "Biblioteca Criolla" de Robert Lehmann-Nitsche por la presencia del ex libris correspondiente en el ejemplar conservado por el Instituto Iberoamericano de Berlín, en cuya biblioteca se encuentra el legado del antropólogo alemán. Si bien el apellido de Zeballos y su compilación no figuran en el índice de los títulos de ese amplio repertorio de literatura popular recogida por Lehmann-Nitsche como parte de una colección particular denominada "Biblioteca Criolla", a la que tuvo acceso Adolfo Prieto (2006: 197-241), el hecho de que el ejemplar de la *RDHL* conservado en dicha institución contenga un ex libris de la "Biblioteca Criolla" habilitaría la hipótesis de una subcatalogación orientada dentro de la literatura argentina hacia "temas no criollistas",[10] con las grandes distancias que ello implica.

La presencia de este texto en la colección del antropólogo, adquirida durante su residencia en la Argentina como director de la sección de antropología del Museo de Ciencias Naturales de La Plata y docente universitario (1897-1930) (*id.*: 27), abre una serie de interrogantes sobre

---

10 La categoría "temas no criollistas" en referencia al corpus de la "Biblioteca Criolla" pertenece a Chicote y García (2008: 40-49).

el significado de "criollo" para confeccionar dicho legado. En este punto, pareciera que el conflicto con la cuestión de la literatura popular se orienta hacia una tensión que escapa del repertorio de novelas folletinescas decimonónicas y, si bien se encuentra dentro del mismo legado, el cancionero de Zeballos no ingresa al ámbito literario, en coincidencia con su pensamiento y objetivo trazado en el fragmento citado *supra*.

Por otra parte, la legitimidad de considerar el "Cancionero Popular" de la *RDHL* como representativo del folklore argentino y/o del criollismo, ambos discursos populares, resulta cuestionada por el propio Juan Alfonso Carrizo. En el "Discurso preliminar" de su libro *Antiguos Cantos Populares Argentinos. Cancionero de Catamarca* (1926) desarrolla un estado de la cuestión sobre la recuperación y el rescate de los elementos folklóricos de Argentina. Sobre Zeballos y el cancionero afirma:

> El doctor Estanislao S. Zeballos publicó su *Cancionero Popular* en la Revista de Derecho, Historia y Letras en 1905, pero es un cancionero popular a medias, gran parte de sus canciones se ve que son de poetas cultos, poesías de salón y no obras del pueblo. Nadie había intentado ni remotamente siquiera, hacer una investigación metódica y personal en nuestro país como lo había hecho Julio Vicuña Cifuentes en Chile, todos eran trabajos fragmentarios. Ciro Bayo hizo un interesante trabajo parecido al de Juan León Mera en el Ecuador, en balde Paúl Groussac y R. Rojas clamaban, como voces en el desierto, porque alguien se tomara el afán de reunir los cantos tradicionales (Carrizo, 1926: 9).

En efecto, la observación de Carrizo no resulta errada si se tienen en cuenta las fuentes de las que proviene la selección de textos de la revista, entre otras, la prensa escrita como el *Telégrafo Mercantil*, colecciones privadas como la del Dr. Ángel Justiniano Carranza, el propio archivo personal de Zeballos y libros raros como el *Breve recuerdo del formidable ataque del exército inglés á la Ciudad de Buenos Aires y su gloriosa defensa por las legiones patricias el día 5 de julio de 1807* del Dr. Rivarola ( "Cancionero Popular", *RDHL*, año I, tomo II, noviembre de 1898: 329, nota aclaratoria).

Las operaciones de recopilación del material del mundo impreso quedan expuestas por el propio editor en otra nota aclaratoria:

> [...] "Las composiciones del *Cancionero* no siguen un orden cronológico, debido á la imposibilidad de hallar reunida en una sola biblioteca toda la incipiente y curiosa literatura de aquellos tiempos. Esparcidos los periódicos, los folletos, las hojas volantes en diferentes colecciones públicas ó privadas es necesario picar aquí y acullá, á medida que los elementos aparecen y á menudo he encontrado materiales de varios años anteriores á los ya impresos. [...] En una edición definitiva del *Cancionero* subsanaré estos defectos de compilación, que confieso á la benevolencia de los lectores de la Revista de Derecho, Historia y Letras ("Cancionero Popular", *RDHL*, año I, tomo II, febrero de 1899: 645).

Este tipo de declaraciones lleva a la crítica especializada a relativizar el aporte de la revista en el terreno de la cultura popular. Así, Margarita Elichondo alude a un concepto de folklore ligado a lo popular y distanciado del circuito culto, al afirmar sobre la obra de Zeballos: "Otro hombre del '80, Estanislao S. Zeballos, publicó más tarde un *Cancionero Popular*, donde no todos los textos pueden considerarse populares, en el sentido folklórico de la palabra. La mayoría son de origen culto [...]" (1983: 24).

## A modo de cierre

La presencia de la tradición clásica en la *RDHL* se articula dentro de una tensión entre cultura letrada y cultura popular, donde lo letrado responde a un mundo académico institucionalizado y lo popular se resuelve hacia un concepto personalizado que no escapa de su consideración letrada.

En el ámbito académico, las tensiones entre las diferentes modalidades de enseñanza del latín, las discusiones sobre traducciones de los clásicos y la presencia de la tradición clásica en poemas de nuevas tendencias, como la modernista, ponen en evidencia y ratifican el lugar de los clásicos en el terreno de la alta cultura.

Con respecto al ámbito de la cultura popular, cabe retornar a la nota de presentación del Cancionero. Allí Zeballos expone brevemente su plan y los objetivos de tal compilación: constituirse en "la fibra patriótica", "el alma nacional" destinada a la formación de la juventud y de las familias nuevas para forjar un sentimiento hacia lo nacional que fomente la integración de la diversidad en la cultura argentina, y con ello evitar el aparente peligro de su disolución, provocado por la inmigración masiva y por el mercantilismo materialista impulsado por el positivismo ("Cancionero Popular", *RDHL*, año I, tomo I, julio 1898: 267).

Dentro de este programa ilustrado, nacionalista y modernizador, se justifica la presencia de la tradición clásica y de la poesía de autores cultos como elementos de orientación popular. Dicha presencia, las fuentes impresas y letradas empleadas en la selección de su corpus de textos y el empleo de idiomas modernos y antiguos de modo indistinto -inglés, francés y latín- conducen a pensar que la manifestación, o más bien la repercusión, de la tensión entre cultura letrada y cultura popular de entresiglos en esta publicación se resuelve hacia una reeducación de lo popular, según la prerrogativa elitista de una cultura letrada modernizadora en retirada. Desde esta perspectiva, el aporte de Zeballos no busca simplemente dejar una huella, sino intervenir directamente en su adecuado trazado para forjar una identidad nacional aparentemente integradora.

## Referencias bibliográficas

Fuentes primarias

*Revista de Derecho, Historia y Letras, tomos I-IX, años 1-3, 1898-1900*

Calandrelli, M. "Literatura Argentina", *RDHL*, año I, tomo I, septiembre de 1898, pp. 338-349.

Cané, M. "La vuelta", *RDHL*, año III, tomo VII, julio de 1900, p. 5.

Funes de Frutos, C. "Horacianas" (traducción), *RDHL*, año II, tomo V, febrero de 1900, pp. 587-591.

Tarnassi, J. "Prelusión al curso de literatura latina del año 1899", *RDHL*, año I, tomo III, mayo de 1899, pp. 360-383.

—–. "Deo et Virgini Matri. Extrema leonis vota" / "A Dios y a la Virgen Madre. Votos extremos de León" (traducción), *RDHL*, año I, tomo II, febrero de 1899, pp. 518-520.

Zeballos, E. S. "Revista de Derecho, Historia y Letras. Prospecto", *RDHL*, año I, tomo I, julio de 1898, pp. 5-7.

*Del "Cancionero Popular" de la RDHL entre 1898 y 1900*

Anónimo. "Oda al comercio", "Cancionero Popular", *RDHL*, año I, tomo II, febrero de 1899, pp. 645-648.

—–. "Historia del Dr. Buñelos. Escrita en francés por Mr. Boudein y Traducida al castellano por Sancho Rabioles", "Cancionero Popular", *RDHL*, año II, tomo IV, julio de 1899, pp. 148-153.

—–. Versos y décimas dedicadas a San Alberto, "Cancionero Popular", *RDHL*, año II, tomo IV, octubre de 1899, p. 615; tomo V, enero de 1900, pp. 466-468, y febrero de 1900, pp. 624-627.

—–. "Cielito", "Cancionero Popular", *RDHL*, año III, tomo VII, julio de 1900, pp. 126-127.

—–. "La libertad civil. 1816", "Cancionero Popular", *RDHL*, año III, tomo VIII, diciembre de 1900, pp. 255-258.

—–. "XL. Glosa", "Cancionero Popular", *RDHL*, año III, tomo VII, octubre de 1900, p. 601.

De Atocha, A. M. "Anacreóntica", "Cancionero Popular", *RDHL*, año I, tomo IV, julio de 1899, p. 147.

Maziel, B. "Representación que hace el diablo á la majestad divina", "Cancionero Popular", *RDHL*, año II, tomo V, enero de 1900, pp. 463-464.

Prego de Óliver, J. "Letrillas satíricas", "Cancionero Popular", *RDHL*, año II, tomo IV, septiembre de 1899, pp. 453-454.

Rivarola (capellán del Fijo). "Pintura de Marte, derrotado en las riberas del Río de la Plata", "Cancionero Popular", *RDHL*, año I, tomo II, diciembre de 1898, p. 329.

Rodríguez, C. J. (fray). "Himno á la Patria", "Cancionero Popular", *RDHL*, año III, tomo VII, agosto de 1900, pp. 266-267.

Zeballos, E. S. Nota aclaratoria, "Cancionero Popular", *RDHL*, año I, tomo I, 1898, p. 266-267.

—–. Nota aclaratoria, "Cancionero Popular", *RDHL*, año I, tomo II, noviembre de 1898, p. 329.

*Partituras del "Cancionero Popular" de la RDHL (1898-1900)*

Anónimo. "Canción patriótica", "Cancionero Popular", *RDHL*, año II, tomo VI, junio de 1900, pp. 595-596.

Beruti, A. "Yupanki, solo de quena", "Cancionero Popular", *RDHL*, año II, tomo V, enero de 1899, pp. 354-355.

*Otros documentos de la época citados*

Blackstone, W. y Jones, J. W. (1823). *A translation of all Greek, Latin, French and Italian quotations which occur in Blackstone's commentaries on the Laws of England*. London: Charles Reader.

Bentham, J. (1834). *Deontology, or the science of morality*, arranged and edited by John Bowring. London: Longman, Rees, Orme, Browne, Green and Longman; Edinburgh: William Tait.

Bouvier, J. ([1839] 1855). *A Law Dictionary. Adapted to the Constitution and Laws of the United States*. Vols. 1 y 2 (version revisada y ampliada). Philadelphia: printed for the estate of John Bouvier.

D'Israeli, I. (1818). *The literary character illustrated by the history of men of genius, drawn from their own feelings and confessions*. London: John Murray.

Franklin, B. (1839). *Memoirs of Benjamin Franklin written by himself with his most interesting Essays, Letters, and Miscellaneous writings; familiar, moral, political, economical, and philosophical*. Vol. II. New York: Harper & Brothers.

Giusti, R. (1916). "Celestina Funes de Frutos". En *Verbum*, n° 33/34, pp. 81-82.

Kazlitt Arvine, A. M. (1852). *The cyclopaedia of anecdotes of Literature and the Fine Arts, containing a copious and choice selections of anecdotes of the various forms of Literature, of the Arts, of Architecture, engraving, music, poetry, paintings, sculpture, and the most celebrated literary characters and artists of different countries and ages, etc.* Boston: Gould and Lincoln.

*The Craftsman*, n° 4, 16 de diciembre de 1726.

## Fuentes secundarias

AA.VV. (sin fecha). "Rodolfo Rivarola". En *Biografía de Autores*. Disponible en Biblioteca Digital de la Corte Suprema de Justicia de la Nación. Recuperado el 19 de noviembre de 2017 de <https://goo.gl/wZXFtf>.

Auza, N. T. (1999). *La literatura periodística porteña del siglo XIX. De Caseros a la Organización Nacional*. Buenos Aires: Editorial Confluencia.

Baker, C. (2011). "Algernon Sidney, el padre fundador olvidado" [trad. por Gabriel Gasave], en *El Independiente. Voces de libertad*, 12 julio. Recuperado el 9 de enero de 2018 de <https://goo.gl/kbXbAa>.

Barcia, P. L. (1999). *Historia de la historiografía literaria argentina: desde sus orígenes hasta 1917*. Buenos Aires: Pasco Ediciones.

Battistón, D. y Domínguez, C. (2011). "*Pares inter pares*: controversias acerca de la traducción de Horacio en la Argentina del siglo XIX. El caso de la Revista de Derecho, Historia y Letras". *Auster*, n° 16, pp. 79-90.

Biagini, H. E. (1995). *La generación del ochenta: cultura y política*. Buenos Aires: Editorial Losada.

Bonaudo, M. (2011). "Estanislao Zeballos. El hombre de acción política que no se haría jamás un profesional". En S. Fernández y F. Navarro (coords.). *Scribere est agere. Estanislao Zeballos en la vorágine de la modernidad argentina*. Rosario: La Quinta Pata & Camino Ediciones, pp. 69-104.

Bourdieu, P. (1969). "Campo intelectual y proyecto creador". En J. Pouillon *et al. Problemas del estructuralismo*. México: Siglo XXI, pp. 135-182.

— – (1983). *Campo del poder y campo intelectual*. Buenos Aires: Folios Ediciones.

— – (1995). *Las reglas del arte. Génesis y estructura del campo literario*. Barcelona: Anagrama.

— – (1999/2000). *Intelectuales, política y poder*. Buenos Aires: Eudeba.

Bueno Grejo, C. (2016). *Escrita em Ação: intelectuais e nação na Revista de Derecho, Historia y Letras (1898-1916)*. Tese de Doutorado. Assis: Faculdade de Ciências e Letras, Universidade Estadual Paulista.

Burke, P. (2006). *Lenguas y comunidades en la Europa moderna* [trad. por Jaime Blasco Castiñeyra]. Madrid: Ediciones AKAL.

—— (2010 [1978]). *La cultura popular en la Europa moderna* [versión española de Antonio Fero]. Madrid: Alianza Editorial.

Carrizo, J. A. (1926). *Antiguos Cantos Populares Argentinos. Cancionero de Catamarca*. Buenos Aires: Silla Hermanos.

Celada Domínguez, G. y Giacalone, R. (2007). "*Revista de Derecho, Historia y Letras* (1898-1924). Estudio e índice general". En *IUSHISTORIA*, n° 4 (volumen especial), USAL, pp. 1-144.

Chicote, G. B. y García, M. A. (2008). *Voces de Tinta: estudio preliminar y antología comentada de* Folklore Argentino *(1905) de Robert Lehmann-Nitsche*. La Plata: EDULP.

D'Anna, E. (1991). *La literatura de Rosario. Tomo I: Siglo XIX*. Rosario: Editorial Fundación Ross.

Domínguez, M. C. (2013). *Usos del latín en los procesos de configuración cultural y educativa del Cono Sur en el siglo XIX*. La Plata: *Memoria Académica*. Tesis de posgrado. Facultad de Humanidades y Ciencias de la Educación, UNLP. Recuperado el 20 de noviembre de 2017 de <https://goo.gl/MkzvCD>.

Elichondo, M. (1983). *La generación del '80 y el folklore*. Buenos Aires: Ediciones Culturales Argentinas, Secretaría de Cultura de la Presidencia de la Nación.

Fernández, S. y Navarro, F. (coords.) (2011). *Scribere est agere. Estanislao Zeballos en la vorágine de la modernidad argentina*. Rosario: La Quinta Pata & Camino Ediciones.

Ferrari, G. (1995). "Estanislao S. Zeballos". *Los Diplomáticos*, Consejo Argentino para las Relaciones Internacionales, n° 9.

Gallo, K. (2002). "Jeremy Bentham y la 'Feliz Experiencia'. Presencia del utilitarismo en Buenos Aires 1821-1824". *Prismas. Revista de Historia Intelectual*, n° 6, pp. 79-96.

Gallo, K. (2005). "Un escenario para la 'Feliz Experiencia'. Teatro, política y vida pública en Buenos Aires. 1820-1827". En G. Batticuore, K. Gallo y J. Myers

(comps.). *Resonancias románticas. Ensayos sobre historia de la cultura argentina (1820-1890)*. Buenos Aires: EUDEBA, pp. 121-133.
Gil, L. (1985). *Censura en el mundo antiguo*. Madrid: Alianza Editorial.
Lafleur, H.; Provenzzano, S. y Alonso, F. (2006). *Las revistas literarias argentinas (1893-1967)* [con prólogo de Marcela Croce]. Buenos Aires: El 8vo Loco Ediciones.
Lida de Malkiel, M. R. (1975). *La tradición clásica en España*. Barcelona: Ariel.
Malkiel, Y. (1975). "Introducción". En Lida de Malkiel, M. R. *La tradición clásica en España*. Barcelona: Ariel, pp. 9-34.
Passarella, L. (2012). "El escudo alegórico de la Universidad Nacional de La Plata. Análisis iconológico de un símbolo centenario". En AA.VV. *VI Jornadas de Investigación en Disciplinas Artísticas y Proyectuales*. Sedici, UNLP. Recuperado el 30 de noviembre de 2017 de <https://goo.gl/DkYSyF>.
Prieto, A. (2006). *El discurso criollista en la formación de la Argetina moderna*. Buenos Aires: Siglo XXI Editores.
Punzi, O. M. (1998). "Prólogo". En *Estanislao S. Zeballos. Perfil universal de un legislador*. Buenos Aires: Círculo de Legisladores de la Nación Argentina, Colección "Vidas, ideas y obras de los legisladores argentinos", pp. 7-33.
Rama, Á. (1998). *La ciudad letrada*. Montevideo: Arca.
Rojas, R. (1957 [1922]). *Historia de la Literatura Argentina. Ensayo filosófico sobre la evolución de la cultura en el Plata: "Los Modernos"*. Vols. I y II, tomos VII y VIII. Buenos Aires: Editorial Guillermo Kraft.
Sáenz Quesada, M. (2012). *La Argentina. Historia del país y de su gente*. Buenos Aires: Penguin Random House Grupo Editorial Argentina.
Schofield, Philip (2011). "Sidgwick on Bentham: The 'double aspect' of utilitarianism". En P. Bucolo, R. Crisp y B. Schultz (eds.). *Proceedings of the second World Congress on Henry Sidgwick: ethics, psychics, politics*. Catania, Italy: University of Catania, pp. 412 – 469.

Schwartz, P. y Rodríguez Braun, C. (1992). "Las relaciones entre Jeremías Bentham y S. Bolívar". *Τέλος. Revista Iberoamericana de Estudios Utilitaristas*, vol. 1, n° 3, pp. 45-68. Recuperado el 21 de diciembre de 2017 de <https://goo.gl/9NtcRh>.

Stoetzer, O. C. (1965). "El influjo del utilitarismo inglés en la América Española". *Revista de Estudios Políticos*, n° 143, pp. 165-192.

Tácito, P. C. (1990). *Anales* [edición, introducción y notas por Pedro J. Quetglas; traducción de Carlos Colma]. Barcelona: Planeta.

# 9

# Románticos y neoclásicos

*Proyecciones y límites de dos conceptos europeos en México y Centroamérica*[1]

FRIEDHELM SCHMIDT-WELLE

El empleo de las categorías de épocas literarias, igual que el de las generaciones literarias, siempre ha sido problemático por sus generalizaciones y los destiempos de ciertos movimientos o corrientes literarios entre un país y el otro. Este aspecto se ha debatido, sobre todo, en relación con el romanticismo, y se ha llegado a la conclusión de que incluso con respecto al romanticismo europeo se tendría que hablar más bien de *romanticismos*, por las grandes diferencias estéticas e ideológicas de los movimientos románticos en varios países (Hoffmeister, 1990: 4-12). Aun considerando que las clasificaciones de épocas ofrecen modelos generales para facilitar la tarea en sí difícil de construir una historia literaria concisa, es decir, aun considerando que son más un instrumento pedagógico que teórico metodológico, muchas veces las contradicciones internas de estos modelos ponen

---

[1] El presente trabajo fue publicado originalmente en Katja Carrillo Zeiter y Monika Wehrheim (eds.) (2013). *Literatura de la Independencia, independencia de la literatura*. Frankfurt an Main-Madrid: Iberoamericana-Vervuert, pp. 67-78. Su inclusión en este libro cuenta con el aval del propio autor.

en duda el sentido de su empleo en nuestra disciplina. No es una casualidad, entonces, que la historiografía literaria esté en crisis desde hace varias décadas.

Si estos debates siguen siendo vigentes en el caso de las literaturas europeas del siglo XIX, es decir, las nacidas en un contexto más o menos homogéneo con una historia cultural común o ciertas bases culturales comunes, podemos imaginar que esta clasificación se vuelve más problemática cuando se trata de la historia cultural de países poscoloniales, como los hispanoamericanos con su difícil relación política, económica y cultural con la metrópoli, relación que se podría resumir, aunque de manera muy general, con los términos de dependencia y diferencia.

Además, en realidad existen varios sistemas literarios en las sociedades hispanoamericanas debido a la situación poscolonial. Esto significa que las categorías mencionadas antes solamente podrían ser válidas para analizar el caso de la llamada literatura culta, pero no se aplicarían a las literaturas populares, y mucho menos a las indígenas.

Para entender la recepción y hasta el empleo de las nociones europeas de épocas literarias en los países hispanoamericanos, hay que tener en cuenta el contexto político ideológico de la independencia de varias de las sociedades hispanoamericanas en las primeras décadas del siglo XIX. El proyecto de la independencia fue, sobre todo o al menos en su versión triunfante, un proyecto de los criollos, es decir, de una clase que estaba en favor de una modernización de acuerdo con los modelos europeos de su época. Al mismo tiempo, la independencia solo se pudo realizar basándose en una ideología que proponía, al mismo tiempo, una separación de la metrópoli y un distanciamiento de las culturas indígenas del continente. Es decir, la independencia se pudo lograr por una doble diferenciación.

Por una parte, hay que destacar la diferencia entre el proyecto de independencia y la Colonia, sin la cual no sería posible la legitimación y con ella la realización política del proyecto independentista. Por otra, los criollos tuvieron que marcar un distanciamiento de las culturas indígenas o en algunos países incluso de las afroamericanas debido a su propia perspectiva como futura clase dominante, y debido a la posibilidad de que las clases populares, el "populacho" en la terminología de los letrados del siglo XIX, se podrían volver una amenaza real para su afán de convertirse en esa clase dominante.

Esta base ideológica del proyecto emancipador resulta en una recepción muchas veces ecléctica de los modelos europeos de desarrollo y progreso no solamente a nivel de las ideas políticas sino también de las culturales. En general, se puede percibir una lectura de los fenómenos culturales europeos en función del propio ideario político y sobre todo del imaginario cultural. En este contexto, las ideas europeas son empleadas como un argumento de autoridad (Descombes, 1977) sin que se sigan al pie de la letra.

Aplicada a la literatura, mi hipótesis al respecto sería la siguiente: la recepción de las literaturas europeas no solo es ecléctica,[2] sino que las diferentes escuelas y propuestas estéticas europeas se leen en función de la posibilidad de relacionarlas con una cierta ideología política y un cierto imaginario cultural poscolonial. En esta ocasión, quisiera analizar la traducción cultural y la funcionalización de las nociones de *neoclasicismo* y *romanticismo* para su empleo en este contexto histórico diferente. Me voy a referir concretamente a México y Centroamérica, y voy a debatir tanto el uso de las categorías mencionadas durante el siglo XIX como su empleo en las historias literarias del XX.

Para debatir las maneras en que se emplean las nociones de *neoclasicismo* y *romanticismo* durante la época de la independencia en Hispanoamérica, hay que tener en cuenta algunas diferencias políticas entre las futuras sociedades poscoloniales. México, y con él Centroamérica, es decir, la antigua colonia de la Nueva España, fue uno de los centros

---

2   Cfr. al respecto del eclecticismo de esta recepción, Schmidt-Welle (2003: 320-322).

de la colonización española, con una administración política y una institucionalización cultural mucho más sofisticada que aquellas de las zonas de la periferia de la Colonia. Al mismo tiempo hay que considerar el centralismo reinante en la Nueva España: la vida cultural se concentra en la ciudad de México y los futuros países centroamericanos quedan al margen de ella. La importancia de la Nueva España dentro del sistema colonizador español explica, en parte, por qué la recepción de las nuevas tendencias políticas y estéticas europeas de fines del siglo XVIII no adquirió el mismo radicalismo en México y Centroamérica que en Chile y sobre todo en la Argentina. En la Nueva España, la reacción a esas nuevas tendencias fue mucho más conservadora incluso entre los representantes de un pensamiento liberal o, en los pocos casos de pensadores más radicales, fue silenciada.

El dilema de la aplicación de categorías europeas al contexto hispanoamericano se percibe claramente al analizar las historias literarias escritas durante el siglo XX. Si comparamos las historias literarias mexicanas y centroamericanas o las literaturas de Hispanoamérica en general, nos damos cuenta de que, por ejemplo, la noción de *neoclasicismo* se emplea cada vez con más cautela. En las historias literarias escritas hasta la década de 1970 se hace uso de las nociones de *neoclasicismo*, *romanticismo*, *realismo* y *naturalismo* según el modelo europeo (Alegría, 1974; Anderson Imbert, 1954; Millán, 1963; Suárez-Murias, 1963; Warner, 1953), aunque en muchos casos el romanticismo se propone como la corriente más importante del siglo XIX, ubicándola entre 1830 y 1890 e incluyendo en ella de manera paradójica al "romanticismo realista" y al "romanticismo naturalista". Al mismo tiempo, se destaca la tardanza, en comparación con las historias literarias en Europa, de las épocas literarias mencionadas en el subcontinente. Incluso en historias literarias más recientes se sigue hablando del romanticismo tardío (Bellini, 1988: 235-240; Varela Jácome, 1987: 93), lo que hace más contradictorio el esquema empleado porque se supone que los escritores en Hispanoamérica leen los textos realistas o naturalistas europeos siguiendo al mismo tiempo exclusivamente los modelos del romanticismo como si no hubieran leído las obras de las épocas posteriores.

En las historias literarias tradicionales, se ubican en el neoclasicismo poetas mexicanos como Andrés Quintana Roo, Francisco Manuel Sánchez de Tagle, José Joaquín Pesado, entre otros, y el cubano José María Heredia, que estaba exiliado en México (Anderson Imbert, 1954: 104-106; Carballo, 1991; Millán, 1963). En el caso de la novela normalmente se omite la mención del neoclasicismo. Según estas historias literarias, los poetas románticos mexicanos son Fernando Calderón, Ignacio Rodríguez Galván, Manuel Acuña, Manuel M. Flores, entre otros. Y en la novela lo son Manuel Payno, Justo Sierra O'Reilly, Juan Díaz Covarrubias, Florencio M. del Castillo y Pedro Castera, entre muchos más (Anderson Imbert, 1954: 130-132, 167-169; Carballo, 1991; Millán, 1963), y algunos críticos incluyen también a Ignacio Manuel Altamirano en esa corriente (Anderson Imbert, 1954: 167).

En el caso de la literatura centroamericana, la clasificación es más complicada debido a que después de la Independencia, en 1821 existía la Confederación Centroamericana y la mayoría de los Estados nacionales centroamericanos que hoy conocemos se fundaron después del fracaso de esta Confederación en 1839. Además, y debido al centralismo reinante en la Colonia, la vida cultural estaba poco institucionalizada. En algunos países, la imprenta se instaló décadas después de la Independencia y casi no existía un público lector.

Según las historias literarias tradicionales, entre los poetas neoclásicos centroamericanos encontramos a Rafael García Goyena (Guatemala), Matías de Córdoba (Guatemala), Simón Bergaño y Villegas (Guatemala) y José Trinidad Reyes (El Salvador). Entre los románticos destacan José Batres Montúfar (Guatemala), Juan Diéguez Olaverri

(Guatemala), Ismael Cerna (Guatemala) y Enrique Hoyos (El Salvador). No se mencionan narradores pertenecientes al neoclasicismo y existen muy pocos representantes de la prosa romántica, entre ellos José Milla (Guatemala, pseudónimo: Salomé Jil) (Albizúrez Palma y Barrios y Barrios, 1993: 229-288; Lazo, 1997: 240-257). Aunque muchos de los letrados en Centroamérica se dedicaron a la escritura después de la Independencia, en general cultivaron también otros tipos de textos, en su gran mayoría no literarios (historiografía, redacción de leyes, etc.).

A partir de los años 80 del siglo pasado, el esquema tradicional de las historias literarias ya está a punto de agotarse. En la mayoría de los artículos del tomo II de la influyente historia literaria editada por Luis Iñigo Madrigal en 1987, ni se menciona la existencia del neoclasicismo a pesar de que el volumen se titula *Del neoclasicismo al modernismo*. El artículo sobre "Neoclasicismo, romanticismo, naturalismo" (Varela Jácome, 1987: 87) en la novela comienza con la novela romántica (Varela Jácome, 1987: 91) y ni en el artículo sobre José Joaquín Fernández de Lizardi se habla de neoclasicismo. El único capítulo de esa historia literaria en que el neoclasicismo se convierte en una noción más o menos importante es el que trata sobre la poesía. Según Alfredo Roggiano, los llamados "poetas de la independencia" o "poetas de la revolución", es decir, de la fase entre 1800 y 1830, "adoptaron el liberalismo laico procedente de la Ilustración, fueron republicanos en política y partidarios de la igualdad social, pero en la expresión literaria no superaron al neoclasicismo franco-español" (Roggiano, 1987: 277).

Esta cita nos muestra uno de los dilemas de la aplicación de las épocas literarias europeas a la historiografía literaria hispanoamericana, es decir, una mezcla entre criterios políticos y estéticos para caracterizar la literatura hispanoamericana del XIX. Considerando el desarrollo político en el subcontinente, todos los escritores independentistas tendrían que ser románticos no solamente en lo político sino también en lo estético, siguiendo el ideal del romanticismo social francés que ejerce tanta influencia sobre los escritores hispanoamericanos (Schmidt-Welle, 2003). El hecho de que no lo son muestra claramente los límites de la aplicación de criterios de la historia literaria, pero también de la historia política europea a las sociedades poscoloniales en Hispanoamérica.

En las historias literarias recientes como la *Cambridge History of Latin American Literature* (González Echevarría y Pupo-Walker, 1996) o en *Literary Cultures of Latin America* (Valdés y Kadir, 2004), se buscan y se emplean otras categorías que las de las épocas literarias tradicionales. Eso indica la creciente inconformidad de los investigadores con la aplicación de las categorías europeas de épocas literarias a la historia literaria o a la historia de las culturas literarias (en el enfoque de *Literary Cultures of Latin America*) en Hispanoamérica.

Con eso regresamos al siglo XIX para destacar algunas de las diferencias y semejanzas entre el neoclasicismo y los romanticismos europeos, por una parte, y la historia literaria mexicana y centroamericana, por otra. En mi breve comparación, me limito a las literaturas europeas que tienen más repercusión en Hispanoamérica, es decir, en primera instancia la francesa y la española, y, con una recepción menor o muchas veces indirecta mediante las traducciones al francés, la inglesa y la alemana.

Hay que destacar que la polémica entre neoclasicismo y romanticismo que se lleva a cabo sobre todo en Francia, por varias razones casi no se realiza en México y Centroamérica. No existe aquí, como en Francia, una Academia de la Lengua muy rígida en cuanto a las formas literarias o las reglas lingüísticas canonizadas. Como ya he mencionado, muchos de los llamados poetas neoclásicos estaban a favor de la Independencia, con lo cual se suavizaron las diferencias estéticas entre las distintas corrientes literarias y la polémica se volvió obsoleta.

En cambio, los escritores que adoptaron los modelos del romanticismo europeo los tradujeron a sus propias necesidades ideológicas debido, sobre todo, al estado frágil de las naciones poscoloniales que no permitieron un cambio social radical sin poner en riesgo el proyecto de la Independencia. Como bien afirma José Luis Martínez, el romanticismo mexicano

> [...] es un romanticismo frenado; nunca extrema las notas ya esenciales a la sensibilidad que convenían al momento. Su falta de determinantes históricos (no circunstanciales) hacen imposible la existencia de luchas contra un neoclasicismo que nunca existió, y por ello el romanticismo es en México una escuela literaria sin violencias y sin una quiebra radical frente al pasado (citado por Roggiano, 1987: 284).

Considerando esta crítica del *romanticismo* en México tanto en términos ideológicos como estéticos, podríamos preguntarnos si es legítimo hablar de romanticismo en este caso. Ese "romanticismo frenado" por su contexto poscolonial es una de las razones por las cuales en Hispanoamérica existe una muy escasa, y en general equivocada, recepción del romanticismo alemán más radical en términos filosóficos y estéticos.[3] La recepción del romanticismo alemán en la Hispanoamérica del siglo XIX se concentra, entonces, en dos figuras que en Alemania no se consideran románticos: Goethe y Schiller, y en otra que solamente lo es en una fase temprana de su obra: Heine (Carilla, 1967, I: 116-123).

Un cuestionamiento radical de las bases ideológicas de la sociedad y de las relaciones entre los géneros hubiera arriesgado el proyecto criollo. De ahí se explica el final feliz de las relaciones amorosas y su imagen conservadora incluso en los escritores hispanoamericanos más radicales, como bien lo ha mostrado Doris Sommer en su análisis de las

---

[3] Ángel Rama escribe al respecto: "[...] no tuvimos el romanticismo idealista e individualista alemán, sino el romanticismo social francés, haciendo de Víctor Hugo un héroe americano" (Rama, 2009: 129).

ficciones fundacionales (Sommer, 1993). En otras palabras: mientras que en los romanticismos europeos, y sobre todo en el alemán, el individualismo y el subjetivismo conducen a una crítica de los valores morales establecidos por la sociedad y a una rebelión contra ellos, en México y Centroamérica los intelectuales ven en la literatura, y sobre todo en la novela, "el mas [sic] poderoso instrumento para propagar la instrucción y la moralidad" (De la Rosa, 1844: 206) y condenan todas las formas de rebelión individual y estética como anarquismo y libertinaje o como exageraciones del romanticismo sentimental respectivamente. Con razón, Jorge Antonio Ruedas de la Serna afirma "que el romanticismo, en lo que tuvo de fuerza liberadora del individuo frente a los privilegios aristocráticos, hubiese sido rechazado" (Ruedas de la Serna, 1985: 72). Esto significa que en la literatura mexicana y centroamericana del XIX, no hay una revolución estética comparable con la del romanticismo europeo o de los romanticismos europeos. En estas literaturas, la imaginación artística no representa la idea central de la estética y de la percepción del mundo. A la deseada modernización política y socioeconómica no le corresponde una modernización literaria de tal magnitud como en los romanticismos europeos.

Por eso tampoco me parece adecuada la descripción de la literatura mexicana o centroamericana del período de 1830 a 1890 como un mero aspecto de la europea, que se resuelve en el carácter imitativo o dependiente del romanticismo (Losada, 1977: 160). Por consiguiente, rechazo la idea de un romanticismo tardío para la literatura mexicana y centroamericana del siglo XIX. Con eso no quiero negar la existencia de influencias o relaciones intertextuales entre los romanticismos europeos, y sobre todo entre el romanticismo social francés y las literaturas mexicana y centroamericana del XIX. Pero estas influencias se reducen a ciertas ideas y formas literarias, siempre y cuando estén conformes con el ideario y la ideología de los escritores liberales. Se trata, por eso, de un proceso de traducción cultural con fines ideológicos propios.

Otra diferencia es que la literatura nacional en México y Centroamérica tampoco se basa, como en los romanticismos europeos, en un redescubrimiento de las tradiciones folklóricas (Ortega, 1994/95: 135; Zemskov, 1991: 67-68). A la negación de las tradiciones culturales y literarias indígenas se añade más bien la negación de la historia cultural y literaria de la Colonia.

Se hace *tabla rasa* de la historia política, cultural y literaria anterior a la Independencia. En esta negación de la tradición radica otra diferencia con respecto a los romanticismos europeos. En vez de construir un pasado mítico o buscar los orígenes de la nacionalidad, los letrados fundan la literatura nacional –en sí un proyecto con rasgos románticos– en la historia contemporánea, la naturaleza americana, las costumbres de la época y en la construcción y afirmación de un portador de la conciencia étnica y nacional (Ortega, 1994/5: 135-136; Zemskov, 1991: 70), un mestizo "teórico", diría yo, que en las novelas adquiere más características culturales de un criollo liberal que de un mestizo en el sentido cultural.

De ahí el rechazo del encanto por la Edad Media y los asuntos caballerescos, tan frecuente en los romanticismos europeos. De ahí la condenación de la poesía religiosa que se asocia con la tradición medieval cristiana a diferencia del "ateísmo" de la Ilustración y las influencias de la Antigüedad en el neoclasicismo europeo. De ahí también la ubicación de la mayoría de las novelas "históricas" hispanoamericanas del siglo XIX en la historia contemporánea, mientras que las novelas románticas del género en Europa, como las de Walter Scott y Víctor Hugo, por ejemplo, tratan temas de la historia medieval (las primeras, entonces, y al pie de la letra, muchas veces son más bien "nouvelles" que novelas históricas).[4]

En México y Centroamérica se trata de encontrar una posibilidad de reconciliación entre naturaleza, individuo y sociedad, y el proceso de modernización de esta última. En este sentido, el proyecto utópico de una nación y de una identidad nacional homogéneas se constituye como intento de armonización y, en última instancia, de unificación del sujeto emancipado con la modernización del Estado poscolonial en consonancia con la naturaleza. En cambio, en los romanticismos europeos la naturaleza se describe como un todo viviente que influye en los sentimientos y como contrapartida al proceso de la modernización, urbanización e industrialización, proceso ausente en la sociedad mexicana y las centroamericanas de la época.

Debido a la fragilidad de los Estados poscoloniales, no es casual que los escritores hispanoamericanos asocien la libertad con el orden que establecen los criollos a partir de la Independencia. Para el proceso literario, esto significa la condenación de toda rebelión individual tan frecuente en el romanticismo europeo. Se distingue "entre *la libertad* entendida como goce casi estético consubstanciado con el heroísmo [...] y *el libertinaje* entendido como perversión y negación de la libertad, asociable con la guerra civil que era símbolo del no orden" (Carrera Damas, 1994: 70. El subrayado es del original.). En este sentido, el romanticismo social –y no el estético– funciona como legitimación para el criollo en su afán de no identificar la libertad con el desbordamiento de las masas populares. Por esto, en cuanto al contenido de las novelas del liberalismo mexicano, "se trata de novelas tímidamente reformistas, en las que no tienen lugar las pasiones desbordadas ni la crítica de las

---

[4] Posiblemente esta falta de novelas literalmente históricas en la literatura mexicana del siglo XIX aclara el florecimiento del género en las últimas décadas del siglo XX.

instituciones vigentes", como afirma Jorge Ruedas de la Serna (71). Lo mismo es válido para el caso de las pocas novelas centroamericanas de la época.

Después de haber destacado tantas diferencias entre el neoclasicismo y los romanticismos europeos, por una parte, y la literatura del siglo XIX en México y Centroamérica, por otra, la pregunta sería, si se puede hablar de un neoclasicismo y de un romanticismo en estos países hispanoamericanos (Schmidt-Welle, 2004). Aunque sobre todo el concepto de literatura nacional de los romanticismos europeos se presta mejor para su aplicación al proceso literario en México y Centroamérica, porque destaca precisamente las diferencias nacionales y de esta manera podría servir como base de un liberalismo nacionalista y sentimental tal como se expresa en la literatura de estas sociedades poscoloniales, no me parece adecuado hablar de un romanticismo o de un neoclasicismo en el sentido de épocas literarias en la historia de dichas sociedades hispanoamericanas. Más allá de que se trataría de una clasificación occidentalista que no tiene en cuenta la existencia de otros sistemas literarios en sociedades poscoloniales, sería, a mi modo de ver, una exageración en cuanto a la valoración de las influencias o de los procesos intertextuales en el sentido de meras copias del desarrollo del proceso literario en Europa.

Seguramente tendríamos que diferenciar el grado de intertextualidad según cada autor o incluso según cada género literario. Por ejemplo, las influencias de formas literarias europeas en la literatura poscolonial hispanoamericana son más visibles en la poesía y menos en la prosa. Pero estos procesos intertextuales no deben terminar en la afirmación de la existencia de una historia literaria hispanoamericana de acuerdo con los modelos europeos de la historiografía literaria. Nos queda, entonces, la tarea de implementar nuevas categorías y conceptos para una renovada historia literaria hispanoamericana, que consideren los procesos transculturales específicos y las traducciones culturales que se llevan a cabo al cruzar los textos literarios y con ellos las nociones de ciertas épocas literarias europeas del Atlántico.

## Referencias bibliográficas

Albizúrez Palma, F. y Barrios y Barrios, C. (1993). *Historia de la literatura guatemalteca*. Vol. 1 (3a. ed.). Guatemala: Editorial Universitaria de Guatemala.
Alegría, F. (1974). *Historia de la novela hispanoamericana* (4a. ed. ampliada y revisada). México, D.F.: Andrea.
Anderson Imbert, E. (1954). *Historia de la literatura hispanoamericana*. México, D.F.: Fondo de Cultura Económica.
Bellini, G. (1988). *Historia de la literatura hispanoamericana* (2a. ed. Corregida). Madrid: Castalia.
Carballo, E. (1991). *Historia de las letras mexicanas en el siglo XIX*. Guadalajara: Universidad de Guadalajara/Xalli.
Carilla, E. (1975). *El romanticismo en la América Hispánica* (2 tomos, 3a. ed. revisada y ampliada). Madrid: Gredos.
Carrera Damas, G. (1994). "La auyama no es una especie de calabaza americana, ni la calabaza es una especie de auyama europea. (Aspectos histórico-críticos del romanticismo latinoamericano referidos al caso de Venezuela)". En C. Wentzlaff-Eggebert (ed.). *Spanien in der Romantik*. Köln/Weimar/Wien: Böhlau, pp. 59-73.
Descombes, V. (1977). *L'Inconscient malgré lui*. Paris: Minuit.
González Echevarría, R. y Pupo-Walker, E. (eds.) (1996). *The Cambridge History of Latin American Literature. Volume I: Discovery to Modernism*. Cambridge/New York/Melbourne: Cambridge University Press.
Hoffmeister, G. (1990). *Deutsche und europäische Romantik* (2a. ed. corregida y ampliada). Stuttgart: Metzler.
Lazo, R. (1997). *Historia de la literatura hispanoamericana. El siglo XIX (1780–1914)* (6a. ed.). México, D.F.: Porrúa.

Losada, A. (1977). "Romanticismo y sociedad en América Latina". *Revista de Literatura Hispanoamericana*, n° 12, pp. 145-164.

Millán, M. del C. (1963). *Literatura mexicana (con notas de literatura hispanoamericana y antología)* (2a. ed.). México, D.F.: Esfinge.

Ortega, J. (1994/95). "Formación nacional, cultura y discurso literario en el siglo XIX hispanoamericano". *Nuevo Texto Crítico* 7, 14/15, pp. 129-146.

Rama, Á. (2009). *La ciudad letrada*. Madrid: Fineo/Universidad Autónoma de Nuevo León.

Roggiano, A. A. (1987). "La poesía decimonónica". En L. Iñigo Madrigal (ed.). *Historia de la literatura hispanoamericana. Tomo II: Del neoclasicismo al modernismo*. Madrid: Cátedra, pp. 277-288.

Rosa, L. de la (1844). "Utilidad de la literatura en México". *El Ateneo Mexicano*, n° 1, pp. 205-211.

Ruedas de la Serna, J. A. (1985). "La novela romántica como documento de interpretación para la historia de las ideas en el siglo XIX". *Revista de Historia de América*, n° 99, pp. 63-72.

Schmidt-Welle, F. (2003). "El liberalismo sentimental hispanoamericano". En F. Schmidt-Welle (ed.). *Ficciones y silencios fundacionales. Literaturas y culturas poscoloniales en América Latina (siglo XIX)*. Madrid/Frankfurt a. M.: Iberoamericana/Vervuert, pp. 317-336.

—— (2004). "Romanticismo/s y formación de la literatura nacional en México. Algunas hipótesis sobre la historia literaria del siglo XIX". En S. Grunwald, C. Hammerschmidt, V. Heinen y G. Nilsson (eds.). *Pasajes. Passages. Passagen. Homenaje a / Mélanges offerts à / Festschrift für Christian Wentzlaff-Eggebert*. Sevilla: Universidad de Sevilla/Universität zu Köln/Universidad de Cadiz, pp. 599-610.

Sommer, D. (1993). *Foundational Fictions. The National Romances of Latin America*. Berkeley/Los Angeles/London: University of California Press.

Suárez-Murias, M. C. (1963). *La novela romántica en Hispanoamérica*. New York: Hispanic Institute in the United States.

Valdés, M. J. y D. Kadir (eds.). *Literary Cultures of Latin America. A Comparative History* (3 vols.). New York/Oxford: Oxford University Press, 2004.

Varela Jácome, B. (1987). "Evolución de la novela hispanoamericana en el XIX". En L. Iñigo Madrigal (ed.). *Historia de la literatura hispanoamericana. Tomo II: Del neoclasicismo al modernismo*. Madrid: Cátedra, pp. 91-133.

Warner, R. E. (1953). *Historia de la novela mexicana en el siglo XIX*. México, D.F.: Antigua Librería Robredo.

Zemskov, V. B. (1991). "Proceso y coincidencia de la formación étnica y nacional de la cultura latinoamericana del siglo XIX". En E. Picon Garfield e I. A. Schulman (eds.). *Contextos. Literatura y sociedad latinoamericanas del siglo XIX*. Urbana/Chicago: University of Illinois Press, pp. 66-72.

# 10

# Una fábula con porvenir

*Reflexiones sobre el origen de los términos clásico y clasicismo*

IRENE VALLEJO MOREU

En un momento en el que los estudios de filología clásica son cuestionados desde tantas posiciones, parece necesario profundizar en el concepto mismo de *clásico* y en el importantísimo papel configurador que han desempeñado los clásicos en nuestra cultura. Aunque nuestra época demuestra una innegable fascinación por la novedad y una cierta propensión al adanismo -el espejismo de creernos originales por comenzar una actividad desentendiéndonos de tomar en consideración todo lo precedente-, existe un vínculo profundo y un hilo que nos une al pasado. Esa hebra nos conduce hasta la antigua Grecia y a la civilización romana, de la que hemos heredado conceptos, instituciones, formas culturales y una cautivadora mitología. Por encima del mencionado hilo, como funambulistas, caminan de un siglo a otro las ideas, los descubrimientos de la ciencia, los relatos, los pensamientos, la emoción, además de los errores (que también inspiran). Algunos resbalan y caen, otros perduran: los clásicos. Ese nexo con nuestro pasado griego y romano, esa transmisión ininterrumpida, esa conversación infinita que todavía continúa, es un acontecimiento prodigioso en términos históricos y culturales. Sin él, si cada época perdiese el contacto con las anteriores, como escribió Elías Canetti, solo podríamos construir una fábula sin porvenir.

Deberíamos contemplar nuestra relación ininterrumpida con los clásicos de la literatura grecolatina como un hecho extraordinario. Mientras que los textos e incluso los idiomas de las primeras civilizaciones nacidas en el Creciente Fértil (Mesopotamia, Egipto, etc.) se olvidaron con el transcurso de los siglos y, en el mejor de los casos, volvieron a ser descifrados largos siglos después, la *Ilíada* y la *Odisea* nunca han dejado de tener lectores. En Grecia comenzó una cadena de transmisión y traducción que, a pesar de las peripecias históricas y políticas, se ha mantenido estable y ha sido germen y abono para la cultura occidental. Los libros de los clásicos, siempre valorados a lo largo del transcurrir de los milenios, han mantenido viva la posibilidad de recordar y de conversar a través del tiempo, la distancia y las fronteras.

Es legítimo, por tanto, preguntarnos por el significado profundo de la condición de clásico. El presente trabajo pretende iluminar parcialmente este amplio campo de trabajo mediante un estudio minucioso de la evolución semántica de la palabra *clásico* y de su derivado *clasicismo*.

## 1. Las palabras como riqueza: concepto de *clásico*

*Clásico* es el apelativo que hoy se reserva a los creadores principales y más señalados y, por extensión, a sus obras emblemáticas. A los clásicos se les reconoce una importancia cardinal y se les incluye en el canon de su disciplina. El término, nacido en el campo literario, se ha extendido a todas las esferas artísticas.

*Clásico* es una noción arraigada en la diacronía, un concepto que suscita necesariamente la idea de una duradera proyección en el tiempo. Como acertadamente explica

Torres, "que un autor u obra sea un clásico, un hito en el mapa de la literatura, depende seguramente de la combinación de dos factores: su calidad y la huella que haya dejado en la posteridad" (2012: 42).

Bajo este prisma, la obra clásica es aquella que ha superado la prueba del tiempo –en palabras de Quintiliano (X 1, 40): *uetustatem perferre*– y que es concebida como un legado para las épocas venideras. Al clásico se le atribuye una validez perenne que no conocerá caducidad, como tácitamente advertía Italo Calvino al definir el concepto con una fórmula a la vez lapidaria y vivaz: "un classico è un libro che non ha mai finito di dire quel che ha da dire" (1995: 7). Ariemma ha examinado el valor de la obra clásica bajo la imagen de andadura, de recorrido, "di dire infinito" (2005: 107), y Nicastri (2003) interpreta la distancia temporal como premisa de la comprensión y consagración de una obra clásica, dando a sus ensayos el título casi redundante de *Classici nel tempo*.

Por sorprendente que pueda parecer, el término *clásico*, hoy tan claramente asociado al ámbito cultural, se originó en la esfera pragmática de la economía y la propiedad. Si rastreamos la procedencia etimológica de la palabra, descubrimos que al principio no tenía relación alguna con la creación o el arte. Originalmente expresaba la pertenencia de un ciudadano a la categoría económica y política más poderosa y estaba indisolublemente unido a la posesión de riqueza y tierras. En efecto, la voz latina *classici* nació dentro de la nomenclatura específica censal. Se utilizaba para designar a los miembros del estamento –*classis*– más rico de la sociedad romana, por contraste con los restantes ciudadanos, denominados *infra classem*.

El censo, que distribuía a la población según su fortuna, adquirió en Roma una importancia extraordinaria, porque definía los derechos y deberes de cada ciudadano, y servía para armar las legiones. En la sociedad romana, la cantidad de bienes establecía el lugar que ocupaba en la sociedad cada individuo. Según la tradición, el censo fue una creación del antiguo rey Servio Tulio, y debía efectuarse cada cinco años. Las fuentes atribuyen a dicho monarca la realización de cuatro censos, además de la institución del sistema censal, como afirma Valerio Máximo en sus *Hechos y dichos memorables* (III 4, 3). Cada jefe de familia debía concurrir obligatoriamente, declarando bajo juramento sus bienes y el número de miembros de su familia, incluyendo los hijos y los esclavos con su correspondiente valor. Conforme a esa información se determinaba su participación en las asambleas. Aquellos que carecían de bienes eran los proletarios –*proletarii*–, dado que su única posesión eran sus descendientes ("prole"). No eran llamados a tomar las armas salvo situaciones de máxima emergencia y se les eximía de pagar tributos. En contrapartida, no participaban en la toma de decisiones políticas mediante el voto. Quienes poseían bienes eran los *adsidui*, aptos para el servicio militar y miembros de las asambleas. Los componentes de esta categoría estaban distribuidos en varias clases censitarias en función de sus propiedades. El censo poseía, por tanto, una triple utilidad: determinaba las cargas impositivas, las bases del sufragio y la integración en el ejército.

El erudito romano Aulo Gelio explica el genuino significado del término *classicus* en un pasaje de sus *Noctes Atticae*. Allí, trayendo a colación un discurso catoniano, aclara que en su época se denominaba *clásicos* a quienes, por la magnitud de su fortuna, quedaban encuadrados en el rango superior:

> Classici dicebantur non omnes, qui in quinque classibus erant, sed primae tantum classis homines, qui centum et uiginti quinque milia aeris ampliusue censi erant. Infra classem autem appellabantur secundae classis ceterarumque omnium classium, qui minore summa aeris [...] censebatur (VI 13, 1).

Sabemos que, por el prestigio que confiere la riqueza, el adjetivo *classicus* revistió también la acepción de "fiable", "cualificado" o "revestido de prerrogativas". En un pasaje del *De verborum significatu* del gramático Festo, el término adquiere, aplicado al testigo de la firma de un testamento, el valor de "garante fidedigno": "classici testes dicebantur, qui signandis testamentis adhibebantur" (49L).

Más tarde, el término económico *classicus* empezó a aplicarse a la literatura en un sentido metafórico. Siguiendo el modelo del censo, se habló de clásicos en la esfera del arte, para referirse a creadores de primera clase, o sea, fiables y solventes, a los que se podía prestar atención. Expandiendo el símil, se trataría de los autores en los que era recomendable invertir tiempo. Por lo que podemos conjeturar, en época tardorrepublicana algunos escritores y reputados críticos latinos recurrieron a esta metáfora censitaria para calificar a los autores más destacados. Hay que advertir que son muy escasos los textos de crítica literaria conservados en los que se atestigua el término *clásico* en el sentido hoy habitual.

En los *Academica Priora* de Cicerón se puede rastrear el uso más antiguo que conservamos de la metáfora censal, cuando, por comparación con Demócrito, relega a los filósofos Cleantes, Crisipo y los restantes de época tardía, a la categoría de autores *quintae classis*:[1]

> Quid loquar de Democrito? Quem cum eo conferre possumus non modo ingenii magnitudine sed etiam animi, qui ita sit ausus ordiri "haec loquor de uniuersis": nihil excipit de quo non profiteatur, quid enim esse potest extra uniuersa; quis hunc philosophum non anteponit Cleanthi Chrysippo reliquis inferioris aetatis, qui mihi cum illo collati quintae classis uidentur (73).

El texto de Cicerón es el primero conservado que establece un paralelismo entre las clases censitarias romanas y el valor de las aportaciones literarias y filosóficas de varios

---

[1] Para un análisis del pasaje todavía son valiosas las observaciones de Stroux (1933).

autores griegos. Y aunque implícitamente entendemos que el arpinate encuadra a Demócrito en la categoría superior, sin embargo no utiliza expresamente el adjetivo *classicus*.

El único pasaje de la literatura antigua donde encontramos el apelativo *classicus* en un sentido inequívocamente literario figura en las *Noctes Atticae* de Aulo Gelio, en un parlamento atribuido a Frontón, escritor de época altoimperial y maestro del emperador Marco Aurelio. En ese texto, Frontón aseveraba que era necesario ajustarse, como pauta de corrección lingüística, a los usos de "algún escritor clásico y solvente, no proletario" (XIX 8, 15): "Quaerite, an 'quadrigam' et 'harenas' dixerit e cohorte illa dumtaxat antiquiore uel oratorum aliquis uel poetarum, id est classicus adsiduusque aliquis scriptor, non proletarius".[2]

Frontón, en ese célebre discurso, utilizó el vocablo *classicus* en un sentido muy preciso, el de autoridad lingüística, aplicándolo a aquellos escritores cuyo uso del idioma constituía pauta y norma en el uso de la lengua latina. Aludía, por consiguiente, a los autores que constituían fuente de legalidad idiomática y cuyas obras podían concebirse como una suerte de jurisprudencia gramatical para la lengua. Como observa Citroni, no es posible establecer si para Aulo Gelio el concepto tenía un alcance más amplio y si comportaba implicaciones de orden estético: "Non è chiaro se per Frontone e Gellio questa coorte degli *scriptores classici* potesse significare anche qualcosa di più e di diverso rispetto alla sua funzionalità alle disquisizioni grammaticali" (2003: 6).

Estos son los vestigios que la literatura antigua ha conservado de la clasificación en términos económicos del mérito artístico. En la medida en que es posible afirmarlo, parece que dicho giro lingüístico siempre fue, para los romanos, una imagen verbal, un modo de hablar que comportaba la apropiación de terminología procedente de otros

---

[2] Uría (1998) y Fontán Pérez (2000: 35) ofrecen lecturas esclarecedoras del fragmento.

campos, como afirmaba B. Kübler en su entrada *Classici* para la *Realencyclopädie der classischen Altertumswissenschaft* de 1899:

> Thatsächlich ist das Wort in der antiken Litteratur im übertragenen Sinne angewendet worden, immer aber so, dass dabei die Grundbedeutung und der Ursprung von der Classeneinteilung der Bürgerschaft nicht vergessen wurde, also mit der vollen Empfindung des metaphorischen Gebrauches.

Aunque escasamente reflejada en las fuentes antiguas, la palabra hizo fortuna entre los humanistas. Filippo Beroaldo el Viejo, en una evidente reminiscencia del pasaje de Aulo Gelio, parece haber sido el precursor de la rehabilitación del término, como atestiguan dos usos consecutivos datados en 1496 y 1500. Corresponde a Rizzo (1986: 379) el mérito de haber indicado la más temprana reaparición del término clásico en la obra de este erudito. En efecto, en los *Commentarii Quaestionum Tusculanarum* de 1496, Beroaldo parafrasea a Gelio como sigue: "non Liuius, non Quintilianus, non Plinius non Celsus, non quispiam ex illa cohorte scriptorum classicorum hoc uocabulum usurpant". En sus *Commentarii in Asinum Aureum Apuleii* aparecidos en 1500, Beroaldo da nueva prueba de su querencia por la expresión *proletarius scriptor*, a la que era particularmente proclive, contraponiéndola, tal y como ya hizo Gelio, a *classicus scriptor*: "Fulgentius inter proletarios minutosque scriptores magis quam inter classicos numerandus".

Guillaume Budé, en sus *Annotationes in XXIV libros Pandectarum* de 1508, se hizo eco de esta revitalización terminológica, otorgando a dicha voz un sentido valorativo escrupulosamente fiel al pasaje de las *Noctes Atticae*. El pasaje de Budé no oculta su filiación, puesto que es, en la práctica, una glosa de Aulo Gelio, completada con una enumeración de escritores que poseen el rango de clásicos conforme al parecer del estudioso francés: "Gellius auctores classicos appellat, quasi testes idoneos Latinae puritatis et primae notae scriptores, quales sunt Cicero, Quintilianus, Liuius, Caesar, Plinius, Virgilius, Catullus". Conviene observar, no obstante, que la praxis de Aulo Gelio en sus tratados prueba que concedía valor como pauta lingüística a los escritores latinos de un período claramente delimitado, período que abarcaba desde los orígenes hasta la época augustea, de tal modo que un elenco de autores clásicos a cargo del propio Gelio habría tenido un sabor decididamente más arcaizante que los enumerados por Budé.

Para el culto humanista Guillaume Budé, los autores romanos *classici* eran aquellos que, debido a su mérito, influencia y autoridad literaria, podían avalar la corrección de una forma lingüística, actuando como garantes de *latinitas*. Consideraba que el testimonio de los clásicos es un dictamen autorizado sobre la forma o la significación de las palabras. Los clásicos se erigen, para el correcto uso gramatical de la lengua, en los testigos fidedignos (*classici testes*) de los que habló Festo.

A partir de Budé autores como Melanchthon y Beatus Rhenanus[3] contribuyeron a difundir el término, entendiéndolo de la misma manera que lo utilizaba Frontón, y, relegado su primigenio significado censal, la acepción literaria se consolidó como su sentido propio. La metáfora implícita iba quedando, por tanto, paulatinamente olvidada con el paso del tiempo.

La evolución lingüística no se detuvo, y pronto comienza a insinuarse un cambio semántico por ampliación. Budé, como antes que él Beroaldo, había rescatado el sentido preciso de la acepción frontoniana, y, haciendo de "autor clásico" un sinónimo de escritor cuyo prestigio convierte sus usos lingüísticos en garantía de pureza del latín, lo aplicaba a Cicerón, Quintiliano, Livio, César, Plinio,

---

[3] Schmidt (2000) ha contribuido de manera crucial a aquilatar la datación del término en Melanchthon y Beatus Rhenanus. Los testimonios de los humanistas aparecen cuidadosamente cotejados, para deducir la cronología de la divulgación del término, en Fontán Pérez (2001).

Virgilio, Horacio y Catulo. El círculo erasmiano dotó al término de un significado muy próximo pero más general: el de autoridad literaria de reconocido prestigio, preeminencia e influjo, más allá de los aspectos exclusivamente léxicos y gramaticales. Resultó una forma ágil, que evitaba perífrasis más prolijas, para referirse colectivamente a los más ilustres escritores o las grandes obras de la Antigüedad, tan admiradas por los humanistas, y fue rápidamente adoptado en las lenguas romances.

Como esta nueva acepción de la palabra no se circunscribía necesariamente a la literatura de la Antigüedad, sino que era apta para designar a autores selectos de cualquier época, su apropiación para la esfera de las literaturas romances no era impropia. De hecho, encontramos en el *Art poétique* de Thomas Sébillet, que remonta al año 1548, el primer heredero del latín *classicus* atestiguado en una lengua romance. Y allí, como apunta Citroni (2001: 5), el término no alude a autores antiguos sino a dos escritores medievales, Alain Chartier y Jean de Meung. Este sentido amplio es el que ha quedado consagrado, de forma que todas las literaturas, y no solo la grecolatina, reclaman sus propios clásicos.

A pesar de todo, ha sobrevivido el vínculo originario del término *clásico* con la literatura y el arte de Grecia y Roma, que a ojos de los humanistas representaban el más alto grado de excelencia. Así es cómo la filología clásica ha adquirido dicho apelativo. Classen (2002) ha estudiado el sustrato intelectual en el que surge esta nomenclatura, en un minucioso recorrido por la documentación más temprana de la denominación "filología clásica". Las pesquisas conducen hasta los primeros filólogos que, en la Alemania de comienzos del siglo XIX, asignaron el término *clásica* a dicha disciplina: K. Morgenstern y E. J. Koch, y al sentido filosófico que Friedrich Schlegel le confirió.

Aunque todas las filologías son clásicas por vocación, la grecolatina lo es por antonomasia. Los estudios clásicos han representado en todas las épocas, por la consideración de alta cultura que reclamaban y por la alta preparación que exigían, un sustrato intelectual elitista. Ello conlleva, en consecuencia, una carga ideológica que Canfora (1980) ha estudiado con discernimiento y pormenor.

Esta acepción de lo clásico como perteneciente a las civilizaciones griega y romana se ha abierto paso con controversias. Al parecer, la lengua inglesa fue pionera, puesto que ya desde finales del siglo XVI el adjetivo *classic* aparece dotado, junto al sentido "of the first rank or authority", de la acepción "of the standard Greek and Latin writers; belonging to the litterature or art of Greek and Roman antiquity" (*The Oxford English Dictionary*, 1599). Un siglo más tarde *classics* es definido como "the general body of Greek and Latin literature" (*The Oxford English Dictionary*, 1711).

Este último significado presupone el ensanchamiento de la esfera del término *clásico*, hasta abarcar, sin distinciones de valor literario, el cuerpo conjunto de la literatura transmitida de la civilización grecolatina.[4] Esta evolución resultaba de la identificación de la literatura de la Antigüedad con el atributo de ejemplaridad y de la progresiva ampliación del término desde su origen técnico. No obstante, bajo estos supuestos, en la voz clásico se difuminaba casi totalmente su núcleo esencial de significado, dado que el término es en esencia valorativo y debe comportar la idea de selección y un sentido restrictivo de la excelencia literaria. Ante ello se rebelaba F. A. Wolf cuando discutía la idoneidad de la denominación "filología clásica" en un ciclo de conferencias ofrecidas entre 1798 y 1799:

---

[4] Laguna (2004) ha rastreado el origen primero del giro "tradición clásica" entendido como el influjo y ascendiente de las civilizaciones griega y latina sobre la posteridad. Highet (1949) contribuyó de modo decisivo a divulgar dicha acuñación al servirse de ella para titular su célebre tratado *The Classical Tradition: Greek and Roman Influences on Western Literature*. La expresión, que, en la estela de Highet, iba a hacer fortuna como fórmula útil y sucinta para designar los ecos y reminiscencias de la literatura antigua en Occidente, tenía a su vez un precedente ilustre en el pasado y una deuda contraída con la filología anterior, dado que se trataba de una cita no declarada de *Virgilio nel medio evo* de Comparetti (1872).

Die Engländer pflegen beständig zu sagen: classische Gelehrsamkeit. Dieser Name classische Gelerhsamkeit soll die Gelehrsamkeit bezeichnen, welche auf den Classikern beruht und diese sollen die Schriftsteller des Alterthums seyn. Allein dies ist unbequem. Wenn Classiker die ausgewähltesten Muster im Alterthume sind, so können sie nicht alle Classiker seyn. Dieser Ausdruck ist also nicht adäquat, dass man dadurch die Tendenz dieses Studiums anzeigen könnte. Wir wollen diese Wissenschaft nennen die Alterthumswissenschaft oder Alterthumskunde, oder auch das Studium der alten Litteratur und Kunst, doctrina antiquarum litterarum et artium. Dies ist der besste Ausdruck (Classen 2002: 495).

Sea como fuere, el término *clásico* no solo continuó vigente en la lengua en todas las acepciones anteriores, sino que gestó otra de curso corriente hoy en día. Es este un sentido tipológico, que se aplica a la clasificación y caracterización de las etapas artísticas. La crítica literaria y artística, al estudiar y clasificar el decurso histórico de sus disciplinas, forjan la noción de períodos áureos. El apelativo *clásico* comienza a aplicarse a las épocas de mayor esplendor, como en su origen se había aplicado a los escritores o a las obras más excelentes. Esta acepción remonta a comienzos del siglo XIX, época en la cual comienza a difundirse el término *clásico*, por oposición a *romántico*.[5] Para Johann Wolfgang von Goethe, según afirmaba en su obra de aforismos *Maximen und Reflexionen* (publicada póstumamente en 1833), la contraposición entre uno y otro movimiento, imprescindible para acotar ambos conceptos artísticos, comportaba una suerte de diagnóstico en torno a las patologías estéticas, que, llevado a su extremo, se traducía en la afirmación de que clásico es lo que está sano y romántico lo morboso.

Desde el humanismo renacentista y durante largos siglos se identificó perfección y arte antiguo. En la estela de esas ideas, el concepto *clásico* asumió las connotaciones

---

[5] Para un análisis más pormenorizado, pueden consultarse las investigaciones de Welleck (1965) y Gelzer (1978: 5).

propias de la estética preconizada en la época dorada de la literatura griega y latina, y posteriormente, a instancias de la preceptiva literaria antigua. En efecto, *clásico*, por oposición a "romántico", se predica de las creaciones artísticas en que la razón y el equilibrio predominan sobre la pasión o la exaltación, y en que se impone un agudo sentido de la elegancia en el estilo que excluye todo rasgo considerado excesivo o extravagante. En esta acepción, lo clásico implica armonía, belleza, proporción y serenidad. Como es evidente, no todos los autores del canon griego y latino se sometieron a estas pautas estéticas: por ejemplo dos escritores como Plauto o Lucano, arcaico el uno, postclásico el otro, encarnarían la paradoja de los clásicos no clásicos.

A partir de sus orígenes en la Antigüedad, la complejidad del término *clásico* ha ido en aumento, ampliando su campo semántico e incorporando nuevas acepciones. Desde el siglo XIX, un hablante puede recurrir al apelativo *clásico* en dos sentidos, el valorativo o el tipológico. En el primero se alude a toda forma artística que, en el orden al que pertenece, ha alcanzado su apogeo, mientras que el segundo lo asigna a la estética del equilibrio, de la unidad interna, de la exaltación del orden, el raciocinio y la medida. La ambigüedad y la paradoja que se derivan de esta semántica compleja fueron desenmascaradas con eficacia por Thomas Mann en un brillante debate que sostienen los personajes protagonistas de la *Montaña mágica*, Naphta y Settembrini:

> –Eso es la Edad Media clásica, señor.
> –¡Edad Media clásica! No es más que una exquisita combinación de palabras.
> –Perdone, pero recurro a la idea de lo clásico allí donde se encuentra en su lugar, es decir, en todas partes donde una idea llega a la cúspide. La Antigüedad no ha sido siempre clásica. Percibo en usted cierta apatía contra la libertad de las categorías (Mann, 1993: 522).

Para condensar de forma sucinta lo anterior, puede decirse que la evolución del término *clásico* es la historia de un extraordinario desarrollo semántico y de una amplia difusión lingüística a partir de un testimonio aislado y metafórico en *Las noches áticas* de Aulo Gelio. En un único pasaje de dicha obra, el vocablo se aplicaba a los escritores que, reproduciendo la imagen social de los ciudadanos más ricos encuadrados en la clase censitaria superior, podían constituir un primer rango de perfección y de influencia cultural. Como ya hemos explicado, el personaje que enuncia el discurso propone a estos escritores como garantes, a falta de una autoridad lingüística capaz de establecer la pertinencia de las formas del lenguaje y su uso adecuado, de la pureza del latín.

Por cuanto nos consta, el término fue rescatado en vísperas del comienzo del siglo XVI con suma fidelidad al sentido del que lo dotaba Aulo Gelio, y se propagó con sucesivas ampliaciones de significado. De esta forma pasó de designar a autores de peso para el empleo correcto de la lengua a aplicarse a los escritores que, más genéricamente, gozaban del mayor crédito y de un reconocido valor.

Aunque el término admitía la transposición a cualquier literatura distinta de la grecolatina y, de hecho, tiene abundante uso en todos los ámbitos literarios, la literatura clásica por antonomasia continúa siendo aquella. Así se ha llegado al aparente contrasentido de abarcar con este término todas sus manifestaciones conservadas, sin distinciones de mérito o trascendencia literaria.

Por otra parte, el término, inicialmente aplicado a autores y obras literarias, ha venido a emplearse en la clasificación histórica de los períodos de mayor auge creativo y de particular fecundidad en logros artísticos y, debido a un juicio estético implícito, habitualmente sirve para ponderar los principios de orden, equilibrio y contención frente a aquellos movimientos que fomentan el predominio del sentimiento y la pasión, y defienden la libertad de trabas formales en la creación.

## 2. Anhelo del pasado: el clasicismo

La Antigüedad grecolatina nunca ha dejado de irradiar prestigio, y sus creaciones artísticas han sido fuente de inspiración para los creadores de todas las épocas. La cultura occidental, donde los modelos griegos y romanos se sienten más cercanos y consustanciales, ha experimentado sucesivas oleadas de clasicismo, es decir, movimientos literarios o artísticos orientados a revitalizar los principios estéticos o las formas creativas del mundo clásico, entendidos como fórmula de perfección.[6] Esos movimientos clasicistas conllevan una teoría, explícita en mayor o menor medida, sobre la relación del creador con los modelos y un sistema de preceptos destinados a la imitación artística.

La estética clasicista supone un retorno nostálgico al pasado y, a la par, una renovación ejercida a través del regreso a formas y géneros antiguos. Aquí estriba precisamente el aspecto más paradójico de los movimientos clasicistas, embarcados en la tarea de inaugurar un nuevo período creativo rescatando el arte de una época pretérita, de un modo que oscila necesariamente entre la innovación, el eclecticismo y la obediencia a las tradiciones.

El ejemplo de clasicismo por excelencia es el movimiento renacentista y la reacción que protagonizó contra la estética medieval, bautizada despectivamente de ese modo para expresar su posición intermedia como mero eslabón entre la Antigüedad y el resurgir de su esplendor en una nueva era histórica. Juicios de valor como este conllevan a menudo injusticias de apreciación y no es infrecuente que la concepción misma del pasado inmediato que sustentan los clasicistas esté lastrada de profundos equívocos históricos. Tales falacias nacen del ansia de abrir nuevas sendas para el arte. No obstante, en este punto resulta indispensable recordar que la propia Edad Media dio cabida a

---

[6] En nuestra definición nos atenemos a la ofrecida por el DRAE, sub voce "Clasicismo".

movimientos clasicistas, como ilustró magistralmente Norden (1898) en el capítulo titulado: *Die Antike im Mittelalter, die klassizistischen Strömungen des Mittelalters*.

Asimismo la Antigüedad conoció corrientes clasicistas, que habrían de ejercer un gran influjo sobre épocas artísticas posteriores y que contribuyeron decisivamente a dar forma intelectual a la idea misma de la ejemplaridad de la civilización grecolatina. Así lo argumenta Gelzer en un extenso y certero análisis sobre clasicismo, aticismo y asianismo:

> Eine der für uns am stärksten fühlbaren Wirkungen des attizistischen Klassizismus ist die seiner Auswahl klassischer Autoren auf die Überlieferung der Texte. Sie hat sich verstärkt mit der Zweiten Sophistik [...] Mit den programmatischen Schriften, die diese Auswahl durch ihre Kritik begründen und die Anleitung zu ihrem Gebrauch als Vorbilder geben, hat die Neuzeit auch die programmatischen Bekenntnisse zu dieser Wiedererweckung der klassischen Bildung geerbt, und davon seit der Renaissance immer wieder aktiven Gebrauch gemacht. Die Vorstellung vom klassischen Altertum ist mit der klassizistischen Konstruktion der Perioden der Blüte, des Zerfalls und der Wiedererstarkung bis weit ins neunzehnte Jahrhundert unbefragt übernommen worden. Insofern dürfen wir den Attizismus auch zu den Katalysatoren der modernen typologischen Literaturbetrachtung zählen (1979: 40).

Una síntesis muy ilustrativa acerca de las corrientes clasicistas en la cultura grecolatina se puede encontrar en Flashar (1979), quien, tomando como hilo conductor el término "mímesis", recorre las primeras reflexiones en torno al concepto de imitación, hasta alcanzar los movimientos intelectuales y pedagógicos que formalizaron una auténtica teoría acerca de la creación literaria conforme a modelos.

Junto a la admiración hacia la excelencia de un período pasado, es característica del clasicismo una concepción disciplinada y preceptiva del arte. El artista admite que determinadas reglas y técnicas formales son el vehículo para recrear los logros de los autores clásicos reconocidos y que la única originalidad posible es una delicada tensión entre la personalidad individual y la preceptiva. Sus éxitos suponen una difícil victoria de la creatividad dentro de las coordenadas de la tradición. Las corrientes clasicistas confían en que los sistemas de normas se pueden extraer de las propias creaciones clásicas, se pueden formular y, finalmente, ser impartidos como enseñanzas. Por ello la crítica se ocupa detenidamente del problema de los modelos, dando lugar a una amplia y apasionada discusión sobre el canon.

Sin duda, en los períodos de clasicismo la cuestión del canon adquiere una importancia decisiva para la creación, y el debate acerca de los clásicos se aviva al quedar encuadrado en el centro mismo de la génesis de la obra de arte. Muchos de los dictámenes conservados acerca del canon literario proceden de estos períodos, en los que los testimonios son más frecuentes y en los que, por añadidura, revisten una utilidad propia en cuanto manuales de imitación y repertorios de modelos. Esta utilidad favorece la transmisión de los tratados o pasajes sobre el canon que, como se puede comprender fácilmente, son ellos mismos textos y tienen sus propios avatares de recepción.

Sin embargo, los períodos clasicistas no suponen únicamente un enriquecimiento de la reflexión acerca del canon y de los autores clásicos, sino que también pueden conllevar, hasta cierto punto, una limitación en la transmisión. En efecto, las listas selectivas adquieren una función muy concreta y eminentemente modélica, para la que cobran particular importancia los aspectos exclusivamente formales de las obras consideradas clásicas: la lengua y el estilo. Por ello, la crítica tiende a reducir el alcance de su análisis, y la selección o exclusión de autores obedece en ocasiones a la lengua o dialecto que sus obras ejemplifican o a la abundancia de figuras de estilo que contienen.

Como corolario semántico, cabe advertir que a la acepción de clasicismo aquí desarrollada se superpone a menudo otra más inmediata,[7] según la cual el término se define como "condición de clásico". Este uso de la voz clasicismo se corresponde con el sentido del francés *classicisme* y del inglés *classicism*, lenguas en las que las corrientes de imitación preceptiva de modelos son denominadas respectivamente *néo-classicisme* y *neo-classicism*. En alemán, el par de conceptos que distingue los períodos áureos de aquellos movimientos que pretenden restaurar las formas estéticas de un pasado ejemplar es *Klassik* y *Klassizismus*. La terminología induce, por tanto, a una cierta confusión y a una falta de exactitud que perjudica el análisis de la cuestión.

En realidad, esta ambivalencia lingüística es, como trata detalladamente y con abundante documentación Wellek (1965: 20), resultado de una larga evolución semántica. El término "clasicismo" se documenta por primera vez en 1818 en lengua italiana y, casi simultáneamente –en 1820– en alemán. Por cuanto se ha podido averiguar, Stendhal lo trasladó del italiano al francés, aplicándolo al lenguaje artístico a partir de 1823, y de entonces en adelante se difundió gradualmente en las restantes lenguas. Por aquel entonces, como demuestra la correspondencia de Goethe con Eckermann, *clasicismo* se oponía a *romanticismo* y era análogo en significación al término *Klassik*. O. Jahn, en su prólogo a la edición del *Orator* de Cicerón en 1851, estableció por vez primera la distinción semántica entre ambos conceptos en los términos en que los hemos analizado. A principios del siglo XX comienza a abrirse paso la nueva acepción, de modo que Wilamowitz utiliza en su célebre artículo *Asianismus und Attizismus*, que data de 1900, la expresión *antike Klassizisten* en abierta contraposición con *Klassiker*. Por

---

[7] Encontramos esta acepción en el *Diccionario de uso del español* de María Moliner, *sub voce* "Clasicismo".

tanto, la diferenciación de significados, avalada en nuestra lengua por el *DRAE*, nos sitúa en la estela de una consolidada tradición filológica.

## 3. Conclusión. Diálogo con el eco

El concepto *clásico* en todas sus acepciones implica una concepción jerárquica del mérito artístico. Lo evidencia el origen censal del término que hemos rastreado en el presente trabajo. No debería sorprendernos que una sociedad que encuadraba a sus ciudadanos en un sistema de clases determinadas por el patrimonio colocase metafóricamente las creaciones de sus artistas en un escalafón equivalente. Así, del mismo modo que los funcionarios romanos situaban a cada *pater familias* en la categoría censal correspondiente, los críticos literarios clasificaban en paralelo a los escritores, asignándoles un rango económico. Solo los ciudadanos asignados a la primera categoría, en el censo o en el arte, eran *clásicos*.

Precisamente debido a su carácter jerárquico, los conceptos de *clásico* y de *canon literario* han sido cuestionados por el pensamiento posmoderno y los estudios culturales. El debate, iniciado en la década de los sesenta, se revitalizó a finales del siglo XX cuando el crítico norteamericano Harold Bloom (1995) publicó una obra que, en el contexto de un mundo académico que había tomado conciencia del multiculturalismo, resultó provocativa por su mismo título: *El canon occidental: La escuela y los libros de todas las épocas*.

Quienes critican el canon tradicional desde perspectivas feministas y multiculturalistas, señalan que el estatus de clásico lo ha otorgado a lo largo de los siglos una minoría privilegiada de hombres blancos y ricos que, con escasas excepciones, solo se sentían concernidos por la alta cultura creada por otros hombres blancos y privilegiados.

A la luz de estas denuncias, conviene hacer hincapié en la flexibilidad del canon, que ha demostrado una notable capacidad de adaptarse a las sucesivas transformaciones sociales y estéticas para seguir siendo útil. Es evidente que las listas selectivas de artistas reflejarán siempre las estructuras de poder y los prejuicios de las sociedades que las gestan. Por ese motivo, resultaría asombroso que en la lista de los clásicos romanos tuvieran amplia cabida mujeres, extranjeros y esclavos. Pero esa constatación no resta interés al estudio y conocimiento del canon literario, sino que abre nuevas rutas de trabajo orientadas a rescatar, cuando la conservación[8] de los textos lo permite, voces marginales. Cada generación reelabora y actualiza los listados de clásicos que considera valiosos, admitiendo en el canon a nuevos autores, rescatando del olvido a otros y expulsando a aquellos que han quedado obsoletos. De hecho, el estudio de los clásicos que han dejado de serlo, de aquellos que han emergido tras ser olvidados y de los que han mantenido ininterrumpidamente su influjo, es decir, la historia de las metamorfosis del canon a través de los siglos, ofrece una fascinante perspectiva de nuestra vida cultural.

Quisiéramos regresar a la metáfora con la que hemos iniciado nuestra investigación. El censo ha demostrado ser una herramienta tan útil para nosotros como lo fue para los romanos desde los remotos tiempos del rey Servio Tulio. Hoy como entonces, los recuentos de población, constantemente actualizados, facilitan información extremadamente valiosa para conocer desde un punto de vista demográfico, económico y social a los habitantes de una ciudad o de un país. El censo de los clásicos reconocidos y utilizados como

---

[8] Canfora (2016) ofrece un interesante análisis de los factores que han determinado la conservación y la pérdida de las obras literarias grecolatinas en períodos de transmisión manuscrita. Evidentemente, el estatus de clásico garantizaba a un autor la multiplicación de las copias de sus obras y, por tanto, mayores posibilidades de supervivencia a través de siglos de penuria cultural, accidentes y destrucciones de libros.

fuente de inspiración en cada período histórico ofrece asimismo una radiografía reveladora de la continuidad y de los cambios culturales a través del tiempo.

Los creadores incluidos en los sucesivos cánones históricos seguirían siendo importantes aunque solo fuera por su pervivencia y por las resonancias que sus obras han despertado en tantos descendientes literarios. Pero además, en la gran mayoría de los clásicos más longevos el lector descubre un enorme caudal de logros e ideas que mantienen vivo su poder de atracción. Es indudable que en todas las épocas podríamos detectar autores proclamados clásicos por razones coyunturales y posteriormente olvidados, pero los artistas que despiertan el interés apasionado de sucesivas generaciones, superando, como decía Quintiliano, la prueba del tiempo, bien merecen confianza, estudio y un esfuerzo de conservación. Al equiparar metafóricamente a los creadores clásicos con sus ciudadanos más acaudalados, los antiguos romanos expresaron, a su manera pragmática, que las obras artísticas aportan esplendor y riqueza a la comunidad humana.

Como cierre, nos gustaría evocar las elocuentes palabras del Premio Nobel de Literatura J. M. Coetzee:

> El criterio de ser sometido a prueba y sobrevivir no es únicamente un estándar minimalista, pragmático y horaciano (Horacio dice, de hecho, que si una obra pervive cien años después de ser escrita debe de ser un clásico). Se trata de un criterio que expresa cierta confianza en la tradición de la prueba, y una confianza en que los profesionales no dedicarán trabajo y atención, generación tras generación, en mantener obras cuyas funciones vitales han terminado [...]. Lo clásico es aquello que sobrevive a la peor barbarie, aquello que sobrevive porque hay generaciones de personas que no se pueden permitir ignorarlo y, por tanto, se agarran a ello a cualquier precio (2004: 27).

## Referencias bibliográficas

Ariemma, E. M. (2005). "Problemi della ricezione dei classici nella ricerca di un latinista cristiano". *Maia*, n° LVI, pp. 107-124.
Bloom, H. (1995). *El canon occidental: La escuela y los libros de todas las épocas*. Barcelona: Anagrama.
Calvino, I. (1995). *Perché leggere i classici*. Milán: Mondadori.
Canfora, L. (1980). *Ideologie del Classicismo*. Turín: Einaudi.
—— (2016). *Conservazione e perdita dei classici*. Bari: Stilo.
Citroni, M. (2003). "I canoni di autori antichi: alle origini del concetto di classico". En *Atti del Convegno internazionale di studi Cividale del Friuli*. Trieste: Edizioni Università di Trieste, pp. 1-22.
Classen, C. J. (2002). "Über das Alter der 'klassischen Philologie'". *Hermes*, n° 130, pp. 490-497.
Coetzee, J. M. (2004). "¿Qué es un clásico?, una conferencia". En *Costas extrañas. Ensayos 1986-1999*. Barcelona: Debate, pp. 11-29.
Escobar, Á. (2012). "Elogio y vituperio de los clásicos: el 'canon' de autores grecolatinos en el humanismo español". En A. Egido y J. E. Laplana (eds.). *Saberes humanísticos y formas de vida. Usos y abusos*. Actas del coloquio hispano-alemán (Zaragoza, 15-17 de diciembre de 2010). Zaragoza: Institución Fernando el Católico, pp. 45-80.
Flashar, H. (1979). "Die klassizistische Theorie der Mimesis". En *Entretiens Hardt XXV. Le classicisme à Rome aux premiers siècles avant et après J. C*. Ginebra: Fundación Hardt, pp. 79-111.
Fontán Pérez, A. (2001). *Letras y poder en Roma*. Pamplona: Ediciones de la Universidad de Navarra.
Gelzer, T. (1979). "Klassizismus, Attizismus und Asianismus". En *Entretiens Hardt XXV. Le classicisme à Rome aux premiers siècles avant et après J. C*. Ginebra: Fundación Hardt, pp. 1-56.

Laguna Mariscal, G. (2004). "¿De dónde procede la denominación 'Tradición Clásica'?". *CFC (L)*, vol. 24, n° 1, pp. 83-94.

Mann, T. (1993). *La montaña mágica*. Barcelona: Plaza & Janés.

Nicastri, L. (2003). *Classici nel tempo. Sondaggi sulla ricezione di Properzio, Orazio, Ovidio*. Salerno: Edisud.

Norden, E. (1898). *Die antike Kunstprosa, vom VI. Jahrhundert v. Chr. bis in die Zeit der Renaissance*. Leipzig: Teubner.

Rizzo, S. (1986). "Il latino nell'Umanesimo". En A. Asor Rosa (ed.). *Letteratura italiana*. Vol. 5: *Le questioni*. Torino: Einaudi, pp. 379-408.

Schmidt, P. L. (2000). "Classici und Klassiker als Begriff und Vorstellung zur Zeit des beatus Rhenanus". En J. Hirstein (ed.). *Beatus Rhenanus (1485-1547) lecteur et editeur des textes*. Actes du colloque International (Strasbourg-Sélestat, novembre 1998). Turnhout: Brepols, pp. 49-60.

Stroux, J. (1933). "Die Anschauungen vom Klassischen im Altertum". En W. Jaeger (ed.). *Acht vorträge, gehalten zu Naumburg*. Leipzig: Teubner, pp. 1-14.

Torres, J. B. (2012). "Literatura griega: las bases del canon". *Minerva*, n° 25, pp. 21-48.

Uría, J. (1998). "*Classicus adsiduusque scriptor* (Gell. XIX 8.15)", *EClás.*, n° 113, pp. 47-58.

Welleck, R. (1965). "Das Wort und der Begriff 'Klassizismus' in der Literaturgeschichte". *Schweizer Monatshefte*, n° 45, pp. 154-173.

# Sobre los autores

*Rocío Charques Gámez*

Doctora en Filología Hispánica por la Universidad de Alicante, España. Trabaja en la Universidad de Pau et des Pays de l'Adour (Francia). En 2003 publicó *Los artículos feministas en el Nuevo Teatro Crítico de Emilia Pardo Bazán*, volumen 5 de los *Cuadernos de Trabajo de Investigación* de la Universidad de Alicante, España. En 2011, la Fundación Universitaria Española edita su tesis doctoral *Emilia Pardo Bazán y su Nuevo Teatro Crítico*, en la colección *Tesis doctorales "cum laude"*. Es coeditora de dos volúmenes que recogen *La labor periodística de Rafael Altamira*. Su centro de interés en investigación gira en torno a la literatura del siglo XIX, principalmente de Emilia Pardo Bazán.

*María Carolina Domínguez*

Doctora en Letras por la Universidad Nacional de La Plata y profesora en Letras por la Universidad Nacional de La Pampa, Argentina. Se desempeña como profesora adjunta en las cátedras Lengua y Literatura Latinas, Gramática III y Taller II: Escritura Académica, en la Facultad de Ciencias Humanas de la Universidad Nacional de La Pampa. Secretaria del Instituto de Estudios Clásicos (IEClas) de la Universidad Nacional de La Pampa desde 2006. Integra también el Instituto de Investigaciones Literarias y Discursivas y la Secretaría de Redacción de la Revista *Anclajes*. Reviste como miembro de la Cátedra UNESCO para la Lectura y la Escritura, subsede La Pampa. Publicó su tesis doctoral *Usos del latín en los procesos de configuración cultural y educativa del Cono Sur en el siglo XIX* (2017) y, en coautoría, *Travesías*

*Literarias. Itinerarios de lectura, teoría y crítica* (2009). Integra el Comité Editor de *Pliegos de traducción* (2011, 2017) y es coautora y cotraductora de *Pliegos de traducción Vol. II: et ipsum ludere, quae vellem, calamo permisit agresti. Traducir a Virgilio: la recreación incesante. Versión al español de la Bucólica I*. Registra contribuciones en capítulos de libros y publicaciones periódicas. Participa en proyectos de investigación relativos a la tradición clásica, su resignificación en los procesos educativos y culturales contemporáneos, la traducción y el análisis del discurso.

*Marisa Eugenia Elizalde*

Doctora en Letras por la Universidad Nacional de La Plata y profesora en Letras por la Universidad Nacional de La Pampa, Argentina. Allí se desempeña como profesora adjunta en las cátedras de Literatura Española II, Literatura en Lenguas Romances y Literatura en Lenguas Anglosajonas y Germánicas de las carreras de Profesorado y Licenciatura en Letras. Es investigadora del Instituto de Investigaciones Literarias y Discursivas y miembro del Consejo Editor de la revista *Anclajes*, editada por dicho Instituto. Es miembro de la Cátedra Unesco para el Mejoramiento de la calidad y equidad en Educación en América Latina con base en la Lectura y la Escritura, sede Argentina, subsede La Pampa. Ha publicado trabajos relativos a tradiciones literarias, canon y políticas editoriales Ha participado en proyectos de investigación vinculados con los estudios literarios en el ámbito hispánico y la traducción.

*Virginia P. Forace*

Doctora en Letras por la Universidad Nacional de Mar del Plata, Buenos Aires, Argentina. Docente en las cátedras de Teoría y Crítica Literaria II, Metodología de la Investigación Científica y Taller de Otras Textualidades de la Universidad Nacional de Mar del Plata. Becaria posdoctoral del

CONICET. Miembro del grupo de investigación Estudios de Teoría Literaria, dirigido por las doctoras María Coira y Rosalía Baltar, radicado en el Centro de Letras Hispanoamericanas (CELEHIS). Secretaria de redacción de *Estudios de Teoría Literaria. Revista digital: artes, letras y humanidades*. Ha publicado capítulos de libros, artículos en revistas científicas y compilado *Letrados, hombres de letras, intelectuales: reflexiones en torno a la figura del autor, siglos XIX y XX* (con Rosalía Baltar, 2016) y *Discursos del entretenimiento I. Letras "menores" del siglo XX y XXI* (con Facundo Giménez, en prensa).

*María Agustina Ganami*

Estudiante avanzada de las carreras del Profesorado y de la Licenciatura en Letras de la Facultad de Filosofía y Letras, Universidad Nacional de Tucumán. Desempeña funciones como auxiliar estudiantil en la asignatura Lengua y Literatura Latinas I desde 2016 hasta la fecha. Gozó de una beca completa para realizar un curso intensivo de Lengua y Cultura Italianas, nivel C2 en la Universitá per Stranieri di Perugia, Italia (2016). Participa en el colectivo literario "Trótulas. Grupa de narradoras orales". Integra el *staff* editorial de La Cimarrona Ediciones (Tucumán). En investigación, se desempeña como integrante del proyecto PICT 2015-3748 de la Agencia.

*Ramiro González Delgado*

Doctor y licenciado en Filología Clásica por la Universidad de Oviedo, España. También es licenciado en Filología Hispánica por la UNED. Desde 2005 es profesor del área de Filología Griega en la Facultad de Filosofía y Letras de la Universidad de Extremadura. En la actualidad es profesor titular e imparte asignaturas de grado y posgrado, además de ser el responsable de la Comisión de Calidad del Grado de Filología Clásica y el secretario de la revista *Anuario de*

*Estudios Filológicos*. Forma parte del consejo asesor de varios congresos y publicaciones científicas. Sus áreas de investigación son, principalmente, la Literatura y Mitologías Griegas, la historia de los estudios clásicos y la tradición clásica en la literatura, con varias publicaciones en revistas y libros españoles y extranjeros (la mayoría disponible en http://unex.academia.edu/RamiroGonzálezDelgado).

### Mónica Maffía

Doctoranda en Letras en la Universidad del Salvador (USAL), Buenos Aires, Argentina. Miembro de la Academia de las Artes Escénicas de España y del Centro Argentino del PEN International. Es también consejera editorial de *Cambridge Scholars Publishing* en el área de Literatura. Premiada dramaturga, traductora, directora de teatro y ópera, egresada del Instituto Superior de Arte del Teatro Colón de Buenos Aires. Ha dirigido más de 50 espectáculos. Profesora visitante especializada en Shakespeare y Marlowe. Lic. con Honores por Middlesex University (Inglaterra).

### Luis Marcelo Martino

Doctor en Letras (orientación Literatura), licenciado en Letras por la Facultad de Filosofía y Letras de la Universidad Nacional de Tucumán y diplomado superior en Educación y Nuevas Tecnologías por la Facultad Latinoamericana de Ciencias Sociales (FLACSO). Se desempeña como profesor adjunto en la asignatura Lengua y Literatura Latinas I y como investigador adjunto de la Carrera de Investigador Científico del Consejo Nacional de Investigaciones Científicas y Técnicas de Argentina (CONICET). Sus áreas de interés son las literaturas latina y comparadas y la implementación de las nuevas tecnologías en la educación superior. Becario postdoctoral externo de CONICET en el Instituto Iberoamericano de Berlín durante el período 2012-2013. Es autor de los libros *"¿He representado bien la farsa de la vida?". La imagen moral de Octavio Augusto en* Vita Augusti *de C. Suetonio Tranquilo* (2011) y ¿*"Guerra de los diarios" o "rencillas de escuela"? Crónica de una polémica en la prensa uruguaya de 1840* (2012), además de varios artículos en revistas académicas nacionales e internacionales. Investigador responsable del proyecto PICT 2015-3748 de la Agencia.

*Ana María Risco*

Doctora en Letras (orientación Literatura) y licenciada en Letras por la Facultad de Filosofía y Letras de la Universidad Nacional de Tucumán, Argentina. Actualmente reviste el cargo de investigadora adjunta de la Carrera de Investigador Científico del Consejo Nacional de Investigaciones Científicas y Técnicas de Argentina (CONICET). Realizó sus tareas de investigación en proyectos del Instituto Interdisciplinario de Literaturas Argentina y Comparadas (IILAC) dependiente de la Facultad de Filosofía y Letras de la Universidad Nacional de Tucumán, Argentina, entre los años 2005 y 2014. Actualmente se desempeña como investigadora en el Centro de Estudios Modernos (CEM) perteneciente a la misma institución universitaria. Entre 2004 y 2005 realizó una estadía doctoral como becaria de intercambio dentro del programa ISAP-DAAD en la Universität zu Köln (Alemania) y otra estadía como becaria invitada por la misma institución entre 2006 y 2007. Entre 2009 y 2010 realizó su trayectoria posdoctoral con una Beca Interna de CONICET. Entre 2012 y 2013 se desempeñó como investigadora invitada en el Ibero-Amerikanisches Institut de Berlín, Alemania, durante una estadía de investigación aprobada por CONICET para tal fin. Entre sus publicaciones se encuentra el libro producto de su tesis doctoral: *Comunicar literatura, comunicar cultura. Variaciones en la conformación de la Página Literaria de La Gaceta de Tucumán entre 1956 y 1962* (Tucumán, Departamento de Publicaciones, Facultad de Filosofía y Letras, UNT, 2009). Actualmente publica los avances de su investigación en varias revistas académicas indexadas. Miembro del grupo responsable del proyecto PICT 2015-3748 de la Agencia.

*Friedhelm Schmidt-Welle*

Doctor en Filosofía y Letras, Universidad Libre de Berlín. Es investigador en Literatura y Estudios Culturales en el Instituto Ibero-Americano de Berlín. Realizó tareas docentes sobre literatura latinoamericana, comparada y alemana en universidades de Alemania, Chile y México. Entre 2008 y 2010 se desempeñó como profesor visitante en la Cátedra Extraordinaria Guillermo y Alejandro de Humboldt en el Colegio de México y en la Universidad Nacional Autónoma de México. En 2010 ha sido *Harris Distinguished Visiting Professor* en el Dartmouth College, EE.UU. Actualmente coordina el proyecto "Crítica cultural latinoamericana". Es autor y/o editor de una docena de libros sobre culturas y literaturas latinoamericanas y europeas. En 2017 estuvo a cargo de la edición del dossier "Transculturación, traducción cultural y transmodernidad. Conceptos y debates" de la revista *Cuadernos de Literatura* de la Pontificia Universidad Javeriana de Bogotá, Colombia (volumen 21, n° 41).

*Irene Vallejo Moreu*

Se licenció en Filología Clásica por la Universidad de Zaragoza (España) en 2002. Obtuvo el Primer Premio Nacional de Fin de Carrera y disfrutó de una beca del Ministerio de Educación, trabajando como investigadora en l'Università degli Studi di Firenze y en Oxford University. En 2007 se doctoró por las Universidades de Zaragoza y Florencia, y recibió la mención especial de "Doctorado Europeo". Publicó en 2008 un ensayo sobre el poeta latino Marcial que recibió el Premio al Mejor Trabajo de Investigación, concedido por la Sociedad Española de Estudios Clásicos.

Compagina esta carrera académica con una temprana vocación literaria. Ha publicado siete títulos que abarcan distintos géneros: narrativa, literatura infantil, novela juvenil y periodismo. Ha sido galardonada con el Premio Sabina de Plata 2017 por el conjunto de su obra. En la actualidad se dedica a la enseñanza y divulgación del mundo clásico impartiendo cursos y conferencias, y a través de la prensa. Además colabora en revistas culturales y suplementos, así como en otros medios escritos y de radio.

Este libro se terminó de imprimir en abril de 2018 en Imprenta Dorrego (Dorrego 1102, CABA).

www.ingramcontent.com/pod-product-compliance
Lightning Source LLC
Chambersburg PA
CBHW031704230426
43668CB00006B/97